船舶防污染管理

（第二版）

张连丰　主编
雷孝平　主审

大连海事大学出版社

图书在版编目(CIP)数据

船舶防污染管理 / 张连丰主编. — 2 版. — 大连 : 大连海事大学出版社, 2021.3
ISBN 978-7-5632-4105-7

Ⅰ. ①船… Ⅱ. ①张… Ⅲ. ①船舶污染—污染防治—高等学校—教材 Ⅳ. ①U676

中国版本图书馆 CIP 数据核字(2021)第 028889 号

大连海事大学出版社出版

地址:大连市凌海路1号 邮编:116026 电话:0411-84728394 传真:0411-84727996

http://press. dlmu. edu. cn E-mail:dmupress@ dlmu. edu. cn

大连海大印刷有限公司印装 大连海事大学出版社发行

2014 年 4 月第 1 版 2021 年 3 月第 2 版 2021 年 3 月第 1 次印刷

幅面尺寸:184 mm×260 mm 印张:9. 75

字数:238 千 印数:1~1000 册

出版人:余锡荣

责任编辑:陈青丽 责任校对:张 冰

封面设计:张爱妮 版式设计:张爱妮

ISBN 978-7-5632-4105-7 定价:22. 00 元

第二版前言

海洋是人类赖以生存和发展的宝贵空间，是人类社会可持续发展的关键之一。21世纪，人类进入了大规模开发利用海洋的时期，保护海洋生态环境也引起社会的广泛关注。国际海事组织也通过不断地修改和完善相关的船舶防污公约，对防止船舶造成海洋环境污染提出了越来越高的要求。

本书为大连海事大学海事管理专业本科《船舶防污染管理》课程而编写，注重跟踪国际船舶防污染管理的进展，并结合我国船舶防污染管理的实际，系统地介绍了防污染基本概念，国内外船舶防污染管理体制、法规体系及策略，为防止污染，对船舶结构、设备、操作的技术要求等内容。本书也可供水上安全监督、航运和海事法律部门有关人员参考。

本书在编写过程中得到了辽宁海事局、大连海事局、营口海事局、天津海事局、山东海事局、宁波海事局、广州海事局及深圳海事局等海事主管部门危防处的大力支持，在此一并致以衷心的感谢。

本书第一章、第二章、第三章、第四章、第六章（第一节至第四节）由张连丰编写，第五章由王大鹏编写，第六章第五节由杨立新编写。全书由张连丰主编，雷孝平主审。由于编者水平有限，难免有错误及不妥之处，恳请读者批评指正。

编　者

2020年12月

第一版前言

本书为大连海事大学海事管理专业本科“船舶防污染管理”课程而编写，并可供水上安全监督、航运和海事法律部门等有关人员参考。

本书注意跟踪国际船舶防污染管理的进展，并力图结合我国船舶防污染管理实际，突出目前阶段船舶防污染管理的重点，从管理角度出发，系统地介绍了防污染基本概念，国内外船舶防污染管理体制、法规体系及策略，为防止污染而对船舶结构、设备、操作的技术要求，船舶污染事故的调查，船舶污染赔偿，船舶污染监测、治理的方法及手段，并结合我国船舶防污染管理实践，对防止船舶油类、有毒液体物质及船舶压载水污染的技术要求、法律规定及监督检查进行了重点剖析。

本书在编写过程中得到了辽宁海事局、大连海事局、营口海事局、天津海事局、山东海事局、宁波海事局、广州海事局及深圳海事局等海事主管部门危防处的大力支持，在此一并致以衷心的感谢。

本书由张连丰主编，参编者有王大鹏、杨立新。大连海事大学雷孝平教授对本书进行了认真细致的审阅和指导。由于编者水平有限，难免有错误及不妥之处，恳请读者批评指正。

编　者

2013 年 10 月

目　录

第一章　船舶对水域环境造成的污染及危害

第一节　环境污染

一、环境

环境是相对于某一事物来说的，是指围绕着某一事物（通常称其为主体）并对该事物会产生某些影响的所有外界事物（通常称其为客体），即环境是指相对并相关于某项中心事物的周围事物。

我们这里所讨论的是自然环境（以下简称环境），也就是人类赖以生存并以人为中心、围绕着人的物质世界。它是一个极其复杂、互相影响、互相制约的自然综合体。

《中华人民共和国环境保护法》明确指出："本法所称环境是指影响人类生存和发展的各种天然的和经过人工改造的自然因素的总体，包括大气、水、海洋、土地、矿藏、森林、草原、野生生物、自然遗迹、人文遗迹、自然保护区、风景名胜区、城市和乡村等。"

二、环境污染

1. 环境问题

环境问题是指由于人类活动作用于周围环境所引起的环境质量变化，以及这种变化对人类的生产、生活和健康造成的影响。人类在改造自然环境和创建社会环境的过程中，自然环境仍以其固有的自然规律变化着。社会环境一方面受自然环境的制约，另一方面也以其固有的规律运动着。人类与环境不断地相互影响和作用，产生环境问题。

环境问题多种多样，归纳起来有两大类：一类是自然演变和自然灾害引起的原生环境问题，也叫第一环境问题，如地震、洪涝、干旱、台风、山崩、滑坡、泥石流等；一类是人类活动引起的次生环境问题，也叫第二环境问题或"公害"。次生环境问题一般又分为环境污染和环境破坏两大类，如乱砍滥伐引起的森林植被的破坏、过度放牧引起的草原退化、大面积开垦草原引起的沙漠化和土地沙化、工业生产造成大气环境和水环境恶化等。

2. 环境污染的形成

(1)环境自净

环境自净是指环境受到污染后，在物理、化学和生物的作用下，逐步消除污染物达到自然净化的过程。环境自净按发生机理可分为物理净化、化学净化和生物净化三类。

①物理净化

环境自净的物理作用有稀释、扩散、淋洗、挥发、沉降等。如含有烟尘的大气，通过气流的扩散、降水的淋洗、重力的沉降等作用，而得到净化。混浊的污水进入江河湖海后，通过物理的吸附、沉淀和水流的稀释、扩散等作用，水体恢复到清洁的状态。土壤中挥发性污染物如酚、氰、汞等，因为挥发作用，其含量逐渐降低。物理净化能力的强弱取决于环境的物理条件和污染物本身的物理性质。环境的物理条件包括温度、风速、雨量等。污染物本身的物理性质包括比重、形态、粒度等。此外，地形、地貌、水文条件对物理净化作用也有重要的影响。温度的升高有利于污染物的挥发，风速的增大有利于大气污染物的扩散，水体中所含的黏土矿物多有利于污染物的吸附和沉淀。

②化学净化

环境自净的化学反应有氧化和还原、化合和分解、吸附、凝聚、交换、络合等。如某些有机污染物经氧化还原作用最终生成水和二氧化碳等。水中铜、铅、锌、镉、汞等重金属离子与硫离子化合，生成难溶的硫化物沉淀。铁、锰、铝的水合物和黏土矿物、腐植酸等对重金属离子的化学吸附和凝聚作用，以及土壤和沉积物中的代换作用等均属环境的化学净化。影响化学净化的环境因素有酸碱度、氧化还原电势、温度和化学组分等。污染物本身的形态和化学性质对化学净化也有重大的影响。温度的升高可加速化学反应，所以温热环境的自净能力比寒冷环境强。这在对有机质的分解方面表现得更为明显。有害的金属离子在酸性环境中有较强的活性而利于迁移；在碱性环境中易形成氢氧化物沉淀而利于净化。氧化还原电势值对变价元素的净化有重要的影响。价态的变化直接影响这些元素的化学性质和迁移、净化能力。如三价铬（Cr^{3+}）的迁移能力很弱，而六价铬（Cr^{6+}）的活性较强、净化速率低。环境中的化学反应如生成沉淀物、水和气体，则利于净化；如生成可溶盐，则利于迁移。

③生物净化

生物的吸收、降解作用使环境污染物的浓度和毒性降低或消失。植物能吸收土壤中的酚、氰，并在体内转化为酚糖苷和氰糖苷；球衣菌可以把酚、氰分解为二氧化碳和水；绿色植物可以吸收二氧化碳，放出氧气。风眼莲可以吸收水中的汞、镉、砷等化学污染物，从而净化水体。同生物净化有关的因素有生物的科属，环境的水温条件和供氧状况等。在温暖、湿润、养料充足、供氧良好的环境中，植物的吸收净化能力强。生物种类不同，对污染物的净化能力可以有很大的差异。有机污染物的净化主要依靠微生物的降解作用。如在温度为 20~40 ℃，pH 值为 6~9，养料充分、空气充足的条件下，需氧微生物大量繁殖，能将水中的各种有机物迅速地分解、氧化、转化成为二氧化碳、水、氨和硫酸盐、磷酸盐等。厌氧微生物在缺氧条件下，能把各种有机污染物分解成甲烷、二氧化碳和硫化氢等。在硫黄细菌的作用下，硫化氢可能转化为硫酸盐。氨在亚硝酸菌和硝酸菌的作用下被氧化为亚硝酸盐和硝酸盐。植物对污染物的净化主要是根和叶片的吸收。城市工矿区的绿化，对净化空气有明显的作用。海洋中的许多微生物能分解有机物，海洋生物对污染物的净化也起了很大的作用。

（2）环境污染

①环境污染的定义

环境污染（environment pollution）是指人类直接或间接地向环境排放超过其自净能力的物质或能量，从而使环境的质量降低，对人类的生存与发展、财产和生态系统造成不利影响的现象。

环境污染的形成:

生态平衡→排入微量污染物→环境自净作用→生态平衡

生态平衡→排入过量污染物→超出环境自净作用→破坏生态平衡→导致环境污染

环境污染有不同的类型,按环境要素可分为大气污染、水体污染和土壤污染等;按污染物的性质可分为化学污染、生物污染、物理污染;按污染物的形态可分为废气污染、废水污染、固体废物污染,以及噪声污染、辐射污染等;按污染产生的原因可分为生产污染和生活污染,生产污染又可分为工业污染、农业污染、交通污染等;按污染物的分布范围又可分为全国性污染、区域性污染、局部性污染等。

②污染物与污染源

污染物是相对的概念,既包括进入环境后能够直接或者间接危害人类的物质,也包括在不"合适"的"场合"下存在的非有毒物质,同时还有限量的问题。

污染源是指造成环境污染的污染物发生源。通常把产生物理的(声、光、热、辐射等)、化学的(无机物、有机物、单质等)、生物的(细菌、霉菌、病菌等)有害物质及因素的设备、装置、场所等都称为污染源。

3. 环境污染的危害

(1)环境效应

环境效应(environmental effect):自然过程或人类活动过程所引起的环境系统结构和功能的相应变化。

环境效应一般可以分为自然环境效应和人为环境效应。环境效应按其产生的机理还可分为环境生物效应、环境化学效应和环境物理效应。

自然环境效应是以地能和太阳能为主要动力来源,环境中的物质相互作用所产生的环境效果;人为环境效应则是由于人类活动而引起的环境质量变化和生态变异的环境效果。这两种环境效应都伴随有物理效应、化学效应和生物效应。

①环境生物效应

环境生物效应是指各种环境因素变化而导致生态系统变异的环境效果。这种效应的许多例子是大家所熟悉的,如中生代恐龙的突然灭绝,就是当时气候变化引起的生物效应;现代大型水利工程,使鱼、虾、蟹等水生生物的繁殖受到不同程度的影响;另外,工业废水大量排入江河、湖泊和海洋也会使鱼贝类水生生物受到严重危害;还有,对森林的乱砍滥伐,不仅会造成水土流失及增加干旱、风沙等灾害,从而使农业减产、城市受害,而且还会使鸟类的栖息场所缩减,影响鸟类繁衍而增多虫害,等等。

生物效应按引起的后果有时间和程度上的差异,分为急性的环境生物效应和慢性的环境生物效应。前者如某些细菌传播引起疾病的流行。后者如日本有机汞污染引起的水俣病和镉污染引起的骨痛病。环境生物效应关系到人和生物的生存和发展,因此人们高度重视对这种效应的机理及其反应过程的研究。

②环境化学效应

环境化学效应是指在环境条件的影响下,物质之间的化学反应所引起的环境效果。环境化学效应也有大家比较了解的例子,如环境的酸化和环境的盐碱化等。环境酸化主要是酸雨造成的地面的水体和土壤的酸度增大,使农业和渔业减产。环境盐碱化主要是由于大量的可溶性盐、碱类物质在水体和土壤中长期积累而造成的,这种效应能使农作物因生长受阻而造成减产，还会导致土壤和地下水的质量降低。

③环境物理效应

环境物理效应是指物理作用引起的环境效果，如热岛效应、温室效应、噪声、振动、地面下沉等。城市和工业区燃料的燃烧放出大量的热量，加上建筑群和街道的辐射热量，致使城市的气温高于周围地带，产生热岛效应。大气中二氧化碳不断增加，产生温室效应。工业烟尘和风沙的增加，引起大气浑浊度增大和能见度降低，进而和二氧化碳一起影响城区辐射的平衡；工矿企业的机器和交通道路的车辆产生的噪声，不仅会干扰人的思维活动和工作休息，而且还对人体健康有很大的危害。另外，地处平原的大城市，由于过量开采地下水，会引起地面下沉。

(2)环境污染对人体健康的危害

环境污染对人体健康往往造成急性危害、慢性危害和远期危害。当污染物在短期内大量侵入人体时，常会造成急性危害。历史上的公害事件，都是急性危害的例子。若污染物长期以低浓度持续不断地进入人体，则会产生慢性危害和远期危害。例如，大气低浓度污染引起的慢性鼻炎、慢性咽炎，以及低剂量重金属铅引起的贫血、末梢神经炎、神经麻痹、幼儿脑受危害而引起学习和注意力涣散等智力障碍等。环境污染物对人体的远期危害主要是致癌、致畸、致突变作用。资料表明，人类癌症由病毒生物因素引起的不超过5%，由放射性物理因素引起的也在5%以下，由化学物质引起的约占90%。而致癌的化学物质中，有相当一部分是环境污染物。例如，砷化物、石棉纤维、煤烟中的苯类、二氧化硫、农药等。如位于包钢北部偏西约20 km的沙德格苏木，许多牧民都有腰背部及四肢关节疼痛的症状，部分人出现骨骼变形。据包头医学院对该地区的调查，儿童牙齿斑釉率为97.63%，成人为89.57%，严重的氟污染不仅损害了沙德格苏木百姓的健康，而且给当地的畜牧业带来危机。

第二节　海洋污染与船舶污染源

一、海洋环境

海洋环境是指地球上连成一片的海和洋的总水域，包括海水、溶解和悬浮于水中的物质、海底沉积物和生活于海洋中的生物，还包括滨海湿地和与海岸相连或者通过管道、沟渠、设施而直接或者间接向海洋排放污染物及其相关活动的沿海陆地。海洋是人类赖以生存和发展的重要物质基础和客观环境。人类正在把生产和生活空间向海上推进和扩张。海洋环境的开发利用对于社会经济的持续健康发展起着基础产业的作用，是人类解决面临的人口、资源、环境等诸种重大危机的重要出路，已成为影响人类社会持续发展的重要因素。开发使用海洋资源，需要良好的海洋环境。海洋环境不仅关系到渔业、旅游业、航运业等产业的发展，而且是实现海洋经济可持续发展的基本保障。随着海洋作用的加强与深化，海洋环境保护已成为海洋事业的重要组成部分和不可或缺的内容，其领域日趋广泛，内容日益深刻，越来越受到人们的关注。

二、海洋污染

1. 海洋污染的定义

海洋污染是指直接或者间接地把物质或者能量引入海洋环境，产生损害海洋生物资源、危害人体健康、妨害渔业和海上其他合法活动、损害海水质量和环境质量等有害影响。

2. 海洋污染的特点

(1)污染源多而复杂

除了海上航行的船只、海上油井外，还有沿海和内陆地区的城市和工矿企业排放的污染物，“条条大河归大海”，最后大都进了海洋。大气污染物也可以通过气流运行到海洋上空，随雨水降入海洋。

(2)持续性强

海洋是地球上地势最低的区域，它不可能像大气和江河那样，通过一次暴雨或一个汛期使污染得以减轻，甚至消除。一旦污染物进入海洋后，很难再转移出去，不能溶解和不易分解的物质在海洋中越积越多，它们可以通过生物的积累作用和食物链传递，对人类造成潜在威胁。美国向海洋排放的工业废物占全球总量的 1/5，每年因水生物污染或人们误食有毒海产品而造成的污染中毒事件达 1 万起以上。

(3)扩散范围广

全球海洋是相互连通的一个整体，一个海域出现的污染，往往会扩散到周边海域，甚至扩大到邻近大洋，有的后期效应还会波及全球。比如海洋遭受石油污染后，海面会被大面积的油膜所覆盖，阻碍了正常的海洋和大气间的交换，有可能导致全球或局部地区的气候异常。此外，石油进入海洋，经过种种物理化学变化，最后形成黑色的沥青球，可以长期漂浮在海上，通过风浪流的扩散传播，在世界大洋一些非污染海域里也能发现这种漂浮的沥青球。

(4)防治难危害大

海洋污染有很长的积累过程，不易及时发现，一旦形成污染，需要长期治理才能消除影响，且治理费用较大，造成的危害会波及各个方面，特别是对人体产生的毒害更是难以彻底清除干净。20 世纪 50 年代中期，震惊中外的日本水俣病，是直接由汞这种重金属对海洋环境污染造成的公害病，通过几十年的治理，直到现在也还没有完全消除其影响。“污染易、治理难”，它严肃告诫人们，保护海洋就是保护人类自己。

3. 海洋污染源

(1)沿海工业污染物的排放

沿海大都是比较发达的工业城市。工业生产中的一些环节，如原料生产及加工过程、燃烧过程、加热和冷却过程、成品整理过程等中使用的生产设备或生产场所都可能成为工业污染源。它通过排放废气、废水、废渣和废热污染大气、海域和土壤；还产生噪声、振动来危害周围环境。沿海设立的工厂，大都把“三废”中的废水、废渣直接排放到沿海水域，给水域带来污染。

(2)大陆径流

径流带来远离海域的内陆地区的工业废水和农业的污染源。在农业生产过程中不合理施用化肥和农药会使这些物质随径流流入海洋中。肥料入海后会造成水体的富营养化，严重时会造成“赤潮”。农药本身都是有毒物质，会破坏海洋生物的生长。河流也会带来生活污水、垃圾等污染物。

(3)海上交通活动

船舶正常营运和事故给海洋环境带来石油及其制品、有毒化学品、生活污水、船舶垃圾及船舶排气、船舶噪声、船舶防腐涂料对海域的污染等。港口、航道的疏浚物对底栖生物造成危害。

(4)海上采油、采矿

在钻探或生产开采中,经常会有油类或矿物质流出,对局部海域的污染比较明显,尤其是事故,造成的污染相当严重。

(5)大气污染物的沉降

海洋上空的大气中的污染物经常不断地降落到海洋中,虽然我们并不注意这部分污染物,但其量的确很大,是海洋中污染物质的主要来源之一。

(6)海洋中的污染物

海洋中的污染物种类繁多。一般来说,陆地上有的污染物,在海洋中皆能找到它的存在,归纳起来为:

无机物:重金属、非金属的单质及化合物;

有机物:石油类、有毒化学品类、洗涤剂、生活污水、农药、化肥等;

放射性物质;

无活性的疏浚物质等。

三、船舶污染源

按污染物的性质可分为:

石油污染、散装运输有毒液体物质污染、包装运输的有害物质污染、生活污水污染、船舶垃圾污染、压载水中有害水生物和病原体污染、船舶防污底污染、船舶噪声污染等。

1. 石油污染

船舶给海洋带来的石油污染,分为两种来源:操作性排放(也可称营运性排放)和事故性排放。

(1)操作性排放

这种含油污水的形成与运输石油的工艺操作和船用动力装置的技术管理有关。这种污染是船舶的最大污染源。其主要有:含油压载水;清洗货油舱后排出的污洗舱水和石油洗涤剂;抽出的机舱含油舱底水;从燃油和滑油中分离出来的废物,以及使用液体燃料的船上清洗燃油舱以后排放的残渣(洗涤剂)。

(2)事故性排放

这种排放大都由事故引起,包括搁浅、碰撞、爆炸及火灾等各种海损事故,还有的发生于港口船舶正常作业,如装货、卸货和驳油期间。前者发生的概率小,但每次溢出的油量较大,后者发生次数较多(有资料表明,占事故排放次数的80%以上),但每次溢出的油量较小,重大恶性航行事故导致油类溢出经常使局部海域发生严重的污染,甚至生态灾难。如 1999 年 3 月 24 日,“闽燃供 2”号油船与“东海 209”号油船在珠江口北域相撞,“闽燃供 2”号溢出重油 589.7 t,使珠海这座美丽的城市遭受惨重的损失,著名的风景区情侣路、珠海渔女雕像都沾满油污。污油随风浪漂移扩散至珠海的金星门、淇澳岛、唐家湾等水域,乌黑的油带绵延 300 多平方千米，1.4 万公顷水产养殖场受到污染损害，35 公顷红树林面临死亡。据估计，清污费及污染损失达 4 000 多万元。

2. 散装运输有毒液体物质污染

散装运输的有毒液体物质对海洋的污染源有：化学品船舶发生船舶碰撞、搁浅和火灾爆炸等事故，造成液货舱、泵舱等处所的破裂而发生大量液货的泄漏；由于人为疏忽、误操作和设备故障等原因，化学品船舶发生货物外溢；货物管线、设备等处的跑、冒、滴、漏以及化学品船舶向舷外排放含有有毒液体物质的洗舱水和压载水等。

3. 包装有害物质污染

在船上包装（包括集装箱、可移动罐柜或公路及铁路罐车）运输有害物质时，会发生包装破损、泄漏、溢流以及洒落在露天甲板上。因此，必须将其清除、中和或者销毁。

包装运输的有害物质对海洋污染的污染源是：在船上用以清除从包装货物中洒落或泄漏的有害物质的洗涤水或水溶液；从有货物洒落或泄漏的舱室中清除出来的垃圾、分离物质或其他材料；货物应急排放等。

4. 生活污水污染

船舶生活污水系指船上厨房、厕所、洗手盆、洗澡间和医务室（药房、病房）等处所的排出物和其他废弃物。

未经处理的船舶生活污水含有：能够使海洋生物和人感染的大量细菌、寄生虫，甚至病毒；使水中的氧气有很高生化需要的、溶解于水中的有机成分和悬浮成分；本身生化衰变时需要消耗氧气的、沉淀于海底的、有机或无机的固体微粒；对海滨浴场有严重影响的，呈单个小碎块或悬胶体的，浮在水面的浮游微粒（有机的或无机的）；使吸收某些物质（主要是磷化物和氮化物）的海水饱和，并可能造成富营养化，高浓度的营养物质。对船舶污水，若不加以控制而任其排放，对那些经常停泊大量船舶，又没有将船舶生活污水接收到岸上处理设施的港口，将会对水域环境（如海滨浴场和渔场资源）和人体健康（传播细菌疾病）产生直接危害，所造成的水污染的后果将会十分严重。

5. 船舶垃圾污染

在运输船上，作为海洋污染源的这些垃圾可能在以下一些过程中产生：由于运输货物（如稻草席、胶合板、硬纸板、金属、钢条、纸等）而产生的离散和捆系用品废物；由于船舶维修和保养而产生的油漆废料（湿的和干的），铁锈，破布，用过的包装材料（木头、纸板、玻璃、金属等），索具的废物（钢质的、植物纤维的、合成的绳索与织物的断料），修理机械和设备的废物（油烟、耐火砖、水垢、焦渣、用过的零件、纸板、金属板、金属条切屑碎料、纸板屑、木屑、各种天然材料和合成材料等）；住舱和工作室的日常卫生保健工作带来的日常生活垃圾和各种废物；船员和旅客的给养所产生的储藏物品的废物（包装箱包装材料、吃过的食品等）以及消费品处理（主要是清洗）出来的不能供食用的废物等。

6. 压载水中有害水生物和病原体污染

据统计，全球 80%以上的货物是通过船舶运输的，为了保证船舶空载时的平衡和稳性，需要加装压载水。全球每年转运的压载水大约是 120 亿吨。在船舶加装压载水的同时，当地的水生物也一同被装入压载舱。压载水中的水生物随船航行，一些生物直至航行结束仍然存活，并随压载水被排放到目的港的海域。

这些水生物达数千种，包括植物、细菌和其他微生物、小型无脊椎动物及其卵和幼虫。上述生物如果在排放地形成种群繁盛，会对该地区的生态系统、公众健康和社会经济造成危害。例如，原产于黑海的斑马贝（dreissena polymorpha）通过压载水被引入北美东部（大湖区），斑马贝会聚集成团，附着在坚硬的岩石表面，它取代了本地水生物种，并改变了栖息地的生态系统和食物链；同时它大量附着于基础设施和船壳上，并阻塞了排水管、水闸和灌溉堤防。仅在美国，从 1989 年至 2000 年，为从工业设备上清除斑马贝，就花费了 7.5 亿~10 亿美元。

7. 船舶其他污染

除了上述的污染，船舶在营运过程中还会带来大气污染、噪声污染及防污底漆污染等。

第二章　船舶防污染管理体制和法规体系简介

第一节　船舶防污染管理体制简介

一、国际海事组织(IMO)

国际海事组织(International Maritime Organization,IMO)是负责处理国际海运技术、专业问题的联合国专门机构,总部设在伦敦。该组织最早成立于1959年1月6日,原名“政府间海事协商组织”,1982年5月改为现名,现有174个成员和3个联系会员。香港特别行政区和澳门特别行政区为该组织联系成员。

该组织的宗旨为促进各国间的航运技术合作,鼓励各国在促进海上安全、提高船舶航行效率、防止和控制船舶对海洋污染方面采取统一的标准,处理有关的法律问题。

IMO的全部技术工作由所属的五个委员会(海安会、环保会、法委会、技合会和便运会)进行,这些委员会都由所有会员国的代表组成。

1. 海上安全委员会

海上安全委员会(Maritime Safety Committee,MSC),简称海安会,是IMO的最高技术机构,其主要职责是研究本组织范围内有关助航设备、船舶建造和装备、船员配备、避碰规则、危险货物装卸、海上安全、航道信息、航海日志、航行记录、救助救生、海上事故调查以及直接影响海上安全的任何其他事宜。MSC每年召开一至两次会议,例如2008年5月7日至16日召开的第84届海安会会议和2008年11月26日至12月5日召开的第85届海安会会议。

MSC还负责审议与海上安全有关的海安会决议(MSC Resolution)、通函(MSC/Circ.)等。例如MSC.133(76)《检查通道技术规定》、MSC.215(82)《所有类型船舶专用海水压载舱和散货船双舷侧处所保护涂层性能标准》、MSC.244(83)《散货船和油船空舱保护涂层性能标准》和MSC.246(83)《用于搜救作业的自动识别系统搜救发送器(AIS-SART)的性能标准》,以及MSC/Circ.403《驾驶桥楼视野的指南》、MSC/Circ.1135《船上和岸上保留的建造完工图纸》、MSC/Circ.1175《船上拖带和系泊设备指南》等。

IMO海安会决议编码的含义为:MSC表示国际海事组织海安会,阿拉伯数字表示决议编号,括号内阿拉伯数字表示海安会届数,例如第84届海安会决议的编码为MSC.255(84)-MSC.266(84)。

IMO 海安会通函编码的含义为:MSC/Circ. 表示国际海事组织海安会通函(Circulars),阿拉伯数字表示通函编号。

2. 海上环境保护委员会

海上环境保护委员会(Maritime Environment Protection Committee,MEPC),简称环保会,其主要职责是审议本组织范围内有关防止和控制船舶所造成的污染问题,为大会通过的有关公约、规则及其修正案制定实施措施。此外,提供各国有关防止和控制船舶对海上污染的科学技术实用资料,提出有关建议和拟定指导原则,以及组织区域性合作和其他国际组织的合作,以防止和控制船舶对海上的污染。

MEPC 起初是大会的附属机构,成立于 1973 年 11 月,1985 年升格为《海事组织公约》所规定的正式机构。MEPC 每年召开一至两次会议,例如 2008 年 3 月 31 日至 4 月 4 日召开的第 57 届环保会会议和 2008 年 10 月 6 日至 10 月 10 日召开的第 58 届环保会会议。

MEPC 还负责审议、防止和控制船舶所造成的污染问题有关的环保会(海上环境保护委员会)决议(MEPC Resolution)、通函(MEPC/Circ.)等。例如 MEPC. 102 (48)《船舶防污底系统检验与发证指南》、MEPC. 124 (53)《压载水排放指南(G6)》、MEPC. 127 (53)《压载水管理和压载水管理计划编制指南(G4)》、MEPC. 149 (55)《压载水排放设计和建造标准指南(G11)》和 MEPC. 166 (56)《国际散装运输危险化学品船舶构造与设备规则(IBC CODE)的 2007 年修正案》,以及 MEPC/Circ. 468《国际防止船舶造成污染公约附则Ⅰ经修改的第 13G 条和第 13H 条的执行》等。

IMO 环保会决议编码的含义为:MEPC 表示国际海事组织环保会,阿拉伯数字表示决议编号,括号内阿拉伯数字表示环保会届数;例如第 57 届环保会决议的编码为 MEPC. 169(57) - MEPC. 172(57)。

IMO 环保会通函编码的含义为:MSC/Circ. 表示国际海事组织环保会通函(Circulars),阿拉伯数字表示通函编号。

国际海事组织还下设 7 个对所有成员国开放的分委会(Sub-committee),主要是协助海上安全委员会和海上环境保护委员会工作。这些分委会是:

(1)船舶系统与设备分委会(SSE);

(2)船舶设计与建造分委会(SDC);

(3)航行、通信和搜救分委会(NCSR);

(4)污染预防与应急分委会(PPR);

(5)货物运输和集装箱分委会(CCC);

(6)IMO 综合履约分委会(Ⅲ);

(7)人的因素、培训和值班分委会(HTW)。

3. 法律委员会

法律委员会 (Legal Committee,LEG),简称法委会,主要职责是处理本组织范围内的任何法律事宜,同时履行其他有关国际文件所赋予的职责。

4. 技术合作委员会

技术合作委员会 (Technical Co-operation Committee,TC),简称技合会,主要职责是审议本组织范围内的技术合作项目,并负责其具体实施工作。

技术合作委员会的任务是审议由联合国有关计划署资助、本组织作为执行或协调机构的技术合作项目；以自愿提供给本组织的信用资金资助的任何技术合作项目和技术合作领域内与本组织活动有关的事务；以及审查国际海事组织秘书处有关技术合作方面的工作。其最终目的是鼓励和促进成员国为贯彻 IMO 通过的技术措施采取技术合作计划。

5. 便利运输委员会

便利运输委员会（Facilitation Committee，FAL），简称便运会，是理事会的一个附属机构，负责减少或消除国际航运业中不必要的手续等方面工作。其宗旨是减少有关手续和简化有关文件。具体来说就是对各国港口办理船舶进出口手续单证和程序等方面进行协调、简化和统一。它成立于 1972 年 5 月，根据 IMO 公约 1991 年修正案，它升格为与其他四个委员会具有同等法律地位的机构。

二、IMO 海洋环境保护组织机构

MEPC 是 IMO 在保护海洋环境中的主要机构，IMO 通过 MEPC 和其他专家机构的工作提出防止海洋污染的具体措施或建议，并制定必要的防污染公约或议定书的草案，供各国政府派全权代表出席的外交大会讨论通过。

除建立健全与船舶防污染有关的各种组织机构以外，IMO 采取了一系列保护海洋环境，防止、控制船舶污染的策略。主要有以下几个环节：

1. 制定切实可行的国际标准

IMO 制定的国际公约、议定书、规则、建议、指南涉及海上运输各个方面的标准，以求最大限度地防止污染和保障安全。同时，又是可行的，以求在全球范围内得到尽可能广泛的实施。这些国际文件可分为三类：海上安全；防止、治理海洋污染及倾废；与污染损害有关的民事责任和赔偿。

2. 促使更多的国家接受并有效地执行有关公约、规则和标准

上述有关的国际防污公约、规则和标准的成效取决于实施的进展情况。只有各国政府接受或加入这些公约并采取必要的措施在本国船舶上和到其港口的外国船舶上执行公约的规定，才能达到制定上述公约的预期目的。然而，由于各国的技术和经济能力的差别，接受或加入公约的次序也有先后，有的国家甚至迟迟不能接受一些最重要的防污公约。为了使上述防污公约发挥出更大的成效，真正起到保护海洋环境的作用，IMO 做出了很大的努力，促使已加入公约的国家更加有效地执行其规定，并帮助未加入公约的国家创造条件早日加入。

3. 为协助有关国家和地区加强船舶防污染能力而促进技术合作

海洋污染是一个全球性的问题，需要各国一致努力才能真正奏效。因此，帮助海洋防污能力较差的国家提高其能力，对每一个国家都是有益的。1973 年在伦敦召开的《国际海洋污染会议》认识到这一问题的严重性，敦促各国通过 IMO 进行防污技术合作。几十年来，IMO 以各种形式向发展中国家提供防污技术帮助。IMO 主要承担选定项目、资金安排、组织实施、督促检查等工作。

4. 与其他国家组织密切合作，确保防污工作协调，避免重复劳动

作为联合国系统内主管海事的专门机构，IMO 在防止、控制和减少海洋污染方面一直起着主导作用。但是联合国系统内还有不少国际组织的工作也涉及海洋环境保护问题，如联合国环境计划署（UNEP）、粮农组织（FAO）、国际原子能机构（IAEA）、联合国教科文组织（UNESCO）的国际海洋委员会、世界卫生组织（WHO）和世界气象组织（WMO）等。为了避免

在制定国际公约和规划方面的重复劳动，IMO 与这些组织一直保持着十分密切的合作关系。例如，在地区性的海洋环境方面，IMO 与环境计划署合作，先后协助多个地区制定了海洋环境保护协议；在海洋倾废方面，IMO 与国际原子能机构合作，使《伦敦倾废公约》中关于核废料的倾倒规定更科学。

三、我国船舶防污管理机构

国务院交通运输主管部门主管所辖港区水域内非军事船舶和港区水域外非渔业、非军事船舶污染海洋环境的防治工作。

国家海事行政主管部门负责所辖港区水域内非军事船舶和港区水域外非渔业、非军事船舶污染海洋环境的监督管理，并负责污染事故的调查处理；对在中华人民共和国管辖海域航行、停泊和作业的外国籍船舶造成的污染事故登轮检查处理。船舶污染事故给渔业造成损害的，应当吸收渔业行政主管部门参与调查处理。

国家海洋行政主管部门负责海洋环境的监督管理，组织海洋环境的调查、监测、监视、评价和科学研究，负责全国防治海洋工程建设项目和海洋倾倒废弃物对海洋污染损害的环境保护工作。

国家渔业行政主管部门负责渔港水域内非军事船舶和渔港水域外渔业船舶污染海洋环境的监督管理，负责保护渔业水域生态环境工作，并调查处理前款规定的污染事故以外的渔业污染事故。

军队环境保护部门负责军事船舶污染海洋环境的监督管理及污染事故的调查处理。

沿海县级以上地方人民政府行使海洋环境监督管理权的部门的职责，由省、自治区、直辖市人民政府根据海洋环境保护法及国务院有关规定确定。

第二节　法律体系

一、国际公约、议定书和规则概述

IMO 制定的国际公约有它的特殊性和重要性。这是因为防止和控制船舶污染海洋不是一个国家或区域能圆满解决的，必须制定国际性防污公约，该公约一经生效，对所有从事国际运输的船舶都有一定的约束力。公约的缔约国可行使国家主权，拒绝不符合公约规定要求的船舶入港或采取其他措施。例如，要求对凡到港口的所有外国船舶（包括非缔约国船舶）一律不给予优惠的待遇。

《中华人民共和国民法通则》第 142 条规定：中华人民共和国缔结或者参加的国际条约同中华人民共和国的民事法律有不同规定的，适用国际条约的规定，但中华人民共和国声明保留的条款除外。中华人民共和国法律和中华人民共和国缔结或者参加的国际条约没有规定的，可以适用国际惯例。这就是说，所有我国加入的国际防污公约或议定书，都构成我国防污法规的一部分。

IMO 制定和管理的关于防止船舶造成海洋污染的各种公约和议定书主要包括：

1.《1954年国际防止海上油污公约》(简称OILPOL 1954)

第二次世界大战以后,由于航运的原因,石油污染海洋的范围大大增加,在联合国及其专门机构的努力下,使得拟定国际协议的活动得以开展。1954年4月26日,在伦敦召开了国际防止海上油污染会议,会议制定并通过第一个国际防止海上石油污染的文件《1954年国际防止海上油污公约》。该公约于1958年7月26日生效。该公约的重点是在油船日常操作产生的污染防止方面,对防止海洋油污染曾起到了积极作用,获得了世界各国的普遍认可,也标志着人类在防止海洋石油污染方面迈出的具有决定意义的一步。

2.《经1978年议定书修订的1973年国际防止船舶造成污染公约的1997年议定书》(简称MARPOL)

20世纪60年代起,世界石油运输大幅度增加,油船增加,其尺度也越来越大。加上海上散装化学品(有别于石油)运输也在增长,许多国家担心海洋受污染的威胁也在增加。尽管OILPOL 1954已做了一些修改,但是仍不能适应实际需要,公约应彻底修订。而正式被提上议事日程则是在1969年海事组织大会通过A. 176(Ⅵ)号决议时。这个决议决定尽早召开一次国际会议,通过一个全新的防污染公约取代OILPOL 1954。1967年发生在英吉利海峡的"Torrey Canyon"油船的严重油污染事故也在一定程度上推进了新公约的制定。经过几年准备,海事组织秘书处提出了新公约的框架。《1973年国际防止船舶造成污染公约》由IMO在1973年10月8日至11月2日召开的国际海洋污染会议上通过。议定书Ⅰ(关于涉及有害物质事故报告的规定)和议定书Ⅱ(仲裁)在同一会议上通过。随后本公约经IMO在1978年2月6日至17日召开的国际油船安全和防污染会议通过的1978年议定书的修订。经1978年议定书修订的该公约,称为《经1978年议定书修订的1973年国际防止船舶造成污染公约》,或简称《73/78防污公约》。1997年9月15日至26日召开的MARPOL 73/78缔约国大会通过了MARPOL 73/78的1997年议定书,全称为《经1978年议定书修订的1973年国际防止船舶造成污染公约的1997年议定书》,并新增附则Ⅵ。在2008年召开的MEPC第56次会议上决定公约和其六个附则作为一个整体,最好使用MARPOL或《国际防污公约》代替以往的MARPOL 73/78。

附则Ⅰ——防止油污染规则,于1983年10月2日生效,我国于1983年7月1日加入该公约,对我国生效日期是1983年10月2日。之后该公约增加了:附则Ⅱ——控制散装有毒液体物质污染规则(生效日期为1987年4月6日,我国加入时间为1983年7月1日,对我国生效日期为1987年4月6日);附则Ⅲ——防止海运包装有害物质污染规则(生效日期为1992年7月1日,我国加入时间和生效日期分别为1994年9月13日、1994年12月13日);附则Ⅳ——防止船舶生活污水污染规则(生效日期为2003年9月27日,我国加入时间和生效日期分别为2006年11月2日、2007年2月2日);附则Ⅴ——防止船舶垃圾污染规则(生效日期为1988年12月31日,我国加入时间和生效日期分别为1988年11月21日、1989年2月21日);附则Ⅵ——防止船舶造成大气污染规则(2005年5月19日生效,我国加入时间和生效日期分别为2006年5月23日、2006年8月23日)。

3.《1969年国际干预公海油污事故公约》(简称CSI1969)

该公约于1969年11月29日在布鲁塞尔通过,1975年5月6日生效,我国于1990年2月23日加入,1990年5月24日对我国生效。1973年11月2日通过了该公约的议定书即《1973

年国际干预公海非油类物质污染议定书》,该议定书于1983年3月30日生效,我国于1990年2月23日加入,1990年5月24日对我国生效。

4.《1969年国际油污损害民事责任公约》及《1969年国际油污损害民事责任公约的1976年议定书》(简称CLC1969)

该公约于1969年11月10日至11月29日在布鲁塞尔召开的海上污染国际法律会议上通过,1975年6月19日生效。我国于1980年1月30日加入该公约。该公约于1982年4月29日对我国生效。《1969年国际油污损害民事责任公约的1976年议定书》于1976年11月19日签署,1981年4月8日生效,我国于1986年9月27日加入,1986年12月28日对我国生效。

5.《修正1969年国际油污损害民事责任公约的1992年议定书》(简称CLC1992)

该议定书于1992年11月27日在伦敦签署,1996年5月30日生效,我国于1999年1月5日加入,2000年1月5日对我国生效。

6.《1971年设立国际油污损害赔偿基金公约》(简称FUND1971)

该公约1971年11月18日于布鲁塞尔签署,1978年10月16日生效。之后1976年11月19日通过了《1971年设立国际油污损害赔偿基金公约的1976年议定书》;1984年4月30日至5月25日国际海事组织在伦敦召开的外交会议上通过了《1971年设立国际油污损害赔偿基金公约的1984年议定书》,这两个议定书一直没有生效。我国未加入《油污损害赔偿基金公约》。

7.《修正1971年设立国际油污损害赔偿基金公约的1992年议定书》

该公约1992年11月27日于伦敦签署,1996年5月30日生效,我国加入该公约,但仅适用香港特别行政区。2000年10月国际海事组织法律委员会第82届会议通过了《1992年国际油污损害赔偿基金公约的议定书》的修正案,并于2003年11月1日生效。2000年议定书也仅适用于香港特别行政区。

8.《1972年防止倾倒废物和其他物质污染海洋公约》(简称LDC1972)

根据1972年6月5日至16日在斯德哥尔摩召开的联合国人类环境会议86号建议案,英国政府于1972年10月30日至11月13日在伦敦召开了关于海上倾废公约的政府间会议。会议通过了该公约,1975年8月30日生效。我国于1985年11月14日加入,1985年12月15日对我国生效。该公约有多个修正案:1978年关于争议解决程序的修正案(尚未生效);1978年关于防止和控制焚烧废物和其他物质污染的修正案(1979年3月11日生效,我国于1985年11月14日加入,1985年12月15日对我国生效);1980年关于公约物质名单的修正案[1981年3月11日生效(日本除外)];1996年11月7日《防止倾倒废物及其他物质污染海洋的公约》缔约国会议上通过了《〈防止倾倒废物及其他物质污染海洋的公约〉1996年议定书》,该议定书附件Ⅰ修正案于2006年11月2日生效,我国2007年2月8日接受,2007年2月1日对我国生效。

9.《1990年国际油污防备、反应和合作公约》(简称OPRC1990)

国际海事组织于1990年11月19日至30日在伦敦召开了外交大会,有93个国家和17个国际组织代表或观察员出席了会议,香港也派员列席。会议通过了《1990年国际油污防备、反应和合作公约》。11月30日,包括中国在内的81个国家签署了公约的最终议定书。虽然受本国政府授权签署公约的有15个国家，但都声明"有待批准"。至1992年年底，只有美国、瑞典、塞舌尔、埃及和澳大利亚正式加入该公约。该公约的生效条件是15个国家加入，没有船舶总吨位约束条件。该公约于1995年5月13日生效，我国于1998年3月30日加入，1998年6月30日对我国生效。

10.《2000年有害和有毒物质污染事故防备、反应和合作议定书》（简称OPRC-HNS2000）

该议定书于2000年3月15日召开的国际海事组织（IMO）外交大会上正式通过。2006年6月14日随着葡萄牙作为第15个国家的批准接收，已达到其生效条件，该议定书于2007年6月14日正式生效。我国于2009年11月19日向国际海事组织递交了加入OPRC-HNS2000议定书的加入书，该议定书于2010年2月19日对我国生效。

11.《1996年国际海运有害有毒物质污染损害赔偿责任公约》（简称HNS）

1996年4月5日至5月3日，国际海事组织（IMO）在其总部召开国际会议，审议通过了《1996年国际海运有害有毒物质污染损害赔偿责任公约》。该公约尚未生效。

12.《2001年燃油损害民事责任公约》

该公约于2001年3月23日在伦敦签署，2008年11月21日生效，我国于2008年12月9日递交加入书。根据交通运输部国际合作司公告2009年第1号，该公约于2009年3月9日对我生效。

13.《控制船舶有害防污底系统国际公约》（简称AFS）

国际海事组织于2001年10月正式通过了《控制船舶有害防污底系统国际公约》，并已于2008年9月17日生效。我国于2011年3月3日加入，2011年6月7日对我国生效。同时，该公约适用于中华人民共和国澳门特别行政区；在另行通知之前，该公约不适用于中华人民共和国香港特别行政区。

14.《2004年国际船舶压载水和沉积物控制和管理公约》

国际海事组织在2004年2月召开的外交大会上通过了该公约，公约的生效条件为：本公约在合计不少于世界商船总吨位35%的至少30个国家批准之后12个月后生效。该公约于2017年9月8日正式生效。我国于2018年10月22日递交加入文书，该公约于2019年1月22日对我国生效。

15.《国际船舶安全营运和防止污染管理规则》（简称ISM CODE）

该规则于1993年11月，由IMO第18届大会上通过的A.741(18)号决议通过，1998年7月1日生效。

二、有关防止船舶污染水域的国家法规

1.《中华人民共和国海洋环境保护法》（简称海环法）

1982年全国人大常委会颁发《中华人民共和国海洋环境保护法》，1983年3月1日生效。2017年对该部法律进行了第4次修订。修订后的海环法共十章97条：第一章总则；第二章海洋环境监督管理；第三章海洋生态保护；第四章防治陆源污染物对海洋环境的污染损害；第五章防治海岸工程建设项目对海洋环境的污染损害；第六章防治海洋工程建设项目对海洋环境的污染损害；第七章防治倾倒废弃物对海洋环境的污染损害；第八章防治船舶及有关作业活动

对海洋环境的污染损害;第九章法律责任;第十章附则。

(1)立法目的

为了保护和改善海洋环境,保护海洋资源,防治污染损害,维护生态平衡,保障人体健康,促进经济和社会的可持续发展,特制定本法。

(2)适用范围

区域:中华人民共和国内水、领海、毗连区、专属经济区、大陆架及中华人民共和国管辖的其他海域。

对象:中华人民共和国管辖海域内从事航行、勘探、开发、生产、旅游、科学研究及其他活动,或者在沿海陆域内从事影响海洋环境活动的任何单位和个人。

在中华人民共和国管辖海域以外,造成中华人民共和国管辖海域污染的,也适用本法。

(3)主要规定

①确定我国海洋环境保护管理体制;

②制定防止海洋污染损害的规定。

从法律角度,针对造成海洋污染损害的五个主要污染源做出相应规定。其中包括防止船舶对海洋环境造成的污染损害(第八章 62~72 条)。这是我国防止和减少船舶对海洋环境造成污染损害的根本法规。具体条款如下:

在中华人民共和国管辖海域,任何船舶及相关作业不得违反本法规定向海洋排放污染物、废弃物和压载水、船舶垃圾及其他有害物质。从事船舶污染物、废弃物、船舶垃圾接收和船舶清舱、洗舱作业活动的,必须具备相应的接收处理能力。

船舶必须按照有关规定持有防止海洋环境污染的证书与文书,在进行涉及污染物排放及操作时,应当如实记录。

船舶必须配置相应的防污设备和器材。载运具有污染危害性货物的船舶,其结构与设备应当能够防止或者减轻所载货物对海洋环境的污染。

船舶应当遵守海上交通安全法律、法规的规定,防止因碰撞、触礁、搁浅、火灾或者爆炸等引起的海难事故,而造成海洋环境的污染。

国家完善并实施船舶油污损害民事赔偿责任制度;按照船舶油污损害赔偿责任由船东和货主共同承担风险的原则,建立船舶油污保险、油污损害赔偿基金制度。实施船舶油污保险、油污损害赔偿基金制度的具体办法由国务院规定。

载运具有污染危害性货物进出港口的船舶,其承运人、货物所有人或者代理人,必须事先向海事行政主管部门申报。经批准后,方可进出港口、过境停留或者装卸作业。

交付船舶装运污染危害性货物的单证、包装、标志、数量限制等,必须符合对所装货物的有关规定。需要船舶装运污染危害性不明的货物,应当按照有关规定事先进行评估。装卸油类及有毒有害货物的作业,船岸双方必须遵守安全防污操作规程。

港口、码头、装卸站和船舶修造厂必须按照有关规定备有足够的用于处理船舶污染物、废弃物的接收设施,并使该设施处于良好状态。装卸油类的港口、码头、装卸站和船舶必须编制溢油污染应急计划,并配备相应的溢油污染应急设备和器材。

船舶及有关作业活动应当遵守有关法律法规和标准,采取有效措施,防止造成海洋环境污染。海事行政主管部门等有关部门应当加强对船舶及有关作业活动的监督管理。船舶进行散装液体污染危害性货物的过驳作业,应当事先按照有关规定报经海事行政主管部门批准。

船舶发生海难事故，造成或者可能造成海洋环境重大污染损害的，国家海事行政主管部门有权强制采取避免或者减少污染损害的措施。对在公海上因发生海难事故而造成中华人民共和国管辖海域重大污染损害后果或者具有污染威胁的船舶、海上设施，国家海事行政主管部门有权采取与实际的或者可能发生的损害相称的必要措施。

所有船舶均有监视海上污染的义务，在发现海上污染事故或者违反本法规定的行为时，必须立即向就近的依照本法规定行使海洋环境监督管理权的部门报告。民用航空器发现海上排污或者污染事件，必须及时向就近的民用航空空中交通管制单位报告。接到报告的单位，应当立即向依照本法规定行使海洋环境监督管理权的部门通报。

2.《中华人民共和国海上交通安全法》

该法于1983年9月2日在第六届全国人民代表大会常务委员会第二次会议上通过，1983年9月2日中华人民共和国主席令第七号公布自1984年1月1日起施行。2016年全国人大常委会对本法进行了修订。该部法律共十二章53条：第一章总则；第二章船舶检验和登记；第三章船舶、设施上的人员；第四章航行、停泊和作业；第五章安全保障；第六章危险货物运输；第七章海难救助；第八章打捞清除；第九章交通事故的调查处理；第十章法律责任；第十一章特别规定；第十二章附则。

(1)立法目的

为加强海上交通管理，保障船舶、设施和人命财产的安全，维护国家权益，特制定本法。

(2)适用范围

在中华人民共和国沿海水域航行、停泊和作业的一切船舶、设施和人员，以及船舶、设施的所有人、经营人。

(3)主要规定

①确定中华人民共和国港务监督机构，是对沿海水域的交通安全实施统一监督管理的主管机关。(第3条)

②对船舶检验和登记，船舶、设施上的人员，航行、停泊和作业，安全保障，海难救助，打捞清除，交通事故的调查处理做出明确法律规范。(第二、三、四、五、七、八、九章)

③对船舶、设施储存、装卸、运输危险货物必须具备的设备和条件，以及船舶装运危险货物申报批准程序做出规定。(第六章)

④相应法律责任(第十章44~47条)

3.《中华人民共和国港口法》

该法于2003年6月28日在第十届全国人民代表大会常务委员会第二次会议上通过，自2004年1月1日起施行。2018年该部法律进行了第3次修订。修订后该法共六章62条：第一章总则；第二章港口规划与建设；第三章港口经营；第四章港口安全与监督管理；第五章法律责任；第六章附则。

(1)立法目的

为加强港口管理，维护港口的安全与经营秩序，保护当事人的合法权益，促进港口的建设与发展，制定本法。

(2)适用范围

从事港口规划、建设、维护、经营、管理及其相关活动，适用本法。(第2条)

该法所称港口，是指具有船舶进出、停泊、靠泊，旅客上下，货物装卸、驳运、储存等功能，具有相应的码头设施，由一定范围的水域和陆域组成的区域。

港口可以由一个或者多个港区组成。

(3)主要规定

①确定港口管理体制

国务院交通主管部门主管全国的港口工作。地方人民政府对本行政区域内港口的管理，按照国务院关于港口管理体制的规定确定。依照前款确定的港口管理体制，由港口所在地的市、县人民政府管理的港口，由市、县人民政府确定一个部门具体实施对港口的行政管理；由省、自治区、直辖市人民政府管理的港口，由省、自治区、直辖市人民政府确定一个部门具体实施对港口的行政管理。依照前款确定的对港口具体实施行政管理的部门，以下统称港口行政管理部门。(第6条)

②港口规划建设，应当依法进行环境影响评价，执行“三同时”，对港口危险货物作业场所建设做出规范；(第二章15、17条)

③对港口安全与监督管理工作，相关责任人的行为做出规范；(第四章32~44条)

④违反上述规定的罚则。

4.《中华人民共和国水污染防治法》

该法于1984年5月11日在第六届全国人民代表大会常务委员会第五次会议上通过，1984年11月1日起实施。2017年该法进行了第3次修订。该法修订后共八章103条：第一章总则；第二章水污染防治的标准和规划；第三章水污染防治的监督管理；第四章水污染防治措施；第五章饮用水水源和其他特殊水体保护；第六章水污染事故处置；第七章法律责任；第八章附则。

(1)立法目的

为防治水污染，保护和改善环境，以保障人体健康，保证水资源的有效利用，促进社会主义现代化建设的发展，特制定本办法。

(2)适用范围

该办法适用于中华人民共和国领域内的江河、湖泊、运河、渠道、水库等地表水体以及地下水体的污染防治。

(3)主要规定

①确定我国水污染防治管理体制

县级以上人民政府环境保护部门对水污染防治实施统一监督管理。交通主管部门的海事管理机构对船舶污染水域的防治实施监督管理。县级以上人民政府水行政、国土资源、卫生、建设、农业、渔业等部门以及重要江河、湖泊的流域水资源保护机构，在各自的职责范围内，对有关水污染防治实施监督管理。

②船舶水污染防治

船舶排放含油污水、生活污水，应当符合船舶污染物排放标准。从事海洋航运的船舶进入内河和港口的，应当遵守内河的船舶污染物排放标准。船舶的残油、废油应当回收，禁止排入水体。禁止向水体倾倒船舶垃圾。船舶装载运输油类或者有毒货物，应当采取防止溢流和渗漏的措施，防止货物落水造成水污染。进入中华人民共和国内河的国际航线船舶排放压载水的，应当采用压载水处理装置或者采取其他等效措施，对压载水进行灭活等处理。禁止排放不符合规定的船舶压载水。

船舶应当按照国家有关规定配置相应的防污设备和器材，并持有合法有效的防止水域环境污染的证书与文书。船舶进行涉及污染物排放的作业，应当严格遵守操作规程，并在相应的记录簿上如实记载。

港口、码头、装卸站和船舶修造厂所在地市、县级人民政府应当统筹规划建设船舶污染物、废弃物的接收、转运及处理处置设施。港口、码头、装卸站和船舶修造厂应当备有足够的船舶污染物、废弃物的接收设施。从事船舶污染物、废弃物接收作业，或者从事装载油类、污染危害性货物船舱清洗作业的单位，应当具备与其运营规模相适应的接收处理能力。

船舶及有关作业单位从事有污染风险的作业活动，应当按照有关法律法规和标准，采取有效措施，防止造成水污染。海事管理机构、渔业主管部门应当加强对船舶及有关作业活动的监督管理。船舶进行散装液体污染危害性货物的过驳作业，应当编制作业方案，采取有效的安全和污染防治措施，并报作业地海事管理机构批准。禁止采取冲滩方式进行船舶拆解作业。

5.《中华人民共和国海洋倾废管理条例》

1985 年 3 月 6 日国务院颁布《中华人民共和国海洋倾废管理条例》，同年 4 月 1 日起实施。根据 2011 年 1 月 8 日《国务院关于废止和修改部分行政法规的决定》进行第 1 次修订，根据 2017 年 3 月 1 日《国务院关于修改和废止部分行政法规的决定》进行第 2 次修订。条例共 24 条 2 个附件。

6.《防治船舶污染海洋环境管理条例》

该条例于 2009 年 9 月 2 日在国务院第 79 次常务会议上通过，自 2010 年 3 月 1 日起施行。2017 年该条例进行了第 5 次修订。条例修订后共九章 76 条：第一章总则；第二章防治船舶及其有关作业活动污染海洋环境的一般规定；第三章船舶污染物的排放和接收；第四章船舶有关作业活动的污染防治；第五章船舶污染事故应急处置；第六章船舶污染事故调查处理；第七章船舶污染事故损害赔偿；第八章法律责任；第九章附则。

7.《中华人民共和国船舶及其有关作业活动污染海洋环境防治管理规定》

该规定于 2010 年 10 月 8 日经中华人民共和国交通运输部第 9 次部务会议通过，2011 年 2 月 1 日起实施。2017 年该规定进行了第 4 次修正。修正后该规定共七章 63 条：第一章总则；第二章一般规定；第三章船舶污染物的排放与接收；第四章船舶载运污染危害性货物及其有关作业；第五章船舶拆解、打捞、修造和其他水上水下船舶施工作业；第六章法律责任；第七章附则。

(1)适用范围

防治船舶及其有关作业活动污染中华人民共和国管辖海域适用本规定。本规定所称有关作业活动，是指船舶装卸、过驳、清舱、洗舱、油料供受、修造、打捞、拆解、污染危害性货物装箱、充罐、污染清除以及其他水上水下船舶施工作业等活动。

(2)主要规定

港口、码头、装卸站和从事船舶修造作业的单位应当按照国家有关标准配备相应的污染监视设施和污染物接收设施。港口、码头、装卸站以及从事船舶修造、打捞、拆解等有关作业活动的其他单位应当按照国家有关标准配备相应的防治污染设备和器材。

船舶从事下列作业活动，应当遵守有关法律法规、标准和相关操作规程，落实安全和防治污染措施，并在作业前将作业种类、作业时间、作业地点、作业单位和船舶名称等信息向海事管理机构报告；作业信息变更的，应当及时补报：(a)在沿海港口进行舷外拷铲、油漆作业或者使用焚烧炉的;(b)在港区水域内洗舱、清舱、驱气以及排放垃圾、生活污水、残油、含油污水、含有毒有害物质污水等污染物和压载水的;(c)冲洗沾有污染物、有毒有害物质的甲板的;(d)进行船舶水上拆解、打捞、修造和其他水上、水下船舶施工作业的;(e)进行船舶油料供受作业的。

从事3万载重吨以上油船的货舱清舱、1万吨以上散装液体污染危害性货物过驳以及沉船打捞、油船拆解等存在较大污染风险的作业活动的,作业方应当进行作业方案可行性研究,并在作业活动中接受海事管理机构的检查。

船舶污染物接收单位进行船舶垃圾、残油、含油污水、含有毒有害物质污水等污染物接收作业,应当在作业前将作业时间、作业地点、作业单位、作业船舶、污染物种类和数量以及拟处置的方式及去向等情况向海事管理机构报告。船舶污染物接收作业单位应当落实安全与防污染管理制度。进行污染物接收作业的,应当编制作业方案,遵守国家有关标准、规程,并采取有效的防污染措施,防止污染物溢漏。船舶污染物接收单位应当在污染物接收作业完毕后,向船舶出具污染物接收单证,经双方签字确认并留存至少2年。污染物接收单证上应当注明作业单位名称,作业双方船名,作业开始和结束的时间、地点,以及污染物的种类、数量等内容。船舶应当将污染物接收单证保存在相应的记录簿中。

船舶载运污染危害性货物进出港口,承运人或者代理人应当在进出港24 h前(航程不足24 h的,在驶离上一港口时)向海事管理机构办理船舶适载申报手续;货物所有人或者代理人应当在船舶适载申报之前向海事管理机构办理货物适运申报手续。货物适运申报和船舶适载申报经海事管理机构审核同意后,船舶方可进出港口或者过境停留。

货物所有人或者代理人交付船舶载运污染危害性货物,应当采取有效的防治污染措施,确保货物的包装与标志的规格、比例、色度、持久性等符合国家有关安全与防治污染的要求,并在运输单证上如实注明该货物的技术名称、数量、类别、性质、预防和应急措施等内容。货物所有人或者代理人交付船舶载运污染危害性不明的货物,应当委托具备相应资质的技术机构对货物的污染危害性质和船舶载运技术条件进行评估。

船舶进行散装液体污染危害性货物过驳作业的,应当符合国家海上交通安全和防治船舶污染海洋环境的管理规定和技术规范,选择缓流、避风、水深、底质等条件较好的水域,远离人口密集区、船舶通航密集区、航道、重要的民用目标或者设施、军用水域,制定安全和防治污染的措施和应急计划并保证有效实施。

进行船舶油料供受作业的,作业双方应当采取满足安全和防治污染要求的供受油作业管理措施,同时应当遵守下列规定:①作业前,应当做到:a. 检查管路、阀门,做好准备工作,堵好甲板排水孔,关好有关通海阀;b. 检查油类作业的有关设备,使其处于良好状态;c. 对可能发生溢漏的地方,设置集油容器;d. 供受油双方以受方为主商定联系信号,双方均应切实执行。②作业中,要有足够人员值班,当班人员要坚守岗位,严格执行操作规程,掌握作业进度,防止跑油、漏油。③停止作业时,必须有效关闭有关阀门。④收解输油软管时,必须事先用盲板将软管有效封闭,或者采取其他有效措施,防止软管存油倒流入海。海事管理机构应当对船舶油料供受作业进行监督检查,发现不符合安全和防治污染要求的,应当予以制止。

在进行船舶拆解和船舶油舱修理作业前,作业单位应当将船舶上的残余物和废弃物进行有效处置,将燃油舱、货油舱中的存油驳出,进行洗舱、清舱、测爆等工作,并按照规定取得船舶污染物接收单证和有效的测爆证书。船舶燃油舱、货油舱中的存油需要通过过驳方式交付储存的,应当遵守本规定关于散装液体污染危害性货物过驳作业的要求。修造船厂应当建立防治船舶污染海洋环境管理制度,采取必要防护措施,防止船舶修造期间造成海洋环境污染。

8.《中华人民共和国船舶污染海洋环境应急防备和应急处置管理规定》

该规定于2010年12月30日经中华人民共和国交通运输部第12次部务会议通过,2011年6月1日起实施。2019年该规定进行了第6次修正。修正后该规定共七章39条:第一章总则;第二章应急能力建设和应急预案;第三章船舶污染清除单位;第四章船舶污染清除协议的签订;第五章应急处置;第六章法律责任;第七章附则。

(1)适用范围

在中华人民共和国管辖海域内,防治船舶及其有关作业活动污染海洋环境的应急防备和应急处置,适用本规定。船舶在中华人民共和国管辖海域外发生污染事故,造成或者可能造成中华人民共和国管辖海域污染的,其应急防备和应急处置,也适用本规定。本规定所称"应急处置"是指在发生或者可能发生船舶污染事故时,为控制、减轻、消除船舶造成海洋环境污染损害而采取的响应行动;"应急防备"是指为应急处置的有效开展而预先采取的相关准备工作。

(2)主要规定

交通运输部、沿海设区的市级以上地方人民政府应当根据相应的防治船舶及其有关作业活动污染海洋环境应急能力建设规划,建立健全船舶污染事故应急防备和应急反应机制,建立专业应急队伍,建设船舶污染应急专用设施、设备和器材储备库。

沿海各级海事管理机构应当根据防治船舶及其有关作业活动污染海洋环境的需要,会同海洋主管部门建立健全船舶及其有关作业活动污染海洋环境的监测、监视机制,加强对船舶及其有关作业活动污染海洋环境的监测、监视。港口、码头、装卸站以及从事船舶修造的单位应当配备与其装卸货物种类和吞吐能力或者修造船舶能力相适应的污染监视设施和污染物接收设施,并使其处于良好状态。

港口、码头、装卸站以及从事船舶修造、打捞、拆解等作业活动的单位应当编写报告,评价其具备的船舶污染防治能力是否与其装卸货物种类、吞吐能力或者船舶修造、打捞、拆解活动所必需的污染监视监测能力、船舶污染物接收处理能力以及船舶污染事故应急处置能力相适应。交通运输主管部门依法开展港口、码头、装卸站的验收工作时应当对评价报告进行审查,确认其具备与其所从事的作业相应的船舶污染防治能力。

交通运输部应当根据国家突发公共事件总体应急预案,制定国家防治船舶及其有关作业活动污染海洋环境的专项应急预案。沿海省、自治区、直辖市人民政府应当根据国家防治船舶及其有关作业活动污染海洋环境的专项应急预案,制定省级防治船舶及其有关作业活动污染海洋环境应急预案。沿海设区的市级人民政府应当根据所在地省级防治船舶及其有关作业活动污染海洋环境的应急预案,制定市级防治船舶及其有关作业活动污染海洋环境应急预案。交通运输部、沿海设区的市级以上地方人民政府应当定期组织防治船舶及其有关作业活动污染海洋环境应急预案的演练。

中国籍船舶所有人、经营人、管理人应当按照国家海事管理机构制定的应急预案编制指南,制定或者修订防治船舶及其有关作业活动污染海洋环境的应急预案,并报海事管理机构备案。港口、码头、装卸站的经营人以及有关作业单位应当制定防治船舶及其有关作业活动污染海洋环境的应急预案,并报海事管理机构和环境保护主管部门备案。船舶以及有关作业单位应当按照制定的应急预案定期组织应急演练，根据演练情况对应急预案进行评估，按照实际需要和情势变化，适时修订应急预案，并对应急预案的演练情况、评估结果和修订情况如实记录。

船舶污染清除单位是指具备相应污染清除能力，为船舶提供污染事故应急防备和应急处置服务的单位。根据服务区域和污染清除能力的不同，船舶污染清除单位的能力等级由高到低分为四级，其中：(a)一级单位能够在我国管辖海域为船舶提供溢油和其他散装液体污染危害性货物泄漏污染事故应急服务；(b)二级单位能够在距岸 20 n mile 以内的我国管辖海域为船舶提供溢油和其他散装液体污染危害性货物泄漏污染事故应急服务；(c)三级单位能够在港区水域为船舶提供溢油应急服务；(d)四级单位能够在港区水域内的一个作业区、独立码头附近水域为船舶提供溢油应急服务。

载运散装油类货物的船舶，其经营人应当在船舶进港前或者港外装卸、过驳作业前，按照以下要求与相应的船舶污染清除单位签订船舶污染清除协议：(a)600 GT 以下仅在港区水域航行或作业的船舶，应当与四级以上等级的船舶污染清除单位签订船舶污染清除协议；(b)600 GT 以上 2 000 GT 以下仅在港区水域航行或作业的船舶，应当与三级以上等级的船舶污染清除单位签订船舶污染清除协议；(c)2 000 GT 以上仅在港区水域航行或作业的船舶以及所有进出港口和从事过驳作业的船舶，应当与二级以上等级的船舶污染清除单位签订船舶污染清除协议。

1 万总吨以上的载运非散装液体污染危害性货物的船舶，其经营人应当在船舶进港前或者港外装卸、过驳作业前，按照以下要求与相应的船舶污染清除单位签订船舶污染清除协议：(a)进出港口的 2 万总吨以下的船舶应当与四级以上等级的船舶污染清除单位签订船舶污染清除协议；(b)进出港口的 2 万总吨以上 3 万总吨以下的船舶应当与三级以上等级的船舶污染清除单位签订船舶污染清除协议；(c)进出港口的 3 万总吨以上的船舶以及在我国管辖水域从事过驳作业的船舶应当与二级以上等级的船舶污染清除单位签订船舶污染清除协议。

9.《中华人民共和国海上船舶污染事故调查处理规定》

为规范船舶污染事故调查处理工作，依据《中华人民共和国海洋环境保护法》《中华人民共和国防治船舶污染海洋环境管理条例》等规定，制定《中华人民共和国海上船舶污染事故调查处理规定》。该规定经 2011 年 9 月 22 日交通运输部第 10 次部务会议通过，2011 年 11 月 14 日中华人民共和国交通运输部令 2011 年第 10 号公布。根据 2013 年 12 月 24 日交通运输部令 2013 年第 16 号进行修正。该规定分总则、事故报告、事故调查、事故处理、法律责任、附则 6 章 36 条。

10.《中华人民共和国防治船舶污染内河水域环境管理规定》

为防治船舶及其作业活动污染内河水域环境，保护内河水域环境，根据《中华人民共和国水污染防治法》《危险化学品安全管理条例》等法律、行政法规制定该规定。由中华人民共和国交通运输部于 2015 年 12 月 31 日发布，自 2016 年 5 月 1 日起施行。

11.《中华人民共和国船舶安全营运和防止污染管理规则》

为了保障水上交通安全，保护水域环境，应用《国际船舶安全营运和防止污染管理规则》(ISM 规则)的原理，结合我国实际情况，制定的该规则。自 2003 年 1 月 1 日起对国内跨省航行载客定额 50 人及以上的客船(包括客滚船、旅游船、高速客船)、150 GT 及以上的气体运输船和散装化学品船生效。该规则对其他船舶的具体生效日期另行通知，原则上对油船不迟于 2003 年 7 月 1 日生效。

12.《中华人民共和国船舶油污损害民事责任保险实施办法》

该办法于2010年7月9日经中华人民共和国交通运输部第6次部务会议通过,2010年10月1日起实施。2013年8月22日经第10次部务会议通过《关于修改〈中华人民共和国船舶油污损害民事责任保险实施办法〉的决定》,并于当日公布实施。该办法共五章20条:第一章总则;第二章船舶油污损害民事责任保险及额度;第三章船舶油污损害民事责任保险证书;第四章法律责任;第五章附则。

13.《船舶油污损害赔偿基金征收使用管理办法》

为保护海洋环境,促进海洋运输业持续健康发展,根据《中华人民共和国海洋环境保护法》《防治船舶污染海洋环境管理条例》,参照国际通行做法,制定《船舶油污损害赔偿基金征收使用管理办法》。该办法于2012年5月11日由财政部、交通运输部以财综〔2012〕33号印发。该办法分总则、征收、使用、法律责任、附则五章33条,自2012年7月1日起施行。

船舶油污损害赔偿基金征收标准为每吨持久性油类物质0.3元。财政部可依据船舶油污损害赔偿需求、持久性油类物质的货物到港量以及积累的船舶油污损害赔偿基金规模等因素,并充分考虑货物所有人的承受能力,会同交通运输部确定、调整征收标准或者暂停征收。

14.《船舶大气污染物排放控制区实施方案》

2018年11月30日,交通运输部交海发〔2018〕168号印发船舶大气污染物排放控制区实施方案的通知。该方案是根据《中华人民共和国大气污染防治法》和我国加入的有关国际公约,在实施《珠三角、长三角、环渤海(京津冀)水域船舶排放控制区实施方案》(交海发〔2015〕177号)的基础上制定的。为了深入贯彻落实该方案,交通运输部海事局发布了关于规范实施船舶大气污染物排放控制区监督管理工作的通知(海危防〔2018〕555号)。

15.《船舶压载水和沉积物管理监督管理办法(试行)》

2019年1月11日,中华人民共和国海事局印发《船舶压载水和沉积物管理监督管理办法(试行)》的通知,该办法于2019年1月22日施行。该办法共七章32条,三个附件。

16.《船舶水污染物排放控制标准 GB 3552—2018》

2018年1月16日,环境保护部办公厅发布《船舶水污染物排放控制标准 GB 3552—2018》代替 GB 3552—1983。该标准于2018年7月1日实施。

17.《船舶溢油应急能力评估导则 JT/T 877—2013》

该标准规定了船舶溢油应急能力评估内容和评估方法。该标准适用于防治船舶及其有关作业活动污染水域环境应急能力评估,港口、码头、装卸站及从事船舶修造、打捞、拆解单位防治船舶污染水域环境能力中的船舶溢油应急能力评估,以及船舶污染清除单位等专业溢油应急单位的溢油应急能力评估。

18.《船舶污染清除单位应急清污能力要求 JT/T 1081—2016》

该标准规定了船舶污染清除单位应急清污能力要求,包括应急设施、设备和器材、应急船舶、应急作业人员的数量和能力要求,以及综合保障、应急预案和应急防备与反应等要求。该标准适用于船舶污染清除单位配备应急资源、提供船舶污染应急防备服务,以及对船舶污染清除单位应急清污能力的评估。

19.《水上溢油环境风险评估技术导则 JT/T 1143—2017》

该标准规定了水上溢油环境风险评估程序和方法,包括风险评估准备、风险识别、风险分析、风险评价、风险应对和监督检查。该标准适用于船舶、港区储罐、码头、装卸站等设施发生的水上溢油事故风险评估,可作为区域和水运工程建设项目环境风险评价的技术依据。

20.《溢油应急处置船应急装备物资配备要求 JT/T 1144—2017》

该标准规定了溢油应急处置船应急装备物资配备的一般要求及溢油应急处置装备物资配置要求。该标准适用于溢油应急处置船的应急装备物资的配备。

21.《船舶水污染物内河港口岸上接收设施设计指南 JTS/T 175—2019》

为贯彻国家环境保护法律和技术政策,加强内河通航水域的船舶污染防治,推进船舶水污染物内河港口岸上接收设施的建设,制定该指南。该指南适用于船舶生活垃圾、船舶生活污水和船舶含油污水内河港口岸上接收设施的设计。

22.《船舶污染清除协议制度管理办法》

为规范船舶污染清除协议制度实施,中华人民共和国海事局于 2019 年 12 月 31 日发布了关于印发《船舶污染清除协议制度管理办法》的通知(海危防〔2019〕489 号)。

23.《国家重大海上溢油应急处置预案》

该预案于 2018 年经国家海上搜救和重大海上溢油应急处置部际联席会议审议通过,2018 年 3 月 8 日,交通运输部交溢油函〔2018〕121 号印发《国家重大海上溢油应急处置预案》的通知。

24.《港口码头溢油应急设备配备要求 JT/T 451—2017》

该标准于 2017 年 7 月 4 日发布。

(1)适用范围

该标准适用于沿海、内河从事货物装卸、过驳作业的港口、码头、装卸站。从事船舶修造、拆解业务单位的水上污染事故应急防备能力建设可参照使用。

(2)应急防备能力目标要求

①港口、码头、装卸站按照 JT/T 1143 对区域或建设项目水上污染事故环境风险进行评估,按照 JT/T 877 对现有水上溢油应急防备能力进行评估。港口应以风险评估确定的可能最大水上溢油事故溢油量作为本港及其附近区域的溢油应急防备目标。

②从事散装液体污染危害性货物装卸作业的新、改、扩建码头、装卸站应通过自行配置应急资源或联防方式,其他码头、装卸站还可通过购买服务方式,满足表 2-1 中一级防备要求,并在应急预案中提出满足表 2-1 的二级防备、三级防备要求的衔接措施。同一码头有多个泊位的,按照其中最高风险的泊位作为本码头的水上溢油应急防备目标。

③港口应在港内最高风险码头应急防备能力要求的基础上,根据风险评估结果,确定本港口的应急防备要求,一个港湾或单一港口不宜超过表 1 中二级防备要求。港口应结合当地和周边区域可协调的应急防备能力,合理确定本港口水上溢油应急能力建设需求。

④可协调的应急防备能力区域范围为表 2-1 的应急反应时间内,主要应急资源可到达事故多发点的周边区域,应急反应时间按照 JT/T 877 计算。

设备配备基本要求见表 2-1 至表 2-4。

表 2-1　新、改、扩建码头水上溢油应急防备等级要求

应急防备等级	应急资源拥有方式	防备能力配备要求		自接到应急相应通知后应急反应时间最低要求(h)
		占区域溢油应急防备目标的比例	满足浅水和岸线清污作业的占比[b]	
一级防备	自有、联防或者购买应急防备服务	5%~10%（含基本防备）[a]	20%	4
二级防备	与上一级应急预案衔接或区域联防安排	50%~60%[a]	—	24
三级防备	在应急预案中识别周边可协调的应急资源	40%~50%[a]	—	48

注 a:根据风险大小和周边区域现有水上污染事故应急防备能力情况在此区间取值,风险低或现有能力强的,取低值;风险高或现有能力弱的,取高值;采用联防、购买服务方式满足一级防备要求的,取高值;三个防备等级的应急能力之和不小于 100%。

注 b:指在配备的应急设施、设备和物资中,可用于浅水和岸线清污作业的数量或回收清除能力占比。

表 2-2　海港从事油类物质和类油物质作业码头水上溢油应急设施、设备、物资配备要求

设备名称		靠泊能力						
		1 000 吨级~5 000 吨级（含）	5 000 吨级~10 000 吨级（含）	10 000 吨级~50 000 吨级（含）	50 000 吨级~100 000 吨级（含）	100 000 吨级~150 000 吨级（含）	150 000 吨级~300 000 吨级	300 000 吨级及以上
围油栏	永久布放型/m	实体结构码头的单个泊位不低于码头泊位长度、最大设计船型设计船宽的 2 倍与 100 m 之和;栈桥式、支墩式码头的单个泊位不低于最大设计船型设计船长的 2 倍、2 倍设计船宽与 200 m 之和						
	应急型/m	不低于最大设计船型设计船长的 3 倍						
收油机	总能力/(m^3/h)	10	20	30	65	90	125	150
油拖网	总容量/m^3	4		6		8		10
	数量/套	2						
吸油材料	数量/t	1	1.5	2.5	5	7	10	12
溢油分散剂	浓缩型,数量/t	1	1.5	2	4	5.5	7.5	9
溢油分散剂喷洒装置	喷洒速度/(t/h)	0.13	0.19	0.25	0.50	0.69	0.94	1.13
储存装置	有效容积/m^3	10	20	30	65	90	125	150
围油栏布放艇	数量(艘)	1						
溢油应急处置船	回收舱容/m^3	-	40	60	130	180	250	300
	收油能力/(m^3/h)	-	20	30	65	90	125	150

注:仅适用于油品的黏度大于 6 000 cSt 或在港区水域的水温可能低于油品凝点的情况下配备。

表 2-3　河港从事油类物质和类油物质作业码头水上溢油应急设施、设备、物资配备要求

设备名称		靠泊能力			
		1 000 吨级～5 000 吨级（含）	5 000 吨级～10 000 吨级（含）	10 000 吨级～50 000 吨级	50 000 吨级及以上
围油栏	永久布放型/m	实体结构码头的单个泊位不低于码头泊位长度、最大设计船型设计船宽的 2 倍与 100 m 之和；栈桥式、支墩式码头的单个泊位不低于最大设计船型设计船长的 2 倍、2 倍设计船宽与 200 m 之和；浮式码头的单个泊位不低于最大设计船型船长的 1.25 倍与 2 倍设计船宽之和			
	应急型/m	不低于最大设计船型设计船长的 3 倍			
收油机	总能力/(m^3/h)	20	40	60	65
油拖网	总容量/m^3	4	6		6
	数量（套）	2			2
吸油材料	数量/t	2	3	5	5
储存装置	有效容积/m^3	20	40	60	65
围油栏布放艇	数量（套）	1			
浮油回收船	数量/艘	–	80	120	130
	回收舱容/m^3	–	40	60	65

注：仅适用于油品的黏度大于 6 000 cSt 或在港区水域的水温可能低于油品凝点的情况下配备。

表 2-4　海港其他码头水上溢油应急设施、设备、物资配备要求

设备名称		靠泊能力						
		1 000 吨级～5 000 吨级（含）	5 000 吨级～10 000 吨级（含）	10 000 吨级～50 000 吨级（含）	50 000 吨级～100 000 吨级（含）	100 000 吨级～150 000 吨级（含）	150 000 吨级～300 000 吨级	300 000 吨级及以上
围油栏	应急型/m	不低于最大设计船型设计船长的 3 倍						
收油机	总能力/(m^3/h)	1	2	3	6.5	9	12.5	15
油拖网	数量/套	1						
吸油材料	数量/t	0.2	0.3	0.5	1.0	1.4	2.0	2.4
溢油分散剂	浓缩型，数量/t	0.2	0.3	0.4	0.8	1.1	1.55	1.8
溢油分散剂喷洒装置	数量/套	1						
储存装置	有效容积/m^3	1	2	3	6.5	9	12.5	15

注：仅适用于油品的黏度大于 6 000 cSt 或在港区水域的水温可能低于油品凝点的情况下配备。

（3）应急设施、设备和物资配备要求

①新、改、扩建码头，装卸站确定水上溢油应急防备能力目标后，按照 JT/T 877 分别计算需要配备的污染源控制、围控与防护、回收与清除、监视监测及预警等应急设施设备和物资的种类及数量。

②现有码头、装卸站可按照表2-2～表2-5的要求配备水上溢油应急设施、设备和物资，也可基于风险评估结果，按照新改、扩建码头的要求配备水上溢油应急设施、设备和物资。

③散装液体污染危害性码头、装卸站应按照①和②的要求配备溢油应急设施、设备和物资，并按照表2-6配备污染危害性货物泄漏事故应急设施、设备和物资。溢油应急和污染危害性货物泄漏事故应急设施、设备和物资可兼用的，可不重复配备。

④码头、装卸站可通过自行配置、联防等方式，按照表2-7的要求配置水上污染事故基本应急防备设备和物资；基本应急防备设备和物资应能在接到应急反应通知后1 h内到达码头前沿水域事故现场。基本应急防备能力计入码头、装卸站一级防备能力要求。

⑤内河5 000吨级、沿海50 000吨级以上从事油类及类油物质货物作业的码头、装卸站，应当至少配置或租用一艘溢油应急处置船。在4 h的反应时间内，相邻或相近的码头、装卸站可共建或共用一艘溢油应急处置船。一个港口应至少配备一艘具有现场应急指挥功能的溢油应急处置船。溢油应急处置船可兼作他用，但应当在其设定的应急防备区域内值守。

表2-5　河港其他码头水上溢油应急设施、设备、物资配备要求

设备名称		靠泊能力			
		1 000吨级～5 000吨级(含)	5 000吨级～10 000吨级(含)	10 000吨级～50 000吨级	50 000吨级及以上
围油栏	应急型/m	不低于最大设计船型设计船长的3倍			
收油机	总能力/(m^3/h)	1	2	3	6.5
油拖网	数量/套	1			2
吸油材料	数量/t	0.2	0.3	0.5	1.0
储存装置	有效容积/m^3	1	2	3	6.5

注：仅适用于油品的黏度大于6 000 cSt或在港区水域的水温可能低于油品凝点的情况下配备。

表2-6　散装液体污染危害性货物码头、装卸站水上污染事故应急设施、设备、物资配备要求

应急防备目标	要求	规格和数量要求
人员防护设备	根据货物危害性确定人员防护设备要求	3套
便携式有害物质检测仪器	根据货物危害性和安全防护目的确定检测仪器的种类	1套
围控设备	对具有漂浮、有腐蚀特性的货物，宜根据化学特性满足防腐等要求	参照对围油栏的要求配备
化学吸收或吸附材料	对具有易挥发、漂浮和有毒特性的货物，应配备化学吸附材料；对其他具有漂浮特性的货物，可选择配备化学吸收或化学吸附材料	2 t，适当搭配毡式、枕式和拖栏式化学吸收或吸附材料
回收设备	对具有漂浮特性的货物，配备的收油机应当根据货物特性满足防腐、防爆等要求	参照对收油机的要求配备
应急处置船	对具有挥发、燃烧、有毒特性的货物，参与应急处置的船舶应当满足现场人员和船上设备对危险化学品气体隔离防护和防火防爆等要求	参照溢油应急处置船的要求配备，围控、回收设备物资宜集装于船上

表 2-7　码头、装卸站水上污染事故基本应急防备要求

码头、装卸站的分类		围油栏	收油机	吸收或吸附材料(t)	溢油分散剂(t)	临时储存容器(m^3)	配套工属具
从事散装液体污染危害性货物作业	从事油类及类油物质货物作业	按表 2-2、表 2-3 对永久布放型围油栏的要求配备	回收能力 5 m^3/h	0.5～1(吸附材料)[a]	0.2～0.5[b]	3 倍回收能力的容量	钩杆、手持式喷洒装置、人员防护装备等
	从事其他具有漂浮特性的散装液体污染危害性货物作业	按表 2-2、表 2-3 对永久布放型围油栏的要求配备，并根据货物特性满足防腐等要求	—	0.5～1(化学吸收或吸附材料)[a,c]	0.2	1～2	钩杆、手持式喷洒装置、人员防护装备、便携式有害物质检测工具等
从事非散装液体污染危害性货物作业		—	—	0.2～0.5(吸油毡)[a]	0.2	0.4～1	钩杆、手持式喷洒装置、人员防护装备等

注 a：根据码头、装卸站的大小和储存场所的空间选择配备。

注 b：内河港口、码头、装卸站不要求配备溢油分散剂。

注 c：对具有易挥发、漂浮和有毒特性的货物，应配备化学吸收材料；对其他具有漂浮特性的货物，可选择配备化学吸收材料或者化学吸附材料。

第三章　防止船舶的油类污染

第一节　防止和减少船舶油污染的综合措施

一、船舶溢油事故

1. 世界特大船舶溢油事故分布

据国际油轮船东防污染联合会（ITOPF）的统计数据显示，2000—2019 年船舶溢油事故发生地点主要集中在石油进出口大国油品集散地的附近海域，溢油量 7 t 以上的船舶溢油事故发生次数较以往呈明显下降趋势，如图 3-1 所示。

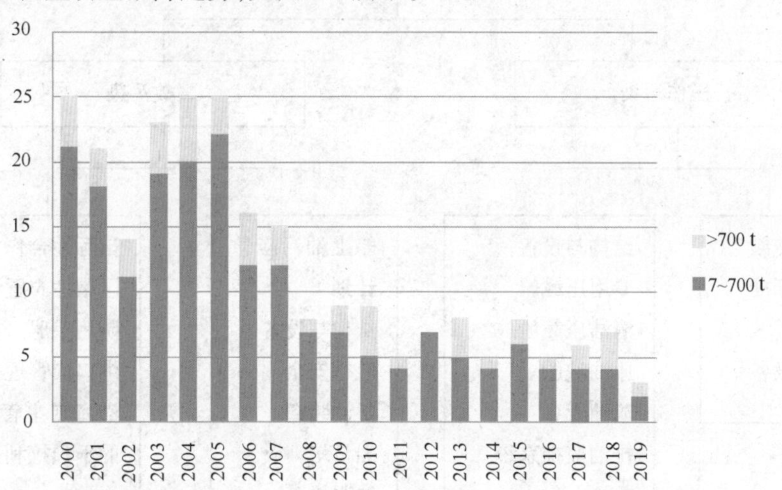

图 3-1　ITOPF 2000—2019 年溢油量 7 t 以上的事故统计图

从以上统计可以大致找到溢油事故区域分布规律，即船舶溢油事故发生地点主要集中在石油进出口大国油品集散地的附近海域。

2. 船舶溢油事故原因

造成船舶溢油事故的原因是多方面的，ITOPF 在统计中将事故主要原因分成七类，分别为碰撞、搁浅、船体损坏、设备损坏、火灾/爆炸、其他（指恶劣海况、人为失误等）及不明。统计显示 7 t 以上的船舶溢油事故中碰撞和搁浅是主要原因，7 t 以下的船舶溢油事故中原因不明的占比最高，如图 3-2 所示。

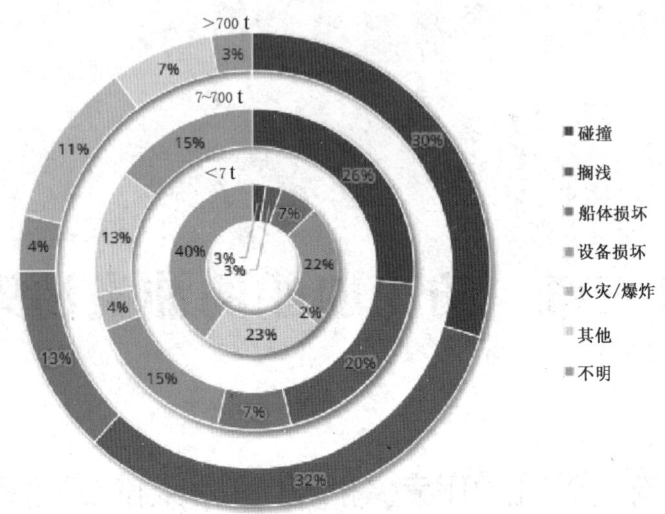

图 3-2　ITOPF 船舶溢油事故原因统计图

二、MARPOL 附则Ⅰ防止和减少船舶油污染的对策（如图 3-3 所示）

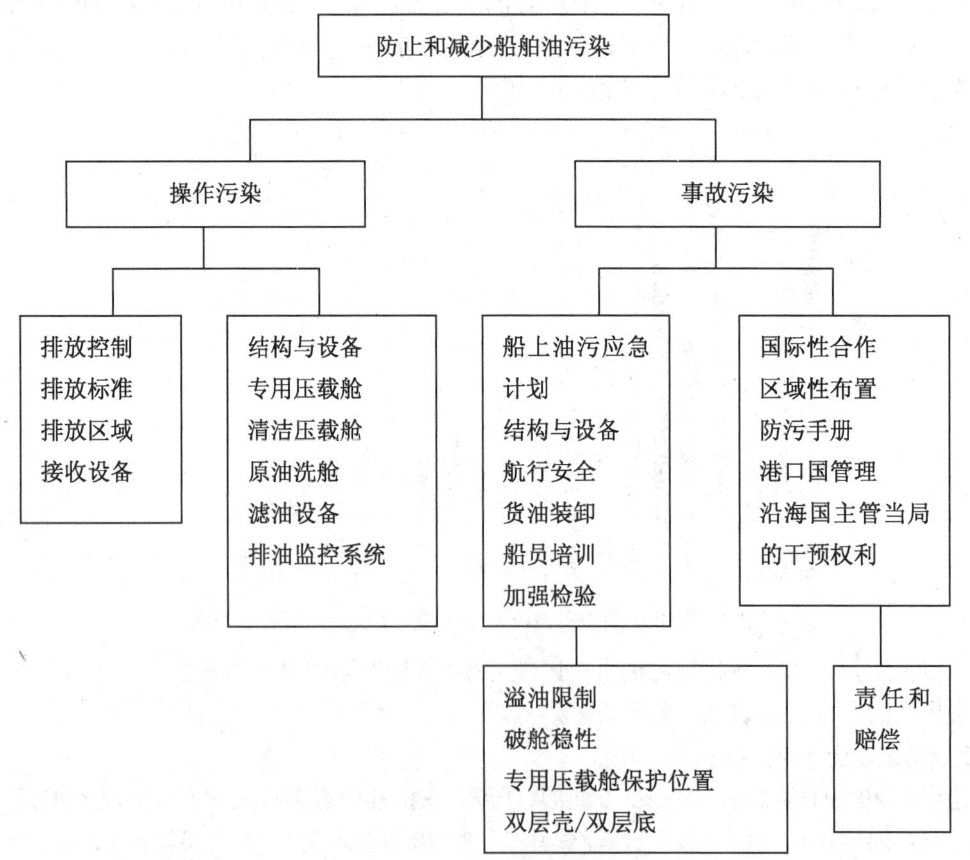

图 3-3　MARPOL 附则Ⅰ防止和减少船舶油污染的对策

三、附则Ⅰ保护海洋环境不受油类污染的基本原则

1. 限制船上油水混合物的形成

采取的主要措施是:禁止用燃油舱装压载水;为避免用货油舱压载,要求在油船上设有足够的专用压载舱。

2. 油水混合物不可避免的地方，提供油水分离措施，分离后的油和水妥善处理

采取的措施是:利用油水分离设备处理船舶机舱处所含油污水和油船污水舱的含油污水。处理以后,水可以排入海中,而油可以在船上处理或排到岸上接收设备处理。

3. 通过对船舶结构的指标要求，在万一发生搁浅或碰撞等事故的情况下，使污染减至最小

包括在搁浅或碰撞情况下,油船的残存能力;油船货舱的尺度限制;专用压载舱的保护位置,以便在发生搁浅或碰撞时,对油船的货舱提供某种程度的保护;油类不能在首尖舱装载;对新造油船双层壳和双层底的要求;对船上应急设备及应急计划的要求。

4. 对油和油水混合物排放入海，制定了严格的标准，为确保符合标准，采取必要措施

对不同大小的船舶、机舱处所、货油舱处所在不同海域排放油类和油水混合物均制定出具体标准;设置排油监控系统,以确保排放符合标准。

第二节　MARPOL 附则Ⅰ对操作排放油类的控制

MARPOL 附则Ⅰ共 11 章 47 条:第 1 章总则;第 2 章检验和发证;第 3 章对所有船舶机器出所的要求;第 4 章对油船货物区域的要求;第 5 章防止油污染事故造成的污染;第 6 章接收设备;第 7 章对固定或浮动平台的特殊要求;第 8 章防止油船间进行海上货油过驳作业造成污染;第 9 章在南极使用或载运油类的特殊要求;第 10 章公约实施情况验证;第 11 章极地水域船舶航行规则。

一、公约重要定义、适用范围

1. 定义

油类:包括原油、燃油、油泥、油渣和炼制品(本公约附则Ⅱ所规定的石油化学品除外)在内的任何形式的石油,以及不限于上述一般原则,包括本附则附录Ⅰ中所列的物质。

油性混合物:含有任何油分的混合物。

油船:建造或改造为主要在其装货处所装运散装油类的船舶,并包括全部或部分装运散装货油的兼装船、本公约附则Ⅱ中所定义的任何“NLS 液货船”。

兼装船:设计为装运散装油类或者装运散装固体物质的船舶。

油量瞬间排放率:任一瞬间每小时排油的升数除以同一瞬间船速节数之值。

污油水舱:专用于收集舱柜排出物、洗舱水和其他油性混合物的舱柜。

ppm(百万分比):每百万分水中的含油量(体积)。

含油舱底污水:机器处所泄漏或维修工作所产生的可能被油污染的水。任何进入舱底系统的液体都被视为含油舱底水。

特殊区域:系指这样的一个海域,在该海域中,由于其海洋学和生态学的情况以及其交通的特殊性质等方面公认的技术原因,需要采取特殊的强制办法以防止油类物质污染海洋。就本附则而言,特殊区域有:地中海区域;波罗的海区域;黑海区域;红海区域;海湾区域;亚丁湾区域;南极区域;西北欧水域;阿拉伯海的阿曼区域以及南非南部海域。

2. 适用范围

除另有明文规定外,本附则的规定适用于所有船舶。

3. 例外

本附则第 15 条和第 34 条应不适用于下述情况:

(1)将油类或油性混合物排放入海,系为保障船舶安全或救护海上人命所必需者;或

(2)将油类或油性混合物排放入海,系由于船舶或其设备遭到损坏的缘故:

①但须在发生损坏或发现排放后,为防止排放或使排放减至最低限度,已采取了一切合理的预防措施;和

②但是,如果船东或船长是故意造成损坏,或轻率行事而又知道可能会招致损坏,则不在此例;或

(3)将经主管机关批准的含油物质排放入海,用以对抗特定污染事故,以便使污染损害减至最低限度,但任何这种排放,均应经拟进行排放所在地区的管辖国政府批准。

二、操作性排放的控制

1. 对所有船舶机器处所油类及油性混合物排放的控制

A. 特殊区域外(不包含北极水域)的排放

除非符合下列条件,应禁止 400 GT 及以上的船舶排放油类或油性混合物入海:

船舶正在航行途中;油性混合物经滤油设备予以处理;未经稀释排出物的含油量不超过15ppm;油性混合物不是来自油船的货泵舱的舱底;如果是油船,油性混合物未混有货油残余物。

B. 特殊区域内的排放

(1)除非符合下列条件,应禁止 400 GT 及以上的船舶排放油类或油性混合物入海:

船舶正在航行途中;油性混合物经滤油设备予以处理;并装有报警装置,在不能保证含油量不超过 15ppm 时发出报警并自动停止排放;未经稀释排出物的含油量不超过 15ppm;油性混合物不是来自油船的货泵舱的舱底;如果是油船,油性混合物未混有货油残余物。

(2)就南极区域而言,禁止任何船舶将任何油类或油性混合物排放入海。

(3)特殊区域内的规定,并不禁止仅有部分航程在特殊区域内的船舶在特殊区域以外按特殊区域外的规定进行排放。

C. 对南极区域和北极水域以外任何区域内小于 400 GT 船舶的要求

对于小于 400 GT 的船舶,应按照下列规定将油类和油性混合物留存在船上以便随后排放至接收设备或排放入海:

船舶正在航行途中;船舶所设的由主管机关进行设计认可的设备正在运转以保证未经稀释排出物的含油量不超过 15ppm;油性混合物不是来自油船的货泵舱的舱底;如果是油船,油

性混合物未混有货油残余物。

D. 一般要求

(1)凡在紧邻船舶或其迹流的水面上或水面下,发现有明显油迹时,在合理可行的范围内,本公约缔约国政府有权对有无违反本条规定的有关事实立即进行调查。这种调查特别应包括风况和海况、该船的航迹和航速、附近的这种明显油迹的其他可能来源,以及任何有关的排油记录。

(2)任何含有在数量或浓度上会危害海洋环境的化学品或其他物质,或是借以规避上述排放条件的化学品或其他物质,均不得排放入海。

(3)按照规定不能排放入海的残油应留存在船上,以便随后排入接收设备。

2. 对油船货物区域操作性排油的控制

A. 特殊区域外的排放

除非符合下列条件,禁止将油类或油性混合物排放入海(不适用于清洁或专用压载水的排放):

油船不在特殊区域以内;距最近陆地 50 n mile 以上;油船正在航行途中;油量瞬间排放率不超过 30 L/n mile;排入海中的总量:新船 1/30 000(1979 年 12 月 31 日以后交付的油船),现有船 1/15 000(1979 年 12 月 31 日或以前交付的油船);排油监控系统和污油水舱正在运转。

B. 特殊区域内的排放

当油船在特殊区域内时,禁止将油类或油性混合物排放入海(不适用于清洁或专用压载水的排放);特殊区域内的排放规定,并不禁止仅有部分航程在特殊区域内的船舶在特殊区域外按特殊区域外的规定进行排放。

C. 对小于 150 GT 的油船的要求

小于 150 GT 的油船的排放控制是将油留存在船上以及随后将所有的经污染的洗涤液排入接收设备。用于冲洗和流回到贮存柜中去的全部油和水应排入接收设备,除非设有适当的装置以保证对允许排入海水中的流出物有足够的监测以符合油船特殊区域外排放的规定。

D. 一般要求

(1)凡在紧邻船舶或其迹流的水面上或水面下,发现有明显油迹时,在合理可行的范围内,本公约缔约国政府有权对有无违反本条规定的有关事实立即进行调查。这种调查特别应包括风况和海况、该船的航迹和航速、附近的这种明显油迹的其他可能来源,以及任何有关的排油记录。

(2)任何含有在数量或浓度上会危害海洋环境的化学品或其他物质,或是借以规避上述排放条件的化学品或其他物质,均不得排放入海。

(3)按照规定不能排放入海的残油,应留存在船上或排入接收设备。

第三节 MARPOL 附则 I 对船舶结构设备的要求

一、对所有船舶机器处所结构和设备的要求

MARPOL 附则 I 对于船舶机器处所结构上的要求涉及残油(油泥)舱和燃油舱的保护、标

准排放接头、油类与压载水的分隔、禁止在首尖舱内载油。设备上的要求涉及滤油设备。

1. 残油（油泥）舱

凡 400 GT 及以上的船舶应参照机型和航程长短，设置一个或几个足够容量的舱柜，用以接收按附则 I 要求不能用其他方式处理的残油（油泥）。诸如由净化燃油、润滑油和机器处所中的漏油所产生的残油。

A. 残油（油泥）舱的舱容按下述方法进行估算：

在 1990 年 12 月 31 日以前交船的船舶：

（1）对不用燃油舱装压载水的船舶，其最小残油（油泥）舱舱容（V_1）应按下列公式计算：

$$V_1 = K_1 CD(\mathrm{m}^3)$$

式中：K_1 = 0.01，对主机使用净化重燃油的船舶；或 0.005，对使用柴油或用前不需要净化的重燃油的船舶；C = 日燃油消耗量（吨）；D = 可将油泥排放岸上的港口间最长航行时间（天），如无精确数据，应采用 30 天。

（2）当这类船舶设有匀化器、油泥焚烧炉或其他经认可的船上油泥控制装置时，用以代替上述规定的最小残油（油泥）舱舱容（V_1）应为：

V_1 = 1 m^3，对 400 GT 及以上但小于 4 000 GT 的船舶；2 m^3，对 4 000 GT 及以上的船舶。

（3）对用燃油舱装压载水的船舶，其最小残油（油泥）舱舱容（V_2）应按下列公式计算：

$$V_2 = V_1 + K_2 B(\mathrm{m}^3)$$

式中：V_1 = 上述（1）或（2）所定的残油（油泥）舱舱容；K_2 = 0.01，对重燃油舱；或 0.005，对柴油燃油舱；B = 也可用来装燃油的压载水舱舱容（t）。

在 1990 年 12 月 31 日或以后安放龙骨或处于类似建造阶段的船舶：

（4）对不用燃油舱装压载水的船舶，其最小残油（油泥）舱舱容（V_1）应按下列公式计算：

$$V_1 = K_1 CD(\mathrm{m}^3)$$

式中：K_1 = 0.01，对主机使用净化重燃油的船舶；或 0.005，对使用柴油或用前不需要净化的重燃油的船舶；C = 日燃油消耗量（吨）；D = 可将油泥排放岸上的港口间最长航行时间（天），如无精确数据，应采用 30 天。

（5）对于在 2010 年 7 月 1 日以后签订建造合同或（无建造合同）安放龙骨，且对设有匀化器、油泥焚烧炉或其他经认可的船上油泥控制装置时，其最小残油（油泥）舱舱容（V_1）应为按上述（4）计算数值的 50%；或 V_1 = 1 m^3，对 400 GT 及以上但小于 4 000 GT 的船舶；2 m^3，对 4 000 GT 及以上的船舶。

进出残油舱的管系，除了标准排放接头外，应无直接向舷外的接头。1993 年 4 月 4 日以前安装的进出油泥舱的管路在舷外有排出口的船舶，可在这种管路上安装断开装置以满足要求。

在 1979 年 12 月 31 日以后交船的船舶，残油舱的设计和建造，应能便利其清洗和将残油排入接收设备。在 1979 年 12 月 31 日或以前交船的船舶，应在合理和可行的范围内尽力符合这一要求。

2. 燃油舱保护

适用船舶：适用于 2010 年 8 月 1 日及以后交船的合计燃油舱能力为 600 m^3 及以上的所有船舶。

适用燃油舱：适用于除小燃油舱（单舱最大容积不超过 30 m^3 的燃油舱）以外的所有燃油舱，但条件是除外的此类总舱容不得超过 600 m^3。燃油舱的单舱舱容不得超过 2 500 m^3。

除自升式钻井装置以外，对于合计燃油舱容积为 600 m^3 及以上的船舶，燃油舱应位于底壳板型线以上，且任何一处都不小于下述规定的距离 h：

$h=B/20$ m 或 $h=2.0$ m，取小者。

h 的最小值 $=0.76$ m，在舭部弯曲区域和舭部无明显弯曲的部位，燃油舱边界线应与船中部平底板线平行，如图 3-4 所示。

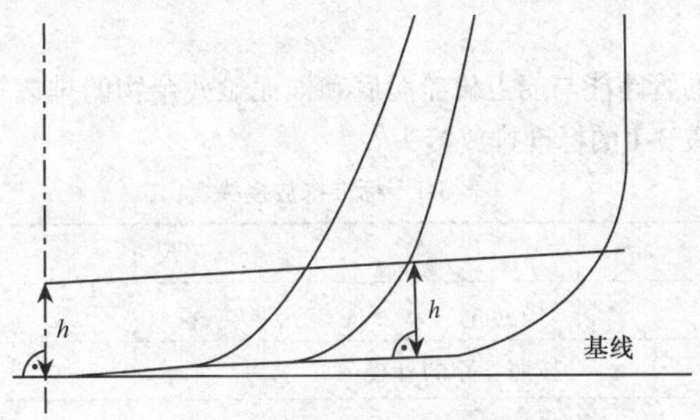

图 3-4　燃油舱边界线

对于合计燃油舱容积为 600 m^3 及以上但小于 5 000 m^3 的船舶，燃油舱应位于侧壳板型线的舷内侧，且任何一处距离都不小于下述规定的在垂直于侧壳板的任何横截面量得的距离 w，如图 3-5 所示。

$$w=0.4+2.4C/20\ 000\ \text{m}$$

式中：C 为总燃油舱舱容，w 的最小值 $=1.0$ m，但对于单舱舱容小于 500 m^3 的燃油舱，w 的最小值为 0.76 m。

对于合计燃油舱舱容为 5 000 m^3 及以上的所有船舶，燃油舱应位于侧壳板型线的舷内侧，且任何一处距离都不小于下述规定的在垂直于侧壳板的任何横截面量得的距离 w，如图 3-5 所示。

$w=0.5+C/20\ 000$ m 或者 $w=2.0$ m，取小者。w 的最小值 $=1.0$ m。

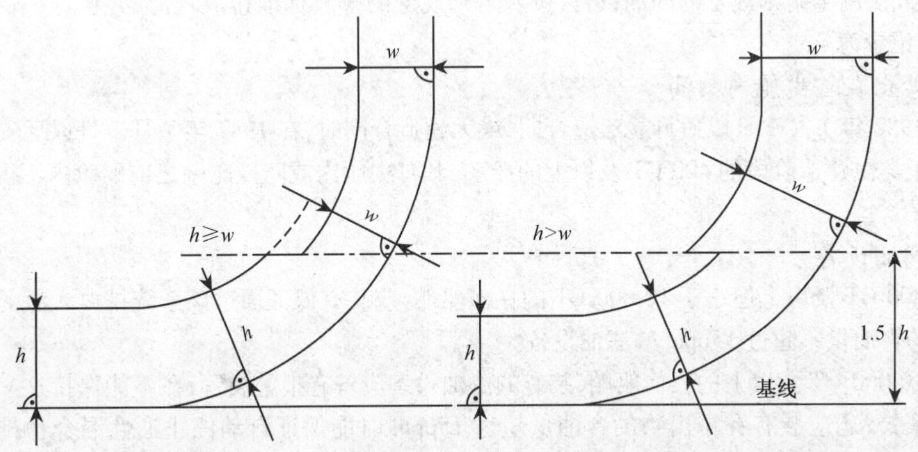

图 3-5　燃油舱舱容 600~5 000 m^3 及 5 000 m^3 以上船舶的燃油舱边界线

对位于距离船底小于 h 或距离船侧小于 w 处的燃油泵管线，应在燃油舱内或紧靠燃油舱处装有阀门或类似的关闭装置。这些阀门应能够从一个由驾驶台和主机控制站随时可进入而不需穿过露天干舷甲板或上层建筑甲板的封闭处所进行操作。这些阀门应在遥控系统失效时(不能进入关闭状态)关闭，并且在舱内装有燃油时，在海上任何时候都应保持关闭，除非在燃油输送作业期间可开启。

燃油舱内的泵吸井可以伸到由距离 h 定义的边界线下的双层底中，但条件是这种井应尽实际可能小，且井底至底壳板之间的距离不得小于 $0.5\ h$。

3. 标准排放接头

为了使接收设备的管路能与船上机舱舱底和油泥舱残余物的排放管路相连接，在这两条管路上均应装有符合表 3-1 的标准排放接头。

表 3-1　标准排放接头

项目	尺寸
外径	215 mm
内径	按照管路的外径
螺栓圈直径	183 mm
法兰槽口	6 个直径为 22 mm 的孔等距离分布在上述直径的螺栓圈上，开槽口至法兰盘外沿，槽口宽度 22 mm
法兰厚度	20 mm
螺栓和螺帽：数量、直径	6 个，每个直径 20 mm，长度适当
法兰应设计为能接受最大内径为 125 mm 的管路，以钢或其他同等材料制成，表面平整。这种法兰，连同一个油密材料的垫圈，应能承受 600 kPa 的工作压力	

4. 油类与压载水的分隔

1979 年 12 月 31 日以后交船的 4 000 GT 及以上的非油船和 1979 年 12 月 31 日以后交船的 150 GT 及以上的油船，不得在任何燃油舱内装载压载水。

当需要载有大量燃油，致使必须在燃油舱中装载不清洁的压载水时，这种压载水应排入接收设备，或使用本附则规定的滤油设备，按照附则规定的排放标准排放入海，并将这一情况记入《油类记录簿》。

5. 禁止在首尖舱内载油

在 1982 年 1 月 1 日以后订立建造合同，或无建造合同时，在 1982 年 7 月 1 日以后安放龙骨或处于类似建造阶段的 400 GT 及以上的船舶，其首尖舱内或防撞舱壁之前的舱内不得装载油类。

6. 滤油设备

凡 400 GT 及以上但小于 10 000 GT 的任何船舶，应装有保证通过该系统排放入海的含油混合物的含油量不超过 15ppm 的滤油设备。

凡 10 000 GT 及以上的任何船舶，装有的滤油设备应备有报警装置，在不能保持这一标准时发出报警，还应装有在排出物的含油量超过 15ppm 时能保证自动停止油性混合物排放的装置。

任何按规定将留存在燃油舱内的压载水排入海中的船舶，应备有与 10 000 GT 及以上船舶同样的滤油设备。

除不载运货物的迁移航程之外，固定不动的旅馆客船和水上仓库之类船舶，不必安装滤油设备。这种船舶应设有储存柜，其容积足够留存船上所有含油舱底水，并使主管机关满意。所有含油舱底水均应留存船上，以便随后排入接收设备。

主管机关应保证小于 400 GT 的船舶尽可能设有将油类或油性混合物留存船上或按照排放标准进行排放的设备。

例外：主管机关可对下述船舶免除滤油设备的要求：

(1)任何专门从事在特殊区域内航行的船舶。

(2)任何按《国际高速船安全规则》发证（或其尺度和设计在该规则范围之内），从事定期营运且返程时间不超过 24 h 的船舶，并包括这些船舶不载运旅客/货物的迁移航程。

(3)免除滤油设备的船舶，应满足下列条件：

①船舶设有储存柜，其容积足够留存船上含油舱底水的总量，并使主管机关满意；

②所有含油舱底水均留存船上，以便随后排入接收设备；

③主管机关确认在船舶停靠的足够数量的港口或装卸站设有足够的接收设备接收该含油舱底水；

④当需要持有《国际防止油污证书》时，应在证书中签署，说明该船系专门从事在特殊区域内的航行或就本条而言已被视为高速船和有确定业务；

⑤排放的数量、时间和港口记入《油类记录簿》第Ⅰ部分内。

二、对油船货物区域的要求

MARPOL 附则Ⅰ对于油船货物区域结构上的要求涉及：专用压载舱、双壳体和双层底、泵舱底的保护、意外泄油性能、破损的假定、货油舱的尺度限制和布置、完整稳性、分舱和破损稳性、污油水舱、泵吸管路和排放布置。设备上的要求涉及：油/水界面探测器、对原油洗舱的要求及排油监控系统。操作上的要求涉及原油洗舱。

(一)对油船货物区域结构上的要求

1. 专用压载舱

凡在 1982 年 6 月 1 日以后交船的载重量为 20 000 t 及以上的原油油船、载重量为 30 000 t 及以上的成品油油船以及在 1979 年 12 月 31 日以后交船的载重量为 70 000 t 及以上的油船，均应设有专用压载舱。

专用压载舱容量的确定，应使该船可以不依靠利用货油舱装载压载水而安全地进行压载航行。但在所有的情况下，专用压载舱的容量至少能使船舶的吃水和吃水差，在航行的任何部分，不论处于何类压载情况，包括只是空载加压载水的情况在内，均应符合下列各项要求：

(1)船中部型吃水(d_m,m)，(不考虑任何船舶变形)应不小于：

$d_m=2.0+0.02L$　　(L 为船长)

(2)在首、尾垂线处的吃水，应相当于上述船中部吃水(d_m)，但尾纵倾的吃水差不得大于 $0.015L$；和

(3)尾垂线处的吃水，无论如何不得小于达到螺旋桨全部浸没所必需的吃水。

除下述情况外，货油舱不得装载压载水：

①在天气情况非常恶劣的少数航次，船长认为必须在货油舱中加载额外压载水以保证船

舶安全时；

②在例外情况下，由于油船的具体营运特性，其必须加装超过上述 SBT(专用压载舱)容积要求的压载水，但该油船的这种操作应属于本组织确立的例外情况的范畴内。

对于原油油船，货油舱许可的额外压载水应只装载在该船驶离卸油港或卸油站之前业已采用原油洗舱操作清洗过的货油舱内。

1982 年 6 月 1 日或以前交船的载重量为 40 000 t 及以上的原油油船，均应设置专用压载舱，除预定用于装运不适合原油洗舱的原油外，可以采用原油洗舱的货舱清洗程序，以代替设置专用压载舱。

1982 年 6 月 1 日或以前交船的载重量为 40 000 t 及以上的成品油油船，均应设置专用压载舱，或按下列规定采用清洁压载舱的办法：

(1)成品油油船应有装载清洁压载水的足够舱容。

(2)清洁压载舱的布置和操作程序，应符合主管机关制定的要求。此项要求，至少包括 IMO 以 A. 495(Ⅻ)决议通过的《修订的清洁压载舱油船技术条件》的全部规定。

(3)成品油油船应装有主管机关根据国际海事组织建议的技术条件所认可的油分计，以便对排放的压载水中的含油量进行监督。

(4)每艘采用清洁压载舱办法的成品油油船，均应备有一本详细说明该系统并列有操作程序的《清洁压载舱操作手册》，该手册应使主管机关认为满意。如果进行了对清洁压载舱系统有影响的变更，则操作手册也应做相应的修订。

在 1982 年 6 月 1 日或以前交船的具有特殊压载布置的油船：

(1)如一艘在 1982 年 6 月 1 日或以前交船的油船的构造或操作方式，使其在任何时候均能符合吃水和吃水差的要求而无须使用压载水，则该油船应被视为符合专用压载舱的要求，但应符合所有的下列条件：

①操作程序及压载布置是经过主管机关认可的；

②当吃水和吃水差的要求是通过操作程序而达到时，在主管机关与本公约的有关缔约国港口国政府之间已达成协议；和

③在《国际防止油污证书》上已签署该油船是采用特殊压载布置的。

(2)除天气情况非常恶劣的少数航次，船长认为必须在货油舱中加装额外压载水以保证船舶安全外，不得在货油舱中装载压载水。这种额外压载水应按照排油的控制标准和污油水舱、排油监控系统和油/水界面探测器的要求进行处理和排放，并应记入《油类记录簿》内。

(3)凡按照规定对《国际防止油污证书》进行了特殊压载布置签署的主管机关，应将该证书的各项细节通知国际海事组织，以便转发本公约各缔约国。

2. 专用压载舱的保护位置

1982 年 6 月 1 日以后交船的载重量为 20 000 t 及以上的原油油船，以及载重量为 30 000 t 及以上的成品油油船，其所提供的符合容量要求的位于货舱长度范围内的专用压载舱，其布置应符合下列要求，以提供一种在发生搁浅或碰撞时防止油类外流的保护措施，如图 3-6 所示。

$$\sum PA_c + \sum PA_s \geq J[L_t(B + 2D)]$$

式中：PA_c—— 每一专用压载舱或非油舱的处所按型尺度在舷侧的投影面积(m^2)；

PA_s—— 每一专用压载舱或非油舱的处所按型尺度在船底的投影面积(m^2)；

L_t—— 货油舱区前后末端之间的长度(m)；

B—— 船舶最大宽度(m)；

D—— 型深(m)，在船中舷侧处从龙骨板上缘量至干舷甲板横梁上缘的垂直距离。舷缘为圆弧形的船舶，型深应量至甲板型线与舷侧壳板型线延伸线的交点，即将舷缘视为方角形的设计；

J—— 0.45，对载重量为 20 000 t 的油船；0.30，对载重量为 20 000 t 及以上的油船，但尚可依照公约有关规定予以减少。

在确定专用压载舱或非油舱处所的 PA_c 和 PA_s 时，适用下述规定：

(1)不论其是每一边舱或处所的最小宽度伸展到舷侧全深，还是从甲板至双层底内底板，都应不小于 2 m。该宽度应自舷侧向中心线垂直量取。如宽度小于 2 m，则在计算保护面积 PA_c 时，该边舱或处所应不予考虑；和

(2)每一双层底舱或处所的最小垂直深度，应为 $B/15$ 或 2 m，取较小者。如深度小于此值，则在计算保护面积 PA_c 时，该舱底或处所应不予考虑。

对边舱及双层底舱最小宽度与深度的量取，应避开舭部。同时，对最小宽度的量取，还应避开任何圆弧形的舷缘部分。

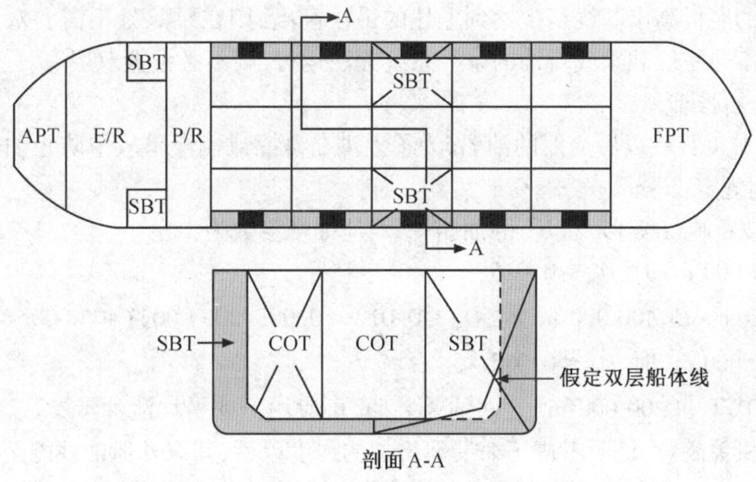

图 3-6　专用压载舱位置图

3. 双壳体和双层底

在 1996 年 7 月 6 日或以后交船的载重量为 5 000 t 以上的油船，其整个货油舱区长度应由下述压载舱或非载运油类的舱室处所加以保护：

(1)边舱或处所应伸展到舷侧全深或是从双层底顶端到最上层甲板，无论船舶的舷缘是否为圆弧形。各边舱或处所应布置成使得全部货油舱皆位于这些舱或处所壳板型线的内侧面。在与舷侧壳板垂直的任何剖面处测得的距离 w 值，不得小于下式计算值：

$w=0.5+DW/20\ 000$ 或 $w=2.0$ m，取小者。最小值 $w=1.0$ m。

(2)每一双层底舱或处所的任一剖面的垂直深度应为货油舱双层底与船底壳板型线之间的垂直距离 h，不得小于下式计算值：

$h=B/15$(m)或 $h=2.0$ m，取小者。最小值 $h=1.0$ m。

(3)对载重量为 20 000 t 及以上的原油油船及载重量为 30 000 t 及以上的成品油油船，各

边舱、双层底舱、首尖舱和尾尖舱的总容量应不小于为满足所必需的专用压载舱的容量。用于满足附则专用压载舱要求的各边舱或处所和双层底舱应尽可能均匀地沿货油舱长度布置。为减少船体总梁弯曲应力、船舶纵倾等所附加的专用压载舱的容量可布置在船内的任何位置。

(4)货油舱内的吸井可以凸入到由距离 h 所定义的双层底舱边界线下面。但这种吸井应尽可能小,并且井底与船底壳板之间的距离应不小于 $0.5h$。

(5)压载管路和诸如压载舱的测深管及透气管等其他管路不得通过货油舱。货油管路和货油舱的类似管路不得通过压载舱。对全焊接或等效的短管,可同意免除这一要求。

在 1996 年 7 月 6 日或以后交船的载重量为 600 t 以上 5 000 t 以下的油船,最小值 $h=0.76$ m。各货油舱应按照每舱容积不超过 700 m^3 进行布置,除非边舱或处所符合重量为 5 000 t 以上油船的布置要求并满足下列要求:$w=0.4+2.4DWT/20\ 000$(m),最小值 $w=0.76$ m。

4. 泵舱底的保护

2007 年 1 月 1 日或以后建造的载重量为 5 000 t 及以上的油船,其泵舱应设有双层底且应在任一横截面,各双层底舱或处所的深度应使泵舱底和船舶基线之间垂直于船舶基线量取的距离 h 不小于以下规定的值:$h=B/15$(m)或 $h=2$ m,取其小者,h 的最小值为 1 m。

如果泵舱的底板高出基线至少达到上述的最小高度,则在泵舱处不需要双层底构造。如果泵舱进水后不会使压载水或货油的泵吸系统无法运行,则不必设置双层底。

5. 意外泄油性能

2010 年 1 月 1 日或以后交船的油船,为了提供在碰撞或搁浅事故中防止油污染的足够保护,应符合下列规定:

对 5 000 载重吨(DWT)及以上的油船,平均泄油量参数为:

当 $C \leqslant 200\ 000$ m^3 时,$O_M \leqslant 0.015$;

当 200 000 $m^3 < C < 400\ 000$ m^3 时,$O_M \leqslant 0.012+(0.003/200\ 000)(400\ 000-C)$;

当 $C \geqslant 400\ 000$ m^3 时,$O_M \leqslant 0.012$。

对 5 000 DWT 和 200 000 m^3 之间的兼装船,可应用下列平均泄油量参数,但须送交所做计算并使主管机关满意,证明考虑了兼装船增加的强度以后,其以外泄油性能至少等同于尺度相同且 $O_M \leqslant 0.015$ 的标注双壳油船。

当 $C \leqslant 100\ 000$ m^3 时,$O_M \leqslant 0.021$;

当 100 000 $m^3 < C \leqslant 200\ 000$ m^3 时,$O_M \leqslant 0.015+(0.006/100\ 000)(200\ 000-C)$。

式中:O_M为平均泄油量参数;C 为 98%满舱时货油的总容积,m^3。

对于小于 5 000 载重吨(DWT)的油船:每一货油舱的长度,不得超过 10 m 或下列各值之一,取较大者:

(1)未在货油舱内设置纵向舱壁时:$(0.5b_i/B+0.1)L$,但不超过 $0.2L$。

(2)在货油舱内中心线上设置纵向舱壁时:$(0.25b_i/B+0.15)L$。

(3)在货油舱内设置两个或两个以上纵向舱壁时:

对于边货油舱:$0.2L$;

对于中间货油舱:如果 $b_i/B \geqslant 0.2$,则为 $0.2L$;如果 $b_i/B<0.2$,未设置中心线纵向舱壁时,为 $(0.5b_i/B+0.1)L$;设置中心线纵向舱壁时,为 $(0.25b_i/B+0.15)L$。

b_i 是指在相应于核定的夏季干舷水平面上，自舷侧向舱内中心线垂直量取的，从船侧到相关货舱外侧纵向舱壁之间的最小距离。

6. 破损的假定

为了合理计算油船的假定泄油量，船侧和船底的平行六面体破损范围的三维尺度假定如下。对于底部破损，列出了两种情况，分别适用于油船的所述部位。

(1)侧向破损：

纵向范围(l_c)：$1/3L^{2/3}$ 或 14.5 m，取小者；

横向范围(t_c)：$B/5$ 或 11.5 m，取小者；

垂向范围(v_c)：自基线向上无限制。

(2)底部破损：

	自船首垂线起 0.3L 内	船舶的任何其他部分
纵向范围(l_s)：	$L/10$	$L/10$ 或 5 m，取小者
横向范围(t_s)：	$B/6$ 或 10 m，取小者 但不小于 5 m	5 m
自基线量起的 垂询范围(v_s)：	$B/15$ 或 6 m，取小者	

7. 货油舱的尺度限制和布置

1979 年 12 月 31 日以后交船的 150 GT 及以上的油船，货油舱的尺度和布置应能使在船长范围内的任何位置上，按照附则第 25 条规定计算的假定船侧破损泄油量(Q_c)或假定船底破损泄油量(Q_s)都不超过 30 000 m^3 或 $400\sqrt[3]{\text{DWT}}$，取较大值，但最大不得超过 40 000 m^3。

油船的任何一个边货油舱的容积，都不得超过上述假定流出量限额的 75%。任何一个中间货油舱的容积，不得超过 50 000 m^3。但是对于设有专用压载舱的油船，位于两个专用压载舱(每个舱的长度都超过 l_c)之间的一个边货油舱，如果宽度超过 t_c，其所许可的容积可增至假定流出量的最大限额。

每一货油舱的长度，不得超过 10 m 或下列各值之一，取较大者：

(1)未在货油舱内设置纵向舱壁时：$(0.5b_i/B+0.1)L$，但不超过 0.2L。

(2)在货油舱内中心线上设置纵向舱壁时：$(0.25b_i/B+0.15)L$。

(3)在货油舱内设置两个或两个以上纵向舱壁时：

对于边货油舱：0.2L；

对于中间货油舱：如果 $b_i/B\geqslant0.2$，则为 0.2L；如果 $b_i/B<0.2$，未设置中心线纵向舱壁时，为$(0.5b_i/B+0.1)L$；设置中心线纵向舱壁时，为$(0.25b_i/B+0.15)L$。

b_i 是指在相应于核定的夏季干舷水平面上，自舷侧向舱内中心线垂直量取的，从船侧到相关货舱外侧纵向舱壁之间的最小距离。

为了不超过本条所定的容积限制，并且不论已被认可的所设货油过驳系统的型式如何，当该系统连通两个或两个以上的货油舱时，应设置使各舱相互隔开的阀门或其他类似的关闭装置。当油船在航行途中时，这些阀门或装置应予关闭。

通过货油舱的管路如位于自船侧量起小于 t_c 的位置或自船底量起小于 v_c 的位置，则应在其通向任何货油舱的地方安装阀门或类似的关闭装置。只要油舱内装有货油，这些阀门在航行途中就应保持关闭状态，除非为了船舶的纵倾平衡需要将货油过驳时，才可开启。

上述规定,不适用于在 2010 年 1 月 1 日或以后交船的油船。

8. 完整稳性

每艘在 2002 年 2 月 1 日或以后交船的 5 000 载重吨及以上的油船,在可能出现的货物和压载水最恶劣装载工况(符合良好操作惯例且包括液货过驳作业的中间阶段)下的任何营运吃水,应符合下述规定的完整稳性衡准。在所有情况下,压载水舱应假定为存在自由液面。

(1)在港内,按横倾 0°时自由液面修正的初稳性高度 GM_0 应不小于 0.15 m。

(2)在海上,应适用以下标准:

①复原力臂曲线(*GZ* 曲线)以下的面积,至横倾角 $\theta=30°$应不小于 0.55 m · rad,至横倾角 $\theta=40°$或其他进水角 θ_f(如果 $\theta_f<40°$)应不小于 0.09 m · rad。此外,复原力臂曲线(*GZ* 曲线)以下的面积在横倾角 30°与 40°之间或 30°与 θ_f($\theta_f<40°$)之间,应不小于 0.03 m · rad。

②在横倾角等于或大于 30°处,复原力臂 *GZ* 应不小于 0.20 m。

③最大复原力臂最好在横倾角大于 30°但不小于 25°处;和

④按横倾角 0°时自由液面修正的初稳性高度 GM_0,应不小于 0.15 m。

9. 分舱和破损稳性

1979 年 12 月 31 日以后交船的 150 GT 及以上的油船,如果能满足下列要求,即应认为符合破损稳性衡准:

(1)考虑到下沉、横倾和纵倾的最后水线,应在可能发生继续浸水的任何开口的下缘以下。这种开口应包括空气管和以风雨密门或风雨密舱盖关闭的开口,但以水密人孔盖与平舱口盖、保持甲板高度完整性的小水密货油舱口盖、遥控水密滑动门以及永闭式舷窗等关闭的开口,可以除外。

(2)在浸水的最后阶段,不对称浸水所产生的横倾角不得超过 25°,但如甲板边缘无浸没现象,则这一角度最大可增至 30°。

(3)对浸水最后阶段的稳性应进行研究,如复原力臂曲线在平衡点以外的范围至少为 20°,相应的最大剩余复原力臂在 20°范围内至少为 0.1 m,且在此范围内曲线下的面积应不小于 0.017 5 m 弧度,则该稳性可以认为是足够的。在此范围内无保护的开口不应被浸水,除非该开口所在处所是假定浸水的。在此范围内,(a)中列举的任何开口和其他开口能够关闭保持风雨密者,可以被浸水。

(4)主管机关应确信在浸水的中间阶段稳性是足够的。

(5)借助于机械的平衡装置,例如设有阀或横贯水平管,不应作为减少横倾角或获得剩余稳性最小范围的措施以满足(a)、(b)和(c)的要求,并且在使用平衡装置的所有阶段中,都应保持有足够的剩余稳性。用大剖面导管连接的处所可认为是相通的。

10. 污油水舱

150 GT 及以上的油船,应设有下述要求的污油水舱装置。1979 年 12 月 31 日或以前交船的油船,可以指定一个货油舱作为污油水舱。

(1)应有清洗货油舱和从货油舱将污压载水的残余物与洗舱水过驳至经主管机关批准的污油水舱的适当设备。在该系统中,应有将油性废弃物以这样一种方式过驳至污油水舱或一组污油水舱的装置,即能使排入海中的任何排出物符合本附则第 34 条的规定。

(2)污油水舱或一组污油水舱的布置,应有留存洗舱后所产生的污油水、残油和污压载水残余物所必需的容量,此总容量不得小于船舶载油容量的 3%。但主管机关可接受下述情况:

①油船设有这样的洗舱装置：当污油水舱或一组污油水舱装入洗舱水后，如果这些水量足以用来进行洗舱，并供给喷射器（如适用）作为驱动液，同时该系统无须再添加水，则其污油水舱或一组污油水舱的总容量可减至不小于该船载油容量的2%；

②设置专用压载舱或清洁压载舱或原油洗舱系统，可以接受2%。对于这种船舶，当污油水舱或一组污油水舱装入洗舱水后，如果这些水量足以用来进行洗舱，并供给喷射器（如适用）作为驱动液，同时该系统无须再添加水，这样的洗舱布置，其污油水舱或一组污油水舱的总容量可进一步减至该船载油容量的1.5%；和

③对于兼装船，倘若仅在具有平坦舱壁的舱内装载货油，污油水舱或一组污油水舱总容量可减至1%。这个容量可进一步减至0.8%，其条件是洗舱装置应为当污油水舱或一组污油水舱装入洗舱水后，如果这些水量足以用来进行洗舱，并供给喷射器（如适用）作为驱动液，同时该系统无须再添加水。

（3）污油水舱的设计，特别是其入口、出口、挡板或堰（如设有）的位置，应能避免油类的过分湍流和被带走或与水形成乳化。

（4）1979年12月31日以后交船的70 000载重吨及以上的油船至少应设置两个污油水舱。

11. 泵吸、管路和排放布置

（1）每艘油船在其开敞甲板上两舷应设置连接接收设备的排放汇集管，以便排放污压载水或污油水。

（2）每艘150 GT及以上的油船，根据附则允许排放货物区域的压载水或油污水入海的管路，应通至开敞甲板或通至最深压载状态水线以上的舷侧。按（6）所允许的方式进行作业的不同管路布置可予接受。

（3）对于在1979年12月31日以后交船的150 GT及以上的油船，除按（6）允许在水线以下排放者外，应在上甲板或上甲板以上的处所设有停止从货物区域排放压载水或油污水入海的装置，在该处所的位置，应能看见（1）所述正在用的汇集管和（2）所述管路的排放入海。如果在观察处所和排放控制处所之间有可靠的通信系统，如电话或无线电装置，则在观察处所不必设有停止排放的装置。

（4）凡需设置专用压载舱或装设原油洗舱系统的在1982年6月1日以后交船的油船，应符合下述要求：

①所装设油管的设计与安装，应使管路中留存的油量减至最低限度；和

②应设有能在卸货完成时将所有货油泵及货油管路卸空的装置，必要时可连接到扫舱装置。货油管和货油泵的排出物应能派往岸上及被排至一货舱或一污油水舱。对于派往岸上，应有为此而专设的一条小直径管路，并连接于货物汇集管阀门的向舷外的一侧，如图3-7所示。

这种小直径管路的横剖面面积不应超过：

a. 对1982年6月1日以后交船的油船或尚未装小直径管路的1982年6月1日或以前交船的油船，船上主卸货管路直径的10%；或

b. 对已装这种管路的1982年6月1日或以前交船的油船，船上主卸货管路直径的25%。

（5）每艘油船从货物区域排放压载水或油污水应在水线以上进行，但下述情况除外：

①专用压载水和清洁压载水可在水线以下排放，但条件是在紧接排放前用目视或其他方

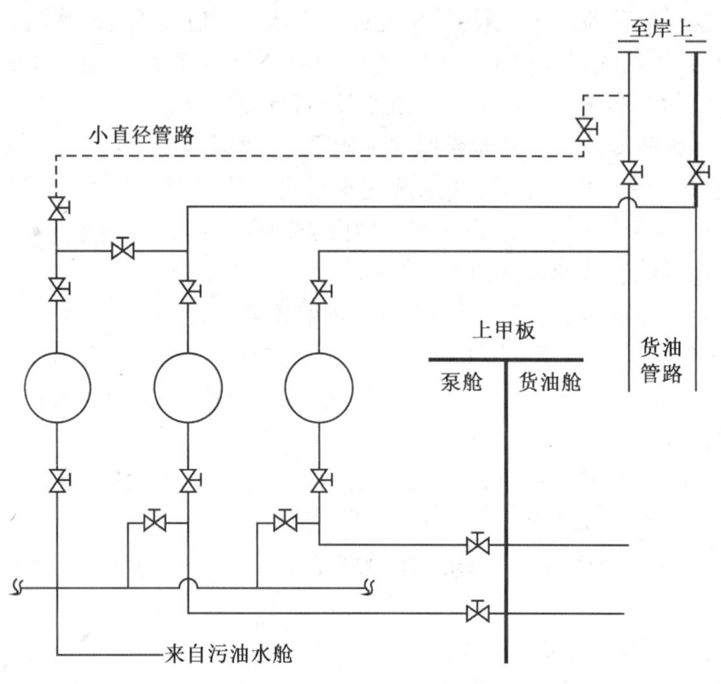

图 3-7　小直径管路与汇集管阀门的连接

式对压载水表面进行检查，以确保未曾发生油污：

在港口或近海装卸站，或在海上以重力排放，或如果压载水的更换按《国际压载水和沉积物控制和管理公约》的规定进行，则在海上以泵排放。

②未经改装不能在水线以上排放专用压载水的在 1979 年 12 月 31 日或以前交船的油船，在海上可在水线以下排放专用压载水，但须在紧接排放前对压载水表面进行检查，确认未曾发生油污。

③具有清洁压载舱而未经改装的在 1982 年 6 月 1 日或以前交船的油船，如不能在水线以上排放清洁压载舱的清洁压载水，可在水线以下排放这种压载水，但须按照规定对排放这种压载水进行监督。

④每艘油船在海上时，来自货物区域内非污油水舱的各货舱的污压载水或油污水可以重力从水线以下排放，但需足够的时间以便油/水产生分离，并应在紧接排放之前，用油/水界面探测器对压载水进行检查，以确保分界面的高度不致使这种排放增加对海上环境的危害。

⑤1979 年 12 月 31 日或以前交船的油船在海上时，来自货物区域的污压载水或油污水，按照（d）所述方法排放之后，可以在水线以下进行排放，但应：

a. 把一部分通过固定管路流向甲板或甲板以上的容易接近的位置，该位置在排放操作期间可用目视观察；和

b. 这样的分流系统应符合主管机关规定的要求，这些要求至少包括本组织通过的《控制舷外排放分流系统的设计、安装和操作技术条件》。

（6）2010 年 1 月 1 日或以后交船的 150 GT 及以上的油船，如果安装了一个与货油管路系统永久相连的海水吸入箱，则应设有一个海水吸入箱阀和一个舷内隔离阀。除了这两个阀以外，当油船装货、运货或卸货时，海水吸入箱应能用一种令主管机关满意的牢靠设备与货油管

路系统相隔离。该牢靠设备是安装在管路系统中的一种装置,用以在一切情况下防止海水吸入箱与舷内阀之间的管段注入货油。

(二)对油船货物区域设备上的要求

1. 排油监控系统

排油监控系统是用来监测、控制油船排放含油压载水或洗舱水入海的系统。根据 MARPOL 附则Ⅰ Reg. 31 条的规定,150 GT 及以上的油船应装有一个经主管机关批准的排油监控系统。

(1)监控系统应包括:

①油分计,以测量排放物的含油量(ppm)。

a. 用于监控大范围含油量的油分计的精度应使读数能代表试样实际含油量在±10ppm 或±10%之内,取其大者。

b. 油分计的设计应使当电源(以电力、压缩空气等形式)偏离油分计的设计值 10%时,仍能在上述限制值范围内运作。

c. 读数应不受油的种类的影响。如果有影响,应不必在船上校正油分计的刻度,但应按制造商的说明对刻度预先校正。在后一种情况中,应有方法确定对于该种类油已选择了正确的刻度标定。读数的精度在任何时候都应在规定的限制范围内。

d. 油分计的反应时间应不超过 20 s。

e. 油分计可能有一些作为预期用途的标度。标度的最大范围应不小于 1 000ppm。

f. 油分计应有一种简单装使船员通过一个相当于油分计满量读数一半的模拟信号来核查油分计电气和电子电路的功能。具有资格的人员也有可能在油船上重新标定油分计的刻度。

g. 如拟安装在可能有易燃大气的处所,油分计应符合对这些区域的有关安全规定。作为油分计一部分的任何电气设备应安装在一个无危险区域,或经主管机关证实能在危险区域安全使用。安装在危险区域的任何移动部分的布置应避免形成静电。

h. 油分计应不包含或使用任何有危险性的物质,除非采用经主管机关接受的适当布置能去除由此所造成的任何危险。

i. 油分计应在海上环境中耐腐蚀。

j. 油分计的材料应与试验的液体相兼容。

②流速指示系统,以测量排入海中的排放物的速度。

a. 用于测量排放速度的流量计应安装在排放管路的垂直部分或排放管线的其他部分(如适合),以使流量计中一直充满排放的液体。

b. 流量计应采用适合船上使用且能用于大直径管路的操作原则。

c. 流量计应适于常规操作中可能会遇到的流速的整个范围。作为替代,如需要,可使用不同范围的两个流量计或限制操作流速范围来满足这个要求。

d. 安装的流量计的精度应为排放期间的瞬间排放率的±10%或更好。

e. 与排放物接触的流量计的任何组成部分应为有足够强度的耐腐蚀耐油材料。

f. 流量计的布置设计应考虑流量计所在处所的安全要求。

③船速指示装置,以指出船舶速度(kn)。

④船舶位置指示装置,以指出船舶位置——经度和纬度。

⑤取样系统,以把排放物代表性样品传送至油分计。

a. 取样点的位置应使相关样品可从用于操作排放的出口处获得。

b. 管路和探针的材料应耐火、耐腐蚀、耐油，管路和探针应有足够强度并予适当连接和支撑。

c. 系统应在每个探针附近设有一个截止阀，但如果探针位于货物管路上，在取样管路上应设有两个串联的截止阀，其中一个可以是遥控样品选择阀。

d. 取样探针的布置应便于撤回且应尽可能位于排放管路垂直部分的易于接近的位置。

如有必要在排放管路的水平部分安装取样探针，在安装检验时应确定排放物排放时管路中一直充满液体。取样探针一般应穿透排放管至管路直径的 1/4 处。

e. 应采取措施通过提供永久清洗水冲洗设备或等效方式清洗探针和管系。探针和管道的设计应把油、油残余物和其他物质造成的堵塞减至最小。

f. 考虑到管道的长度，管道中流体的速度应使在变更泵抽混合物中和变更油分计读数之间的整个反应时间尽可能短，且在任何情况下不大于 40 s，包括油分计的反应时间。

g. 当需要对再循环模式中的油污水取样时，应选择与流至污水舱中的任何分流点有关的取样探针的位置。

h. 驱动取样泵或系统中任何其他泵的布置应注意泵所在处所的安全要求。危险区域和非危险区域之间的任何舱壁贯穿件的设计应经主管机关认可。

i. 冲洗装置应在必要时可用于试验，稳定油分计和校正零刻度。

j. 不应允许返回污水舱的样品水自由落入舱中。在设有惰性气体系统的油船上，在通至污水舱的管道中应设置一个具有适当高度的 U 形密封件。

k. 应在任何取样泵下游点处或主管机关满意的等效部位设有一个阀，用于从油分计入口管路上手动收集样品。

⑥舷外排放控制，以终止舷外排放。

⑦起动连锁，以防止任何排放物向舷外排放，除非监控系统完全处于工作状态。

⑧控制部分包括：

a. 处理机，它接收排放物含油量、排放物流速和船速的信号，并将这些数值换算成每海里的排油量（L）和排油总量；

b. 提供报警和向舷外排放控制提供命令信号的设备；

c. 提供数据记录的记录设备，自动记录的数据至少包括：油类瞬间排放率（L/n mile）；瞬间含油量（ppm）；排油总量（m^3或 L）；时间和日期（GMT）；船舶速度（kn）；船舶位置——经度和纬度；排放物流速；舷外排放控制或布置状况；油种类选择器设定（如适合）；报警条件；故障（即无流动、错误等）；越控动作（即手动越控、清洗、校准等），越控动作导致的人工插入的任何信息应在打印中标出；

d. 展示目前操作数据的数据显示器；

e. 在监控系统发生故障时使用的越控系统；

f. 提供信号给起动连锁以防止在监控系统完全运作前排放任何排放物的设备。

（2）设备发生故障时的手动操作替代方法

监控系统发生故障时获取信息的替代方式应如下：

①油分计或取样系统：目视观察邻近排放物排放的水面；

②流量计：泵排放特性等；

③船速指示装置：主机转速（rpm）等；

④处理器：手工计算和手工记录；和

⑤舷外排放控制：手动操作泵和阀。

（3）导致排放终止的报警条件

在下列情况下应能够起动声光报警，监控系统的布置应终止排放物排入海中：油量瞬间排放率大于 30 L/n mile；排油总量达到先前货物的 1/30 000；系统运行发生故障，如断电、样品丢失、测量或记录系统重大失误、任何传感器的输入超过系统的有效容量。

2. 油/水界面探测器

根据 MARPOL 附则 I Reg. 32 条的规定，150 GT 及以上的油船应备有经主管机关认可的有效的油水界面探测器，以便能迅速而准确地测定污油水舱中的油/水分界面，其他舱柜如需进行油水分离并拟从其中将排出物直接排入海中，也应有这种探测器。

油水界面探测器分为固定式或便携式，应能探测舱柜内任何液位分界面的垂向位置。固定式采用固定的探头，所测得的界面数据应与便携式探测器在正常工作状态下所获得的数据相当。两者读数精度应在油水界面实际位置的±25 mm 以内。

固定式探测器的安装位置或便携式探测器伸入舱口位置的选择，应适当考虑到舱柜的内部结构和合理的船舶运动。

固定式探测系统的控制和显示装置应位于货物控制室或类似的处所内，在控制过程中无须连续指示界面位置。舱柜内的固定式探测器应能承受洗舱和射流的冲击。无论是固定式还是便携式探测器，均应考虑有关的操作安全措施，符合在船舶危险区域内安全使用的有关法定要求，并且不干扰无线电通信。

3. 原油洗舱（COW）

原油洗舱是清洗货油舱的一种方法。就是在油船卸货的同时利用所载的一部分原油，在高压下通过洗舱机喷射到货油舱内，由于同种原油溶解性强，再加上高压油流的机械冲击，可使附着在货油舱构造物、垂直舱壁和舱底的原油油渣、沥青、蜡质、胶质等黏性沉淀物迅速溶解而被清洗掉，随同货油一起卸往岸上。

根据 MARPOL 附则 I 的规定，1982 年 6 月 1 日以后交船的 20 000 载重吨及以上的原油油船应设置使用原油洗舱的货油舱清洗系统。主管机关应保证该系统在该船第一次载运原油航行以后的一年内或载运适合于原油洗舱的原油的第 3 个航程结束时（两者发生较晚者）完全符合要求。每艘载重量为 40 000 t 及其以上的现有油船除所装运的原油不适应外，可采用原油洗舱的方法代替设有专用压载舱。

凡采用原油洗舱系统的油船，均应备有一本详细说明该系统及设备并列有操作程序的《操作与设备手册》，该手册应使主管机关认为满意。如果进行了对系统有影响的变更，则《操作与设备手册》也应做相应的修订。关于货油舱的压载，应在每一压载航次开始之前，以原油清洗足够的货油舱，以便根据该油船营运的方式及预期的天气情况将压载水只装在经过原油清洗的货油舱内。

根据 MARPOL 附则 I Reg. 33 的规定，原油洗舱装置及其附属设备与布置，应符合主管机关所制定的要求。这些要求，至少应包括经本组织通过的《原油洗舱系统设计、操作和控制技术条件》的全部规定。原油洗舱所必需的设备和系统技术要求如下：

（1）惰性气体系统（IGS）

惰性气体系统是对原油洗舱过程的保护装置。船舶进行原油洗舱时，必须保证惰性气体系统能正常运转供给，惰气中的氧气含量不超过 5%，货油舱中的氧气浓度控制在 8%以下。否则就要终止原油洗舱作业。许多油船货油舱的含氧量在惰性气体系统控制下整个原油洗舱作业期间可低达 2%~3%。惰性气体系统的风机必须有 2 台，其总容量应是货油泵总容量的 1.25 倍。

（2）管路系统

①COW 管路和所有阀门不允许泄漏，具有足够的强度，应在安装后承受 1.5 倍的工作压力。

②COW 系统应有固定的工作管路，应与消防干管和任何非洗舱系统分开。只有当船舶货油系统中有符合原油洗舱工作管路的部分，才可与其连接。

③COW 管路不能使用软管（对油类/散货两用船的特殊规定除外）且不允许通过机舱。

④COW 管路直径应能满足《操作与设备手册》中所要求的最多台数的洗舱机在设计压力和排量下同时工作。管系布置应保证《操作与设备手册》中要求的所有洗舱机同时作业。

⑤对于采用原油和水兼用的清洗供给管路，这种管路的设计应考虑在水洗开始之前，能排干管路中的存油并将其排至《操作与设备手册》所指定的处所。

⑥COW 系统的供给管路应牢牢固定在船舶适当位置的构件上，并允许其具有活动的自由度，以适应船舶的热胀和变形。

⑦在洗舱供给管路中，为防止超压而装设的任何降压装置，必须将泄出的油排至供给泵的吸入端。

（3）洗舱机

原油洗舱机应固定安装，其设计需得到主管机关的认可，每一货油舱都需安装洗舱机。固定式洗舱机有单喷嘴式洗舱机和双喷嘴式洗舱机两种形式。单喷嘴式洗舱机可向特定方向喷射，可以实现定点清洗，也可用于减少卸油时间延迟的多段清洗方式，如图 3-8 所示。双喷嘴式洗舱机当用于多段清洗时难以调整喷射角度，一般用于一段清洗，如图 3-9 所示。在排量相同时，单喷嘴式比双喷嘴式喷射压力大，清洗效果好。所以目前单喷嘴式洗舱机在原油洗舱中被广泛采用。

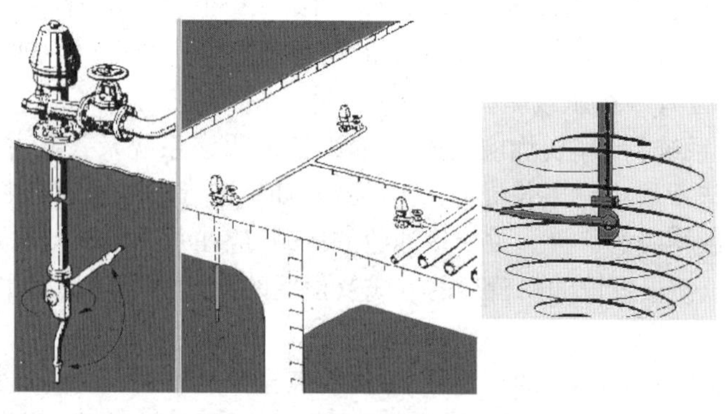

图 3-8　单喷嘴式洗舱机工作示意图

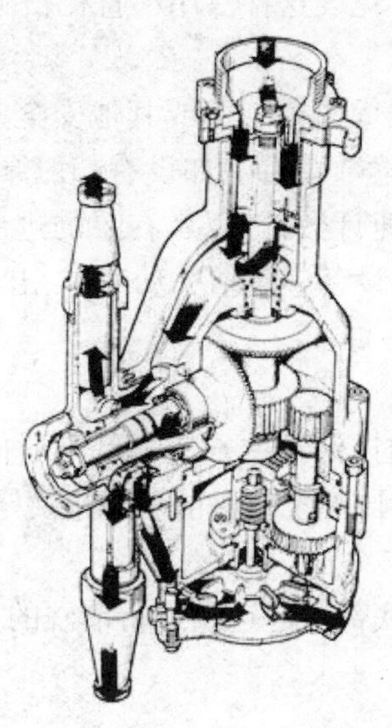

图 3-9 双喷嘴式洗舱机结构图

(4)泵

原油洗舱用泵可以是货油泵,或者是原油洗舱专用泵。泵的排量应满足在所需压力下(一般为 1.2 MPa),按《操作与设备手册》中规定的最高台数洗舱机同时工作所需的排量,同时还要供给扫舱用喷射器所需的驱动液。

原油洗舱所需的最低供油压力应记入《操作与设备手册》。如不能达到此值,便不应进行原油洗舱。

(5)扫舱系统

当货油舱里的原油即将卸空时,为了能排除高黏度残油(包括已溶解的油渣),应设有专用的扫舱系统。一般要求扫舱系统能排出的额定油量至少应为该船《操作与设备手册》所述所有洗舱机同时作业时总排量的 1.25 倍。但不是要求在某一货油舱清洗舱底时,该舱内的全部洗舱机必须同时动作。

①扫舱装置

货油舱的扫舱方法可采用容量泵、自吸式离心泵、喷射泵或经主管机关认可的其他方法。常见的扫舱装置有:原油喷射装置、蒸汽喷射装置及扫舱泵。

②扫舱专用管路

为提高边卸油边进行原油洗舱的效率,一般先从预定进行原油洗舱的货油舱开始卸油及原油洗舱,待卸到需要扫舱的程度时,再开始其他货油舱的卸油、原油洗舱及扫舱,如此不断进行下去。当某一货舱卸油和原油洗舱之后需要的扫舱作业与其他货舱卸油或原油洗舱作业同时进行时,就要在货油系统之外,单独装设扫舱专用管路,以便在清洗舱底时专供扫舱使用。当然,若不设扫舱系统专用管路,暂停卸油、舱底扫舱也可以进行,但会降低卸油效率。

扫舱专用管路应能通过扫舱装置将舱底、泵和管路中的积油排到某一货油舱,或通过专用的小直径管路排到岸上。在每一个货油舱内均设有单独的货油泵,且每一货油泵又都具有独立管路系统的油船上,如扫舱后留在舱内的油量加上从集合管至货油舱之间残留在管路系统内的油量，其总和小于该货油舱容积的0.085%，则可免设这种专用小直径扫舱管路。

③扫舱系统监控设备

应装有监控扫舱系统效果的设备，这类设备须在货油控制室或其他安全并便于负责货油和原油洗舱全面工作的人员接近的处所装设远距离读数装置。如设有扫舱泵，则监测设备应根据需要包括一个流量计或一个冲程读数或一个转速计数计，以及在泵的进出口连接处装设的压力表或其他等效设备。如设有喷射泵，则其监测设备应包括驱动液进、出口处的压力表及吸口处的压力/真空表。

(6)原油洗舱方式

原油洗舱主要有两种方式：一段式和多段式。选择何种方式应以卸油时间延迟最短为前提，考虑卸货港的接货能力、卸货港数目、卸货顺序和原油洗舱机的形式来决定。

①一段式

在货油舱卸空后，由舱顶预洗到舱底，即上部和底部一起连续进行清洗的方式为一段式清洗方式。

②多段式

在卸油作业的同时，随着油舱内油位的下降，同时从上部向下部进行清洗的方式为多段式。即货油舱内还有1/2、1/3或1/4货油情况下，清洗货油舱液面以上的部位，通常称为上部清洗，这可以是一次或几次来完成；当货油卸空时，再进行底部清洗，称为底部清洗。

(7)海上原油洗舱

多港卸油情况下，为了在卸油过程中缩短原油洗舱所延迟的时间，在抵达另一个卸货港之前的航行中，尽量完成原油洗舱是有利的。所有原油洗舱工作必须在船舶离开最后一个卸油港之前完成。若在两个卸油港之间的海上进行货油舱的原油洗舱，则被清洗的货油舱应保持空舱，以便能在抵达下一个卸油港或在下一次压载航行前进行检查，可包括空舱时对货油舱舱底多次的探测。

清洗货油舱舱底时须将沉渣排到岸上，这项作业最好在港内与装卸货油同时完成。因此，一般海上原油洗舱多用于货油舱上部的清洗。

(8)原油洗舱作业中的安全措施

①防泄漏措施：原油洗舱作业前应堵塞好甲板上所有出水孔；洗舱管理必须经过压力试验和渗漏检查；作业现场应放置必要的防污染应急设备和器材。

②防静电措施：用于供给洗舱用油的货油舱，使用前必须至少先卸去一米。前次压载航行中用作污油水舱的货油舱，除该舱全部卸空，并重新装入不含水分的原油外，不得用于供给原油洗舱。

③惰性气体的控制：原油洗舱作业中，惰性气体系统必须保持正常运转。惰性气体系统输出的惰性气体含氧量按容积计不得超过5%，货油舱的含氧量按容积计应控制在8%以下。所有货油舱的压力应保持正值。

④甲板值班：原油洗舱作业期间，应有足够的人员在甲板值班。值班人员应坚守岗位，认真查看是否漏油和发生故障，测定货油舱的含氧量，检查货油舱中的气体压力，根据需要对舱底进行测深，发现异常情况应立即采取应急措施，并及时向原油洗舱作业的负责人员报告。

⑤通信联系：甲板值班人员和货油控制之间，应有有效的通信工具，并保持相互间的正常联系，以便于在发生泄漏或故障时，能迅速停止洗舱作业。

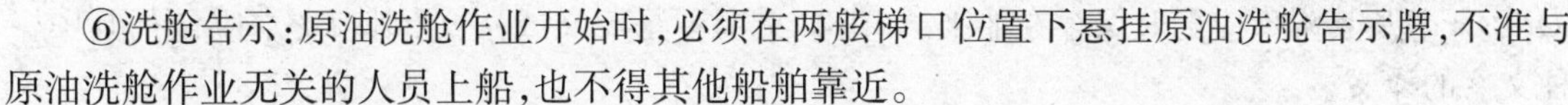

⑥洗舱告示:原油洗舱作业开始时,必须在两舷梯口位置下悬挂原油洗舱告示牌,不准与原油洗舱作业无关的人员上船,也不得其他船舶靠近。

⑦作业环境安全保障:船舶原油洗舱应具备良好的作业环境,船岸双方均遵守港口有关油船安全作业的防污染管理规定,并在原油洗舱作业开始和结束时,分别将作业情况通报主管机关。为保障船舶原油洗舱作业的安全,必要时应向主管机关申请安排巡逻守护,或发布航行通告。

第四节　防止船舶油污染的监督管理

实施对船舶油污染的监督管理,是我国海事管理机构作为防止船舶海域污染的主管机关行使监督检查的职权,对国内外船舶进行防污染监督管理工作的一项重要内容。

各海事管理机构除根据我国和国际上有关的法规,结合本港的具体情况制定出若干防止船舶油污染的管理细则,以及加强对防止油污染有关法规的宣传教育外,日常大量的监督管理工作是对船舶防止油污染管理的监督检查、对船舶油污染事故的调查。

海事管理机构对船舶防油污监督检查的依据是:我国的防污法律、法规、条例、规定、标准及 MARPOL 等相关国际防污公约和文件。

加强对船舶防油污管理监督检查,就是要保证船舶遵守 MARPOL 附则Ⅰ的规定,要坚持以预防为主,消除事故隐患,防患于未然。同时,要及时发现违章案件,采取补救措施和进行处理,从而达到防止和控制船舶油污染事故保护水域环境的目的。

各海事管理机构加强对船舶油污染的监督检查,一般采取综合检查和专业检查相结合的方式。包括两个方面的检查:对船舶进行例行检查,即按照东京备忘录的检查内容,对 MARPOL 防污证书和防污设备进行检查;对船舶油污染事故的调查和检查是指船舶发生污染事故后的检查,或接到其他有关当局或船员等人的举报,或者是海事管理机构通过其他渠道已掌握一定的情况,有明显理由需要进行检查,检查内容包括船舶防污染文书、船舶防污染设备和污染事故现场。

一、船舶防污染证书

1.《国际防止油污证书》(简称 IOPP 证书)

(1)MARPOL 附则Ⅰ对 IOPP 证书的要求

根据 MARPOL 附则Ⅰ Reg. 7 的规定,驶往本公约其他缔约国所管辖的港口或近海装卸站的 150 GT 及以上的油船和 400 GT 及以上的任何其他船舶,应持有《国际防止油污证书》。

对于 150 GT 以下的油船和 400 GT 以下的非油船,船舶发证的规定由主管当局确定,并不是不要求其符合 MARPOL 附则Ⅰ的规定,但不见得必须具备 IOPP 证书,只要具有说明其已达到 MARPOL 附则Ⅰ要求的文件即可。

(2)IOPP 证书的格式

IOPP 证书用来证明,该船业经按照 MARPOL 附则Ⅰ Reg. 6 的规定进行了检查,在船舶结构、设备、各种系统、附件、布置和材料及状况方面均属合格,在有效期内符合 MARPOL 附则Ⅰ可适用的要求。并通过附件提供该船结构与设备,记录。该记录应永久附于 IOPP 证书之后。

IOPP 证书及其附件应随时保存在船上，如正本文字不是英文或法文，则该文本应包括其中一种文字的译文。

IOPP 证书的附件 A 用于非油船，附件 B 用于油船。对于 150 GT 及以上的油船和 400 GT 及以上的非油船来讲，如没有有效的 IOPP 证书，禁止在国际航线上航行；对于其他缔约国来讲，该船的有效 IOPP 证书表明了船舶符合 MARPOL 附则 I 有关要求的状况。

（3）IOPP 证书的签发

签发 IOPP 证书是船旗国的一项重要职责。由需要持有证书的船舶所有人向我国船级社提出申请，船级社代表政府在执行下列各种法定检验后签发 IOPP 证书。

①初次检验

初次检验是指按照 MARPOL 附则 I Reg. 6 的要求，对船舶的结构、设备、系统、附件、布置及材料进行的全面检验。该检验应确保其结构、设备、系统、附件、布置和材料完全符合附则 I 的适用要求。

初次检验对建造中的船舶或重大改建的船舶均应在船舶投入营运之前进行，对营运中的船舶则应在首次签发 IOPP 证书之前进行。如，原不属于缔约国的船舶更换缔约国国旗，在签发 IOPP 证书之前，需作此检验。

根据 MEPC 有关决议及关于检验发证指导性文件要求，初次检验应包括审查该船防止油污设施的设计图纸和资料；查明船上是否备有所需证书、《油类记录簿》以及各种有关船舶系统的操作手册（如《COW 操作和设备手册》《排油监控系统操作手册》和其他文件等）；检查船舶及其设备状况，以确定其建造与安装是否符合设计图纸、说明书和其他技术文件的要求，所用的材料、结构与工艺是否合格。

②换证检验

按主管机关规定的间隔期限进行，但不得超过 5 年。换证检验应确保其结构、设备、系统、附件、布置和材料完全符合本附则的适用要求。

如果换证检验在现有证书期满之日前 3 个月内完成，则新证书应从换证检验完成之日起，至现有证书期满之日后不超过 5 年的日期内有效。如果换证检验在现有证书期满之日后完成，则新证书应从换证检验完成之日起，至现有证书期满之日后不超过 5 年的日期内有效。如果换证检验在现有证书期满之日的前 3 个月前完成，则新证书应从换证检验完成之日起不超过 5 年的日期内有效。

如果换证检验已完成，而新证书在现有证书期满之日前不能签发或不能存放船上，主管机关授权的人员或组织可在现有证书上签署，签署后的证书自期满日起不超过 5 个月的期限内应视为继续有效。

如果证书期满时船舶不在应进行检验的港口，主管机关可延长该证书的有效期，但此项展期仅以能使该船完成其驶抵应进行检验的港口的航次为限，并且仅在正当和合理的情况下才能办理。证书的展期不得超过 3 个月。经展期的船舶在抵达应进行检验的港口后，不得因有此项展期而在未获得新证书前驶离该港口。换证检验完成后，新证书的有效期应自现有证书展期前的期满日起不超过 5 年。发给短程航行船舶的证书未按前述之规定展期时，主管机关可给予自证书所示的期满之日起至多 1 个月的宽限期。换证检验完成后，新证书的有效期应自现有证书展期前的期满日起不超过 5 年。

③年度检验

年度检验在 IOPP 证书签发周年日之前或之后 3 个月内进行。年度检验包括对船舶结构、设备、系统、附件、布置和材料的总体检查,以确保其按照附则Ⅰ的相关规定进行保养,并确保其继续满足船舶预定的营运要求。这种检验应在 IOPP 证书中进行签署。

④中间检验

中间检验在证书的第二个周年日之前或之后 3 个月内或第三个周年日之前或之后 3 个月之内进行,并取代前文所述的一次年度检验。中间检验应确保设备及相关的泵和管系,包括排油监控系统、原油洗舱系统、油水分离设备和滤油系统完全符合本附则的适用要求,并处于良好的工作状态。该中间检验应在 IOPP 证书上予以签署。

⑤附加检验

此项检验既可以是全面的,也可以是部分的,视具体情况而定。每当船舶发生事故或发现缺陷,而这种事故或缺陷会影响到船舶安全及救生设备或其他设备的有效性和完整性时;或进行了重要修理或更新时,应进行这种检验。这种检验应确保已有效地进行了必要的修理或更新;此种修理或更新的材料和工艺是令人满意的;且船舶适于海上航行,不会对船舶或船上人员产生危险。

在所有的情况下,主管机关均应保证检验的完整性和有效性,确保为履行这一职责做出必要的安排:

①船舶及其设备的状况应保持符合本公约的各项规定,以确保船舶在各方面均继续适于出海航行,而不会对海洋环境造成不当的危害或威胁。

②对船舶进行的任何检验完成以后,未经主管机关许可,经过检验的结构、设备、系统、附件、布置或材料不得做任何变动,除非直接替换这种设备和附件。

③当船舶发生事故或发现缺陷,对该船的完整性或对本附则所涉及的设备的有效性或完整性产生重大影响时,该船的船长或船东应尽早向负责签发 IOPP 证书的主管机关、认可的组织或指定的验船师报告。该主管机关、认可的组织或指定的验船师应立即着手调查以确定是否需要进行检验。如果该船在另一缔约国的港口内,船长或船东还应立即向该港口国的有关当局报告,而指定的验船师或认可的组织应查明已进行了此项报告。

发证机关签发 IOPP 证书时,除应遵照 MARPOL 附则Ⅰ Reg. 6 关于法定检验的要求外,还应注意下列原则:

①150 GT 及以上的油船和 400 GT 及以上的非油船,驶往其他缔约国所辖港口或海上装卸站,经验船部门检验合格后,应颁发一张 IOPP 证书;

②对于悬挂非缔约国国旗的船舶,即使对方政府委托,也不得发给 IOPP 证书;

③一旦船舶改挂另一缔约国国旗,原发给该船的 IOPP 证书随即失效。只有当换发新证书的国家政府确认该船已全部满足下列要求时,才换发新证书。该证书的有效期应从原发给的日期算起:

a. 船舶及其设备的状况维护良好,符合 MARPOL 附则Ⅰ的有关规定,并能保证在各方面都适合出海航行而不致对海洋环境产生不当的危害或威胁。

b. 非经主管机关许可,对经过各项法定检验的结构、设备、系统、附件、布置或材料一概不得变动,但各项设备和附件的直接更换除外。

④如果变更船旗系在两个缔约国之间进行,则在变更船旗后的三个月内,前船旗国政府如

收到申请，应尽快将变更船旗前该船所携证书的副本以及相关的检验报告副本（如备有）送交该船的新主管机关。

⑤对任何种类的法定检验，如未能在相应规定的期限内进行，IOPP 证书即行失效；如其后进行了相应要求的检验，则可恢复证书的有效期，而无须变更原证书的期满日期。但在证书上应对此做出签署。

2.《油类记录簿》（ORB）

MARPOL 附则Ⅰ、《中华人民共和国海洋环境保护法》均规定船舶在进行任何一项油类活动后应及时、正确地在《油类记录簿》上做记载。

（1）何种船舶必须备有何种 ORB

按照 MARPOL 附则Ⅰ Reg. 17 和 Reg. 36 的规定，凡 150 GT 及以上的油船，以及 400 GT 及以上的非油船，均应备有《油类记录簿》第Ⅰ部分（机器处所的作业）。凡 150 GT 及以上的油船，应备有《油类记录簿》第Ⅱ部分（货油/压载的作业）。这种《油类记录簿》不论是作为船上的正式航海日志的一部分或作为其他文件，均应按照 MARPOL 附则Ⅰ附录Ⅲ中所规定的格式。这就是说：

①在 150 GT 及以上的油船上，应备有 ORB 的两个部分。轮机部门应持有机器处所作业的 ORB，甲板部门应持有货油/压载作业的 ORB。

②400 GT 及以上的非油船，只需轮机部门持有一本机器处所作业的 ORB。

③尽管对于小于 400 GT 的国际航行非油船，MARPOL 附则Ⅰ没有规定必须备有规定的 ORB，但应将油类作业情况记载在《轮机日志》或者《航行日志》中。

④对于 150 GT 以下的油船，MARPOL 附则Ⅰ要求将油类留存船上，并随后将所有的经污染的洗涤液排入接收设备。应有主管机关制定的适合的《油类记录簿》，将用于洗舱的油和水的总量及排放的情况记入 ORB。

（2）应在 ORB 中记录的作业

①机器处所的作业（所有船）

每当船舶进行下列任何一项机器处所的作业时，均应逐舱填写 ORB 的第一部分：

燃油舱的压载或清洗；燃油舱污压载水或洗舱水的排放；油性残余物[残油（渣油）]的收集和处理；机器处所所积存的舱底水向舷外排放或处理；添加燃油或散装润滑油。

滤油设备的任何故障均应记入《油类记录簿》第Ⅰ部分。

倘若发生 MARPOL 附则Ⅰ Reg. 4（例外）所述的排放油类或油性混合物的情况，或发生该条所未予除外的意外排放或其他特殊排油情况，应在 ORB 第Ⅰ部分中说明这种排放的情况和理由。

②货油/压载的作业（油船）

每当船舶进行下列任何一项货油/压载的作业时，均应逐舱填写 ORB 第Ⅱ部分：

货油的装载；航行中货油的过驳；货油的卸载；货油舱的清洁压载舱的压载；货油舱的清洗（包括原油洗舱）；压载水的排放，但从专用压载舱排放除外；排放污油水舱的水；污油水舱排放作业后，所使用的阀门或类似装置的关闭；污油水舱排放作业后，为清洁压载舱与货油管路和扫舱管路隔离所需阀门的关闭；残油的处理。

排油监控系统的任何故障均应记入 ORB 第Ⅱ部分。

对于小于 150 GT 的油船，ORB 第Ⅱ部分中应有用于洗舱和流回到储存柜中的油和水的总量的记录。

倘若发生 MARPOL 附则Ⅰ Reg. 4(例外)所述的排放油类或油性混合物的情况，或发生该条所未予除外的意外排放或其他特殊排油情况，应在 ORB 第Ⅱ部分中说明这种排放的情况和理由。

(3)对 ORB 的有关要求

①应及时将上述每项作业详细记入 ORB，以使与该项作业相应的所有项目均有记录；

②每项完成的作业，应由高级船员或有关作业的负责人签字，且每写完一页应由船长签字。ORB 中的记录，应至少为英文、法文或西班牙文。若同时使用船旗国的官方文字做记录，则在遇有争议或不相一致的情况时，应以船旗国官方文字记录为准。

③ORB 应存放于可在所有合理时间随时取来检查的地方，除了没有配备船员的被拖船舶外，均应存放在船上。ORB 应在进行最后一项记录后保存三年。

④缔约国政府的主管当局可对停靠本国港口或近海装卸站的适用附则Ⅰ的任何船舶检查 ORB，并可将记录簿中任何记录制成副本，也可要求船长证明该副本是该项记录的真实副本。凡经船长证明为船上 ORB 中某项记录的真实副本者，在任何法律诉讼中应可作为该项记录中所述事实的证据。主管当局根据本项规定对 ORB 的检查和制作正确无误的副本应尽速进行，而不对船舶造成不当延误。

3. 船上油污应急计划

1991 年 7 月 4 日 IMO 环境保护委员会第 31 届会议以第 MEPC. 47(31)号决议通过的修正案，其附则Ⅰ新增第 26 条“船上油污应急计划”。2004 年 10 月 11 日至 15 日在 IMO 总部伦敦召开的第 52 届环保会(MEPC52)通过了 MARPOL 公约附则Ⅰ修正案，此次修正案对现附则Ⅰ全部重新进行了改写，修正案纳入了 MARPOL 公约自 1983 年生效以来经历的各次修改。新修正的附则Ⅰ将《船上油污应急计划》列入第 37 条。该条规定：

(1)每艘 150 GT 及以上的油船和每艘 400 GT 及以上的非油船，应备有主管机关认可的《船上油污应急计划》。

(2)船上油污应急计划需依据 IMO 制定的指南为基础，并应以船长和高级船员的工作语言书写。该计划至少应包括：根据 IMO 制定的指南、MARPOL Reg. 8 和议定书Ⅰ要求的由船长或其他负责人报告油污事故所遵循的程序；在发生油污事故时应与之联系的当局或人员名单；在事故发生后由船上人员为减少或控制排油所立即采取的措施的详细说明书；在处理污染时与政府及地方当局协调船上行动的程序和联络点。

(3)对于 MARPOL 附则Ⅱ第 17 条也适用的船舶，该计划可与 MARPOL 附则Ⅱ第 17 条所要求的船上有毒液体物质海洋污染应急计划合并。在这种情况下，此计划的标题应为《船上海洋污染应急计划》。

(4)所有载重量为 5 000 t 及以上的油船应备有破损稳性和剩余结构强度岸基电脑计算快速响应程序。

4.《油污损害民事责任保险或其他财务保证证书》

(1)国际公约有关规定

①国际油污损害民事责任公约规定：航行国际航线的载运 2 000 t 以上散装货油的船舶(包括油船、油驳、油囊)，必须参加油污保险(或提供其他财务保证)，并取得《油污损害民事责任保险或其他财务保证证书》，否则不得驶往缔约国港口。

②国际燃油污染损害民事责任公约(2001)规定:1 000 GT 以上的船舶,必须进行保险或取得其他经济担保,诸如银行或类似金融机构的担保,并取得《燃油污染损害民事责任保险或其他财务保证证书》。

(2)我国有关规定

①我国航行国际航线的载运 2 000 t 以上散装货油的船舶,必须进行保险或提供其他财务保证,持有海事局签发的《油污损害民事责任保险或其他财务保证证书》。

②航行国内航线的载运 2 000 t 以上散装货油的船舶,如已投保油污险,则可持有效单据凭证向海事局申请办理《油污损害民事责任保险或其他财务保证证书》;如尚未进行保险,作为临时措施,船舶所有单位须到船籍港的海事局为其所属船舶办理《油污损害民事责任信用证书》。

③载运 2 000 t 以上散装货油的外国籍船舶,必须持有缔约国主管机关或其授权机构签发的《油污染损害民事责任保险或其他财务保证证书》,才准进出中国港口。

④1 000 GT 以上的外国籍船舶,必须持有缔约国主管机关或其授权机构签发的《燃油污染损害民事责任保险或其他财务保证证书》(以下简称《证书》)后,才准进出中国港口。1 000 GT 以上的中国籍国际航行船舶和沿海运输船舶须持有直属海事局签发的《证书》。适用于《1992 年国际油污损害民事责任公约》的船舶(即载运持久性油类的船舶)不需要持有上述《证书》。

二、船舶和排放的监督检查

1. MARPOL Article 7 的规定

(1)按照附则Ⅰ的规定执行检查时,应尽力避免使船舶受到不当滞留或延误;

(2)由于执行附则Ⅰ的监督检查使船舶受到不当滞留或延误,该船对于所受到的损坏或损失,有权要求赔偿。

2. MARPOL 附则Ⅰ将下列因素列为污染危险

(1)结构和设备不符合公约的要求;

(2)设备失效或故障;

(3)操作不符合公约的要求。

3. 对证书、船舶及设备的检查

(1)进行检查的人员

MARPOL Article 5 规定,对外国船实施港口国管理,包括登船检查和可能发生的阻留,只能由港口国正式授权的官员来执行,在我国则由各海事局来执行。

(2)检查的时机

对证书、船舶及设备的检查,缔约国可主动进行,或应另一缔约国的请求,或根据另一缔约国提供的情报,或根据有关个人、社会团体提供的情报。

(3)检查的步骤

检查一般以核实船上是否备有有效的证书为限,除非有明显的理由确信该船或其设备的状况在实质上与证书所载情况不符。在这种情况下,或者如果船舶未备有有效的证书,执行检查的缔约国应采取步骤,确保该船在未能对海洋环境不致产生不当的危害威胁前,不应开航出海。但是,该缔约国可允许这种船舶离开港口或近海装卸站而驶往适当时可进行修理的最近的修船厂。

(4)检查内容

凡须持有IOPP证书的船舶,当其进出中华人民共和国港口时,必须接受港口海事行政主管部门的下列检查:

a.是否持有有效的IOPP证书(包括所附的船舶结构与设备记录)和ORB。

b.船舶防止油污的结构与设备的实际情况与证书中的记载是否相符。

c.该船及其设备是否存在对海上环境产生不当的危害威胁的缺陷。

对需要持有IOPP证书的船舶,具体检查步骤如下:

①初步检查(证书检查)

a.检查员在登船被引见船长或船舶负责人时,应核查IOPP证书(包括所附的结构与设备记录),以及ORB。

b.IOPP证书载明船舶种类以及检验和检查日期等情况,首先应确认检验和检查的日期仍属有效。

c.通过查核结构与设备的记载,检查员可证实该船防止油类污染方面的装备情况。

d.如果该船的证书是有效的,检查员的印象和在船上的观察也证实该船的保养达到良好的标准,则他的检查一般应局限于所报告的缺陷(如有缺陷报告)。

e.如果检查员从其总的印象或在船上的观察,有明显理由认为船舶或其设备的状况与证书所载的情况实质上不相符合,那么他就应该做更详细的检查。

②深入检查

a.首先检查机舱,应首先对机舱的状况、机舱污水沟中是否有油或油迹及船方对来自机舱处所的油污水的日常处理情况形成一个总的印象。

b.接着可对IOPP证书中所列的船舶设备做较仔细的检查。检查中,还应确认该船及其设备没有做未经许可的变更。

c.若通过检查,对船舶的保养或其设备的状况存在任何怀疑,那就应进一步做认为有必要的检查和试验。

d.如果是油船,检查应包括船舶的货油舱和泵舱,并首先应对货油舱的布置、所载货油及货油底脚污水的日常处理形成一个总的印象。

③采取行动

如果在检查中发现该船未备有有效的证书,或者有明显的理由认为该船或其设备状况实质上不符合证书所载的细节,为避免对海上环境产生不当的有害威胁,则应根据具体情况分别采取如下措施:

a.在缺陷被纠正之前阻留该船。

b.允许其带着某些从避免对海上环境产生不当的有害威胁的观点来看,不那么严重的缺陷开航。

c.在采取必要的临时措施后,允许其驶往可供使用的最近修理厂。同时,向船旗国提交一份报告。

d.凡实施港口国管理导致对船舶采取的任何行动,港口国应将有关该船的全部情况,立即通知其船旗国主管当局。

e.船旗国收到指控为缺陷的报告后,应将其所采取的行动尽快通知提交报告的缔约国,并在完成该行动后，将结果通知缔约国和 IMO。

（5）船舶防污证书的检查

①IOPP 证书的检查

主要看是否在有效期内，是否进行法定技术检验，未进行相关检验则证书失效。未持有有效证书的船舶，禁止其离港。检查的重点应放在该证书的附件上，公约规定该附件应永久附于证书之后，没有附件可视同证书失效。

②《油类记录簿》的检查

检查要点：凡 150 GT 以上的油船和 400 GT 以上的非油船，必须持有《油类记录簿》；船方必须遵守《油类记录簿》的填写要求，如填写错误，应用一条直线划去，并使原来的字迹依然清晰可辨，错误的填写应予签字，并在其下方进行改正，应用擦不掉的墨水填写，作业完毕后应立即记入《油类记录簿》。一般来讲，船舶上坞修理时，清洗油舱或船舶根据航行需要，在特定的条件下进行油舱压载，应有 A、B 两项记录，且这两项记录一般都是成对出现的。C 项记录，一般来讲，靠港频繁的应每周记录一次，远途航行时间较长，应中间加记若干次。C 项记录可以通过估算进行大致验证，根据《MARPOL 公约》附则 I 的统一解释，对于重质燃油净化后产生的油泥量应达到日燃油消耗量的 1.0%～1.5%，对于使用柴油或不需要净化的重质燃油为日耗油量的 0.5%，通过 H 项加油记录选择 1～2 个月的时间，推算出船上产生的油泥量，如推算值与船上 C 项记录或实际测量结果误差较大，则可以初步推断船上油泥有去向不明的嫌疑，这时应进行详细检查。对机舱舱底水通过油水分离器向舷外排放，应有 D 项 15.2 记录，但在检查中，有时发现记录不实或不规范的现象，如：油分器最大排量 1 m^3/h，记录为经过 2 个小时，油分器处理 2.5 m^3 机舱舱底水；船舶最大航速为 10 kn，通过油水分离器作业前后的经纬度计算距离，2 个小时却航行 28 n mile，以上两种现象显然不现实。再如油泥、残油的数量记录与舱中实际不符，私自将油泥、残油驳入未经批准的燃油舱、燃油日用柜等。

③《船上油污应急计划》的检查

检查要点：《船上油污应急计划》必须经主管机关批准，如国籍、船名发生变更，应换新并更正相应项目；检查溢油应急演练是否按规定时间进行，演习及记录是否真实有效；主管机关联系通信是否最新，未更新要求尽快更新；核查船舶实际配备溢油应急器材、设备与计划要求是否一一对应；附录中的船舶结构布置图、相关管系图是否经船级社认可。

（6）船舶防污设备的检查

①油水分离器的检查

舱底水处理系统用于处理储存在污水柜中的含油污水，正常处理机舱污水有两种途径：

一是通过舱底泵排至舷外的国际通岸接头，由港口统一回收处理。防污染检查中，主要检查舱底泵和管系的功能是否正常。

二是通过油水分离器处理排放机舱污水，如图 3-10 所示。油水分离器从污水柜中吸入含油污水，经过油水分离器分离处理，处理后的含油污水通过三通阀排出舷外，排出舷外的含油污水通过 15ppm 检测装置检测，如果处理后水中含油量大于 15ppm，则三通阀出海口自动关闭，不达标的水重新回流到污水柜中以便重新处理，油水分离器分离出的污油则通过途中电磁阀排至油渣柜中。

油水分离器是船舶防污染设备中最重要的设备，也是国内外船舶检查中的必查项，在这方面查出的缺陷必定会造成船舶的滞留。首先是功能性检查，检查油水分离器是否能正常工作，

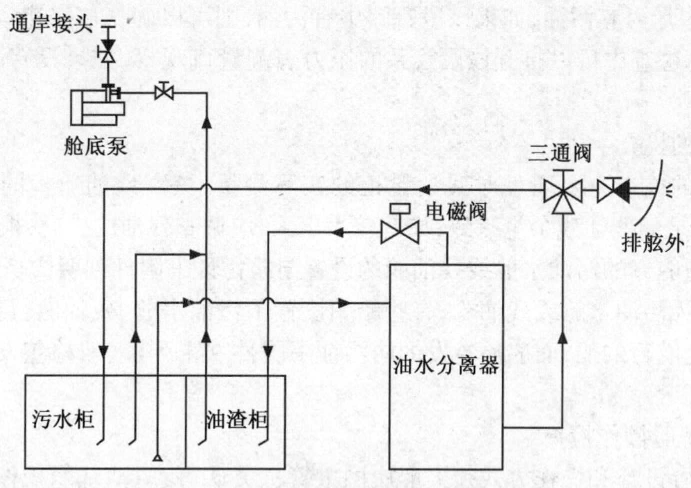

图 3-10　机舱污油水处理系统示意图

根据设备型号检查系统压力是否达到要求;检查 15ppm 监控系统是否能正常工作,警报系统是否能发出声光报警,电磁阀和三通阀是否能正常工作。其次检查油水分离器分离的污水是否超标排放,这时只需检查三通阀和舷外阀之间的管系是否附有污油,如有,则可以认定该船的违章排污事实成立。在实际检查中拆开管系需要慎重,有些老旧船舶管系锈蚀老化,舷外阀关闭不严,如果拆开管系以后不能恢复,则容易造成机舱进水。因此需要根据设备的实际情况判断检查方法,如果这段管系有压力表测量孔,则只需打开测量孔检查即可。

除了油水分离器处理舱底水外,机舱污水系统同样可以用于处理机舱的污水,现在最新设计建造的船舶消防、污水和压载系统的管系直接相通,部分管系共用,有通用的总用泵。

如图 3-11 所示,图中所示意的主要是机舱污水的排放,机舱污水系统可以直接从机舱污水井、污油柜、污水柜中直接排放未经处理的含油污水,通过消防总用泵或者消防舱底泵排出舷外。

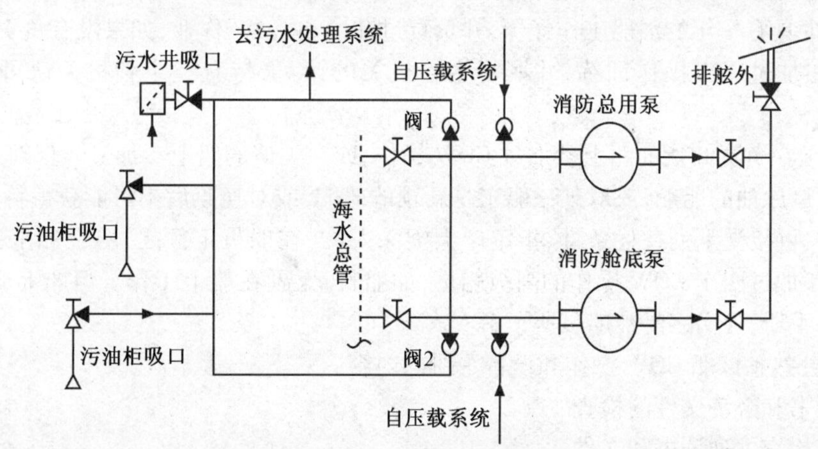

图 3-11　机舱污水系统示意图

防污染检查中,可以根据图 3-11 查找机舱违章排污的途径,需要检查两个关键点:一是污水井、污油柜和污水柜吸口,看管路系统中是否有污油,如果吸口附有污油,则说明该船有违章排污的嫌疑,实际检查中比较方便的是打开污水井吸口滤器,操作起来方便快捷;二是检查阀

1 和阀 2 的管路中是否有污油，如果该段管路中有污油，则可以确认该船违章排放含油污水的事实成立，在实际检查中可以打开该段管系的压力表测量口观察，如果没有测量口，则需要直接拆开管系检查。

②残油舱柜的检查

对残油舱柜的检查主要通过对残油舱柜的实际测量，核实残油舱柜的实际存量是否与《油类记录簿》记录的残油残余量一致，如有较大出入，应调查残油的去向；根据《油类记录簿》的记载情况，判断船方的污油水舱或残油舱的设置与防污证书附件列明的是否一致，船舶是否私设压载舱等作为污油水舱或残油舱；有些船舶设置了污油水舱、残油舱，目的是达到航行防污染需要，如短途航行的船，而船检签发的防污证书附件并未列注，船检签发的证书说明存在问题。

(7) 对原油洗舱操作检查

原油洗舱装置设计和操作方式须经船旗国主管机关认可；原油洗舱操作包括安全和防污两个方面，而每一本《COW 操作与设备手册》都详细说明了该油船 COW 的程序和规定的参数。对 COW 操作检查的目的，就是确保该"手册"中有关安全程序和防污染规定得到严格遵守。对原油洗舱监督检查的一般程序，包括：

①船舶在港内进行 COW，必须事先由船方或通过船舶代理向主管机关提出书面申请，并附送下列资料：

船舶主要技术数据（船名、国籍、总吨、净吨等）、货油舱容积和布置图、原油洗舱作业实施计划书、IOPP 证书、ORB、原油洗舱操作和设备手册、原油洗舱自检情况表及原油洗舱作业负责人员的资历和培训证明等。

②主管机关接到船方申请和提供资料后，按以下原则审批：

a. 要求该船持有有效的 IOPP 证书和有关 COW 必备的文件；

b. 应符合 MARPOL 关于 COW 作业原则上在卸货港进行的规定；

c. 原油洗舱作业的负责人员，如船长、大副等应具备以下资格：

(a) 至少具有一年的油船工作经历，并负责过卸油和 COW 作业，如果没有负责过 COW 作业，则必须参加过一次操作训练，并取得主管机关的认可，持有经主管机关认可的 COW 培训证。

(b) 必须在负责卸货的船上参加过 COW 操作，或在类似的船上参加过。但对新船或对第一次改为载运原油的船舶，或对某一船东是新颖的船舶，或对换旗后不可能获得特定经验的船舶，主管机关可接受下列替代条件：指定岸上资深人员（在船员定额之外）在船上指导船员操作；有曾经参加过四次 COW 操作的高级船员，如船长、大副在船上工作。但船上应必有 COW 操作和设备手册，且文字易被船员所了解。

(c) 十分熟悉该船 COW 操作和设备手册的内容。

③对证书和必备文件的检查

可适当检查下列证书和文件：

a. IOPP 证书及其结构与设备的记录，以确定：船舶是否按照 MARPOL 的要求备有 COW 系统；COW 系统是否按照并符合 MARPOL 附则 Ⅰ Reg. 33 的要求；与操作和设备手册是否一致；证书是否有效；

b. 认可的《操作与设备手册》；

c.《油类记录簿》；

d.《货船设备安全证书》。

④对 COW 操作安全的检查

a. 惰性气体系统

烟气抽气阀的检查，这种阀在锅炉烟道气抽出口与洗涤塔之间的抽气管路上，长期工作在恶劣环境中，阀座容易积炭而关闭不严或打不开，应检查其工作状态是否良好；

洗涤塔过滤式除湿器的检查（如适用），这种滤器的滤网容易被烟尘堵塞，应检查其清洗或换新的记录；压力/真空切断阀的检查，检查密封液位，不满足要求时补充到规定液位，检查其防火罩是否保持清洁畅通；

惰性气体鼓风机的检查，每套惰气系统至少设置两台风机，其总容量是货油泵总量的125%，检查其中 1 台风机故障，其他风机容量能保证惰气正常供气；

氧气分析仪检查，包括手提氧气分析仪和固定氧气分析仪：使用前必须用标准氮气进行校准，分析仪的活性炭滤器使用一定时间后会失去吸附能力，需定期更换，检查其更换期限；

另外还包括泄放排气阀压力指示控制器和惰性气体主供气阀压力记录控制器的检查。

b. 甲板的检查

甲板水封的检查：甲板水封是用来防止货油舱的可燃气体逆流入惰气总管而设置的安全止回装置，所以水位必须在规定位置以上（在视位器上可目测）。

甲板泵的检查：甲板左右两舷各有 1 个污油水井，用来收集甲板泄漏的污油，污油量少时，可由污油水井底的油管流入污油水舱，必须检查井底油管畅通和管系阀的开关是否正常；污油量大时，可通过甲板泵吸收排入污油水舱，甲板泵是通过压缩空气来驱动的，检查时，由船员现场测试。另外还有 RO 认可的方式，就是通过扫舱泵接上相应的管系将甲板左右污油水井的污油水排入污油水舱的等效措施。

现场测量油舱的含氧量：测量必须由船员操作，测量前校正手提测氧仪，测量时，检查人员要站在测量孔上风位置，油舱里的温度为 60~70 ℃，以免被测量孔喷出的油和气所伤。

c. 货油控制室的检查

惰性气体系统的正常运行必须通过仪表监测，警报器和速闭装置进行自动控制才能奏效，必须检查系列仪表是否正常：惰性气体系统运转主开/关指示灯、主截止阀开/关指示灯、洗涤塔给水泵运转/停止指示灯、洗涤塔给水指示灯、洗涤塔给水阀开/关指示灯、风机运转/停止指示灯、主控阀开/关指示灯、气体温度表、氧量浓度显示仪、气体压力表、货油泵运转显示仪、油舱液位显示仪灯。

整个惰性气体系统安全运行通过整套报警系统来控制，必须保持整套报警系统正常。必须检查惰性气体系统的报警系统，必要时由船员模拟相关设施设备的报警，看是否发出声光报警。

d. 原油洗舱作业中，禁止进行：补给燃料、物料和淡水作业；电焊、气焊和拷铲除锈作业；使用和检修雷达、卫星导航仪、无线电发报机等易产生火花的设备等。

e. 必须停止原油洗舱的情况：惰性气体系统发生故障时；货油舱含氧量按容积计超过 8%时；惰性气体总管压力出现负值时；原油洗舱管系发生泄漏，无法解决时；船舶或附近发生可能危及安全的情况时。

三、船舶油类作业的监督检查

1. 油船货油装/卸时的监督检查

在 ITOPF 1974—2008 年全球油船事故统计表中，操作性事故 4 999 起，占事故总数的 53%，而发生在货油装/卸作业期间的操作性事故共 3 189 起，占操作性事故的 63.8%。因此，为了防止船舶在油类作业过程中因跑、冒、滴漏事故和违章排污，造成水域的油污染，应加强油船货油装卸的监督检查。

(1)油船装油时发生事故的原因

装油开始时发生溢油的原因：装油前供、受双方联系不妥；输油管老化、受损、发生爆管；输油管接头法兰连接不佳。

装油过程中，换舱发生溢油的原因：因操作失误，开错阀门；操作顺序失误，没开空舱阀门之前先关满舱阀门；受油方擅自改变流量，造成爆管溢油。

装油末尾发生溢油的原因：供方停泵不及时；受方值班人员擅离职守。

扫线溢油的原因：没有留足够的舱容。

(2)装油时的监督检查

装油前向船方说明港口规定，发放装油通知；检查船方与作业区是否商定好装油程序，包括装油开始、停止和变更速率的联系办法；检查阀门和管系是否处于良好状态；检查输油管接头下是否备好接油的容器；检查是否留有足够的舱容，以备扫线；检查装油期间值班人员是否在坚守岗位；检查甲板出水孔，是否按规定堵好。

2. 船舶供受燃油的监督检查

(1)船舶加装燃油时溢油的原因

供、受船舶双方联系不妥；受油舱透气孔因锈蚀、异物等造成透气不良或堵塞；管系和阀门操作失误或受油管盲板没封紧；受油舱舱容不够或呈现假油位。

(2)对船舶供受燃油的监督检查

发放加油通知；检查受油舱是否留有足够的舱容；检查管系和阀门位置，看通向其他舱的舱阀是否关紧；检查收油舱透气孔是否畅通，透气孔下是否备有容器；检查输油管接头处是否备有容器；检查甲板出水孔是否堵好；检查供受双方是否签订好协议，通信联系是否良好；检查是否已备好应急防污器材；检查是否落实足够的工作人员。

3. 油船间货油过驳作业的监督检查

任何从事 STS(油船间过驳)作业的油船均须在不迟于 2011 年 1 月 1 日或以后进行的第一次年度、中期或换证检验时，随船携带一份使用船上工作语言写下的规定如何进行 STS 作业的计划(STS 作业计划)。每艘油船的 STS 作业计划应经主管机关批准。

每艘油船，如计划在本公约缔约国的领海或专属经济区进行 STS 作业，应至少在计划进行 STS 作业的 48 h 之前通知该缔约国。该通知须至少包括：参与 STS 作业的油船的船名、船旗、呼号、IMO 编号和预计抵达时间；计划 STS 作业开始的日期、时间和地理位置；STS 作业是在锚泊时进行还是行驶中进行；油的类型和数量；STS 作业的计划持续时间；STS 作业服务提供者或全面掌控人员的身份和联系信息；以及确认油船上有满足要求的 STS 作业计划。

如果油船预计抵达进行 STS 作业地点或区域的时间改变超过六个小时，该油船的船长、船东或代理须向相应缔约国提供一份修改后的预计抵达时间。

四、船舶防污染事故调查处理

我国船舶污染事故调查处理的法律依据主要为《中华人民共和国海洋环境保护法》和《中华人民共和国海上船舶污染事故调查处理规定》。国务院交通运输主管部门主管船舶污染事故调查处理工作；国家海事管理机构负责指导、管理和实施船舶污染事故调查处理工作；各级海事管理机构依照各自职责负责具体开展船舶污染事故调查处理工作。

船舶污染事故调查处理应当遵循及时、客观、公平、公正的原则，查明事故原因，认定事故责任。

1. 事故报告

(1)发现船舶及其有关水上交通事故、作业活动造成或者可能造成海洋环境污染的单位和个人，应当立即将有关情况向就近的海事管理机构报告。海事管理机构接到报告后，应当按照应急预案的要求进行报告和通报。

(2)发生污染事故的船舶、有关作业单位，应当在采取应急措施的同时，及时、妥善地保存相关事故信息，立即向就近的海事管理机构报告：船舶的名称、国籍、呼号、识别号或者编号；船舶所有人、经营人或者管理人，以及污染损害赔偿责任保险人的名称、地址和联系方式；相关水文和气象情况；污染物的种类、基本特性、数量、装载位置等情况；事故原因或者事故原因的初步判断；事故污染情况；已经采取或者准备采取的污染控制、清除措施以及救助要求；签订了船舶污染清除协议的，还应当报告船舶污染清除单位的名称和联系方式；船舶、有关作业单位认为需要报告的其他事项。

船舶、有关作业单位向海事管理机构报告后，经核实发现报告内容与事实情况不符的，应当立即对报告内容予以更正。

(3)发生污染事故的船舶、有关作业单位，应当在事故发生后 24 h 内向就近的海事管理机构提交《船舶污染事故报告书》。因特殊情况不能在规定时间内提交《船舶污染事故报告书》的，经海事管理机构同意后可予适当延迟，但最长不得超过 48 h。

《船舶污染事故报告书》至少应当包括：船舶及船舶所有人、经营人或者管理人的有关情况；污染事故概况；应急处置情况；污染损害赔偿责任保险情况；其他与事故有关的事项。

(4)中国籍船舶在中华人民共和国管辖海域外发生的船舶污染事故，其所有人或经营人应当立即向船籍港所在地直属海事管理机构报告，并在 48 h 内提交《船舶污染事故报告书》；船舶应当在到达国内第一个港口之前提前 24 h 向船籍港直属海事管理机构报告，并接受调查处理。

(5)船舶污染事故报告后出现的新情况及污染事故的处置进展情况，船舶、有关单位应当及时补充报告。

2. 事故调查

(1)调查机构与人员

特别重大船舶污染事故由国务院或者国务院授权交通运输主管部门组织事故调查处理；重大船舶污染事故由国家海事管理机构组织事故调查处理；较大船舶污染事故由事故发生地直属海事管理机构负责调查处理；一般船舶污染事故由事故发生地海事管理机构负责事故调查处理。

船舶污染事故发生地不明的，由事故发现地海事管理机构负责调查处理。事故发生地或者事故发现地跨管辖区域或者相关海事管理机构对管辖权有争议的，由共同的上级海事管理机构确定调查处理机构。

在中华人民共和国管辖海域外发生的船舶污染事故，造成中华人民共和国管辖海域污染的，调查处理机构由国家海事管理机构指定。

中国籍船舶在中华人民共和国管辖海域外发生重大及以上船舶污染事故造成或者可能造成严重影响的，国家海事管理机构可派员开展事故调查。

船舶污染事故给渔业造成损害的，应当吸收渔业主管部门参与调查处理；给军事港口水域造成损害的，应当吸收军队有关主管部门参与调查处理。

船舶发生海上交通事故造成海洋环境污染的，海事管理机构对船舶污染事故的调查应当与船舶交通事故的调查同时进行。海事管理机构接到船舶污染事故报告后，应当及时进行核查取证，开展现场调查工作。经核实不属于船舶污染事故的，及时通报相关部门处理。

船舶污染事故调查应当由至少两名船舶污染事故调查人员实施。船舶污染事故调查人员应当经过国家海事管理机构组织的培训，具有相应的船舶污染事故调查处理能力。

发生下列情况时，船舶污染事故调查处理机构可以组织开展国际、国内船舶污染事故协查：污染事故肇事船舶逃逸的；污染事故嫌疑船舶已经开航离港的；辖区发生污染事故但暂时无法确认污染来源，经分析可能为过往船舶所为的；其他需要组织协查的情况。国际间的船舶污染事故协查，由国家海事管理机构统一组织协调。

船舶污染事故调查处理机构根据调查处理工作的需要可以行使以下职权：责令船舶污染事故当事人提供相关技术鉴定或者检验、检测报告；暂扣相应的证书、文书、资料；禁止船舶驶离港口或者责令停航、改航、驶往指定地点、停止作业、暂扣船舶。

（2）船舶油污事故调查的一般原则

调查的开展必须及时、迅速。目的是及时获取第一手资料，这样做也避免或减少了由于溢油扩散带来的嫌疑船舶范围扩大的问题，并减少肇事者伪造现场等的可能性。

及时按照采样程序要求对海面溢油进行采样、保存。溢油一旦到了海上直接与海水接触，一方面容易扩散，不利于样品的采集；另一方面，与海水接触的时间越长，由于乳化、风化等理化作用导致溢油的性质发生改变的可能性就越大，会直接影响到鉴定结果的准确性。

尽快确定嫌疑船舶，并按照采样程序和要求对相关处所进行采样。这样有助于防止肇事者伪造现场，甚至人为破坏有关处所存油性质的可能性。

（3）证据收集与方法

证据是指能够证明事故和事件事实的一切真实材料，是证明的根据和凭据。证据具有三个基本特征：客观性、关联性和合法性。可以作为船舶污染事故调查的证据有：书证、物证、视听资料；证人证言；当事人陈述；鉴定结论；勘验笔录、调查笔录、现场笔录；其他可以证明事实的证据。

针对不同类型事故的船上证据搜集：对于不同类型的事故，搜集证据的要求和内容是有所区别的。对不同类型的污染事故，证据搜集时应该注意以下事项：

①压载水带油造成污染事故的调查

查看船舶舷外排出口，看有无排油痕迹；检查航海日志和轮机日志，确认最近有否排放压载水的记录；查看压载水泵的位置及其排出口的布置；查看舱室布置图纸，确定是否有压载水舱与燃（滑）油舱相邻；查看管路图，有无油类管系经过压载水舱；使用测水尺查看舱中是否有油;从压载水泵排出口取样。

②燃(滑)油驳运误操作造成污染事故的调查

查看甲板有关舱室通气孔,看有无溢油痕迹;查看燃(滑)油管系(或图纸),是否有其他出口,在什么位置;查看轮机日志,是否有驳运燃(滑)油的记录;查看《油类记录簿》,确认各燃(滑)油舱室的最新存油量;测量各燃(滑)油舱室的实际存储量,与记录比较有否过大差距;对燃(滑)油进行取样,先取驳运泵内存油,再取油舱样品。

③尾轴漏油的调查

查看尾轴及其润滑系统图,确定润滑路径;查看重力油柜油位是否有不正常下降;查看轮机日志,有否尾轴重力油柜驳油记录;做压力实验,观察有否漏油迹象;使重力油柜回油,观察尾轴管中的润滑油有否乳化现象;对尾轴管中的润滑油取样(在重力油柜回油一段时间后)。

④共同管系带油的调查

查看船舶舷外排出口,看有无排油痕迹;查看机舱管系布置图,有否共同管系,都和哪些泵相连接;下机舱现场查实,有否共同管系,都和那些泵相连接,排出口在什么位置;查看机舱舱底、污油水舱液位有无明显下降迹象;检查污水吸入阀是否有未关闭或关闭不严;检查航海日志和轮机日志,看有否排放记录;检查《油类记录簿》,查看污油水的处理记录;对不同舱室的污油水分别进行采样。

⑤有意识排污的调查

鉴于违法排放一般是故意造成的,肇事者事先往往有所准备,事后及时采取措施掩盖违法事实,这类污染事故的调查难度最大。调查时可查看轮机日志、航海日志,有否可能产生大量污油水的相关记录;查看机舱管系布置、原理图,明确污油水的排出途径;查看污油水有无明显减少迹象;查看船舶舷外排出口,看有无排油痕迹;对不同舱室的污油水分别进行采样(不采集管路、泵内的样品)。

收集污染事故证据是事故调查工作的主要内容,收集证据的工作是全部调查工作中最复杂、细致、艰苦的工作。由于自然条件变化或其他原因,事故现场可能会变动,事故痕迹可能会消失,现场物件可能会变化、消失或变得难以提取,船上当事人或有关人员也可能会离船、分散等。因此,调查工作必须及时主动、全面客观、深入细致,善于发现各种证据和证据中蕴含的各种信息,以获得充分真实的材料。

3. 事故处理

船舶污染事故调查处理机构应当根据船舶污染事故现场勘验、检查、调查情况和有关的技术鉴定、检验、检测报告,完成船舶污染事故调查。

船舶污染事故调查处理机构应当自事故调查结束之日起20个工作日内制作《船舶污染事故认定书》,并送达当事人。《船舶污染事故认定书》应当载明事故基本情况、事故原因和事故责任。

海事管理机构在接到船舶污染事故报告或者发现船舶污染事故之日起6个月内无法查明污染源或者无法找到造成污染船舶的,经船舶污染事故调查处理机构负责人批准可以终止事故调查,并在《船舶污染事故认定书》中注明终止调查的原因。

船舶污染事故当事人对事故认定不服的,可以在收到《船舶污染事故认定书》之日起15日内,向船舶污染事故调查处理机构或者其上级机构申请一次重新认定。

造成海洋环境污染的船舶应当在开航前缴清海事管理机构为减轻污染损害而采取的清

除、打捞、拖航、引航过驳等应急处置措施的相关费用或者提供相应的财务担保。财务担保应当是现金担保、由境内银行或者境内保险机构提供的信用担保。

重大以上船舶污染事故的调查处理报告应当向国务院交通运输主管部门备案。对其中重大以上船舶海上溢油事故的调查处理情况，国务院交通运输主管部门应当向国家海上溢油应急处置部际联席会议通报。

海上船舶污染事故调查处理的信息发布应当及时、准确。海上船舶污染事故调查处理信息，由负责组织调查处理工作的机构审核后按照新闻发布的相关规定发布。参与事故调查处理的单位或者个人不得擅自发布相关信息。

对于船舶污染事故引起的污染损害赔偿争议，当事人可以向海事管理机构申请调解，海事管理机构也可以主动调解。当事人一方拒绝调解的，海事管理机构不得调解。征得所有当事人同意后，调解可以邀请其他利害关系人参加。

调解人员应当按照有关法律、法规的规定，对船舶污染损害赔偿争议进行调解。调解成功的，由各方当事人共同签署《船舶污染事故民事纠纷调解协议书》。《船舶污染事故民事纠纷调解协议书》由当事人各执一份，调查处理机构留存一份。

在调解过程中，当事人向人民法院提起诉讼或者申请仲裁的，应当及时通知海事管理机构，调解自动终止。当事人中途退出调解的，应当向海事管理机构提交退出调解的书面申请，海事管理机构应当终止调解，并及时通知其他当事人。海事管理机构调解不成，或者在 3 个月内未达成调解协议的，应当终止调解。

五、我国船舶油污染事故的损害赔偿

1. 相关国际公约

我国于 1980 年 1 月 30 日加入《1969 责任公约》成为其缔约国，随后 1982 年 4 月 29 日该公约正式对我国生效。《1969 责任公约》经过 1976 年、1992 年及 2000 年的多次有效修订，我国均在考虑我国实际国情的基础上积极地批准加入。1999 年 1 月 5 日，我国退出了《1976 年责任公约》，转而递交了加入《1992 责任公约》的文件。一年后的 2000 年 1 月 5 日，《1992 责任公约》正式对我国生效，目前其于 2003 年生效的 2000 年修正草案也已对我国生效实施。

1999 年 1 月 5 日，我国向 IMO 提交接受《1992 基金公约》的文件，但该公约在我国的适用仅限定于香港特别行政区，并于 2000 年 1 月 5 日对我国香港地区生效，至于大陆地区等大部分区域仍然处于不受《1992 基金公约》约束的状态。

我国于 2008 年 11 月 17 日向 IMO 递交了《2001 年燃油公约》的加入文件，该公约已于 2009 年 3 月 9 日对我国正式生效，但该公约的适用范围是除了香港特别行政外的大陆等地区。

2. 国内法律、法规的相关要求

根据《中华人民共和国海洋环境保护法》《防治船舶污染海洋环境管理条例》和《中华人民共和国船舶油污损害民事责任保险实施办法》的规定，船舶油污损害赔偿责任实行船东和货主共同承担风险的原则。符合 1992 年民事责任公约的中国籍船舶应按照公约的要求投保船舶油污险或取得其他财务担保证明。不符合 1992 年民事责任公约的中国籍船舶应按照《中华人民共和国船舶油污损害民事责任保险实施办法》中有关船舶油污强制保险规定的限额投保船舶油污险或取得其他财务担保证明。

本着船东与货主共担风险的原则，为补充船东责任限制以外的赔偿要求，中国政府设立了中国船舶油污损害赔偿基金（以下简称国内油污基金）。国内油污基金以向通过海洋运输石油及其制成品的货主摊款的方式筹集，同时国内油污基金还包括我国政府有关部门向污染者提出并获得的海洋环境损害赔偿款，而国内油污基金旨在向索赔数额超过船东责任限制数额的船舶污染事故以及无明确责任人的船舶污染事故的受害人提供赔偿。

（1）按照我国法律、法规的规定，国内油污基金对以下情况承担赔偿责任：

①1992 公约船舶造成的污染损害，其索赔核定数额超过 1992 年民事责任公约规定的赔偿责任限制数额，其超出部分。

②非 1992 公约船舶造成的污染损害，其索赔核定数额超过按照《中华人民共和国海商法》规定的责任限额数额或船舶实际价值，其超出部分。

③国内船舶造成的污染损害，其索赔核定数额超过按照《中华人民共和国船舶油污损害民事责任保险实施办法》中船舶油污强制保险规定的责任限制数额，其超出部分。

④由于船舶所有人破产或保险人破产，其索赔核定数额超过破产清算后可分配的财产额度，其超出部分。

⑤对无明确责任船舶的污染事故的索赔。

（2）《中华人民共和国船舶油污损害民事责任保险实施办法》的主要内容为：

①在中华人民共和国管辖海域内航行的船舶应当按照以下规定投保油污损害民事责任保险或者取得其他财务保证：

a. 载运散装持久性油类物质的船舶，投保油污损害民事责任保险，其保险标的应当包括持久性油类物质造成的污染损害；

b. 1 000 GT 以上载运非持久性油类物质的船舶，投保油污损害民事责任保险，其保险标的应当包括非持久性油类物质造成的污染损害和燃油造成的污染损害；

c. 1 000 GT 以上载运非油类物质的船舶，投保油污损害民事责任保险，其保险标的应当包括燃油造成的污染损害；

d. 1 000 GT 以下载运非持久性油类物质的船舶，投保油污损害民事责任保险，其保险标的应当包括非持久性油类物质造成的污染损害。

②在中华人民共和国管辖海域内航行的载运散装持久性油类物质的船舶，投保油污损害民事责任保险或者取得其他财务保证，应当不低于以下额度：

a. 5 000 GT 以下的船舶，为 451 万特别提款权；

b. 5 000 GT 以上的船舶，除前项所规定的数额外，每增加一吨，增加 631 万特别提款权，但是，此总额度在任何情况下不超过 8 977 万特别提款权。

③在中华人民共和国管辖海域内航行的载运非持久性油类物质的船舶，以及 1 000 GT 以上载运非油类物质的船舶，投保油污损害民事责任保险或者取得其他财务保证，应当不低于以下额度：

a. 20 GT 以上、21 GT 以下的船舶，为 27 500 特别提款权；

b. 21 GT 以上、300 GT 以下的船舶，除第（a）项所规定的数额外，每增加一吨，增加 500 特别提款权；

c. 300 GT 至 500 GT 的船舶，为 167 000 特别提款权；

d. 501 GT 至 30 000 GT 的船舶，除第 c 项所规定的数额外，每增加一吨，增加 167 特别提款权；

e. 30 001 GT 至 70 000 GT 的船舶，除第 d 项所规定的数额外，每增加一吨，增加 125 特别提款权；

f. 70 001 GT 以上的船舶，除第 e 项所规定的数额外，每增加一吨，增加 83 特别提款权。

④中国籍船舶投保船舶油污损害民事责任保险或者取得其他财务保证之后，应当按以下规定向船籍港所在地的直属海事管理机构申请办理相应船舶油污损害民事责任保险证书：

a. 载运持久性油类物质的船舶，应当办理《油污损害民事责任保险或其他财务保证证书》；

b. 1 000 GT 以上的载运非持久性油类物质的船舶，应当办理《燃油污染损害民事责任保险或其他财务保证证书》和《非持久性油类污染损害民事责任保险或其他财务保证证书》；

c. 1 000 GT 以下的载运非持久性油类的船舶，应当办理《非持久性油类污染损害民事责任保险或其他财务保证证书》；

d. 1 000 GT 以上的载运非油类物质的船舶，应当办理《燃油污染损害民事责任保险或其他财务保证证书》。

⑤中国籍船舶申请办理船舶油污损害民事责任保险证书，应向海事管理机构提交以下材料：申请书；有效的船舶油污损害民事责任保险单证或者其他财务保证证明；船舶国籍证书。

⑥海事管理机构应当对申请材料进行审核，对符合本办法规定的，在受理之日起 7 个工作日内，向船舶签发相应的船舶油污损害民事责任保险证书。船舶油污损害民事责任保险证书的有效期不得超过船舶油污损害民事责任保险合同或者其他财务保证证明的期限。船舶油污损害民事责任保险证书不得伪造、涂改，并应当随船携带，以备海事管理机构查验。

⑦在我国管辖海域内航行的外国籍船舶应当符合以下规定：

a. 适用《1992 年国际油污损害民事责任公约》的，应当持有缔约国主管机关或其授权机构签发的《油污损害民事责任保险或其他财务保证证书》。

b. 适用《2001 年国际燃油污染损害民事责任公约》的，应当持有缔约国主管机关或其授权机构签发的《燃油污染损害民事责任保险或其他财务保证证书》。

c. 1 000 GT 以下载运非持久性油类物质的船舶，应当持有有效的非持久性油类污染民事责任保险单证或其他财务保证证明。

⑧下列情形视为船舶未按照规定投保船舶油污损害民事责任保险或者取得其他财务保证：未取得相应的船舶油污损害民事责任保险证书；伪造、涂改船舶油污损害民事责任保险证书；所持有的船舶油污损害民事责任保险证书超过有效期；所持有的船舶油污损害民事责任保险证书与船舶实际情况不相符。

3. 国内油污赔偿的一般程序

(1) 提出索赔

①赔偿对象

向国内油污基金管理中心提出索赔的索赔人可以是私营个体、合伙人、公司、私人组织或公共团体，包括国家或当地政府。当就同一污染事故有多个索赔人时，建议向基金管理中心提出联合索赔申请。

②索赔受理人

对于符合国内油污基金规定的船舶引起的污染事故，索赔人应向承担损害责任的船舶所有人或直接向船舶保险人提出索赔，由船舶保险人为第三方提供船舶所有人责任担保。

当索赔人提出的索赔申请超过船舶所有人和保险人的责任限制时，索赔人还应直接向基金管理中心提交索赔申请。基金管理中心为解决索赔问题而与船舶保险人进行合作，对事件组织联合调查并对损害进行评估。所需全部的证明材料应提交给船舶所有人和保险人或基金管理中心。如将证明材料提交给船舶所有人或保险人，应就任何有关的索赔问题直接通知基金管理中心。

索赔人可将索赔申请及证明材料交给基金管理中心在当地的联络机构或办事机构，由这些机构转交给基金管理中心。所有索赔能否受理由基金管理中心决定，基金管理中心在当地的联络机构或办事机构不能擅自做出决定。

③赔偿时限

索赔人应在损害发生后立即提出索赔。如索赔人在事件发生后不能立即提出正式索赔，应将有可能提出索赔的意向告知基金管理中心。索赔人应在事件发生之日起三年内向基金管理中心提出索赔申请。超过三年的，基金管理中心将不予受理。

④索赔的提出

向基金管理中心申请索赔应以书面形式提出。索赔内容应清晰明了、证据充分、内容具体，使基金管理中心能依据事实和提供的证明材料对损失额度做出评估。索赔的每一项内容应附有发票或其他相关证明单据，如工作记录单、说明、账单和照片等。索赔人有责任提交能证实其索赔内容的证据。

基金管理中心将指派调查人员和专家组就索赔的具体情况进行调查和评估。索赔人应全面配合调查人员和专家组的工作，并全面提供与索赔评估有关的全部资料。调查人员的调查报告和专家组的评估报告是基金管理中心决定是否向索赔人赔偿的重要依据。

⑤索赔申请的内容

每一索赔应至少包括以下基本内容：索赔人以及代理人的姓名和地址；涉及事件的船舶情况，包括船名、国籍、呼号、船舶所有人及保险人等情况；事件发生的日期、地点和具体情况；污染损害的种类；索赔金额。

(2)索赔的受理

①赔偿原则

基金管理委员会仅受理符合本手册中“污染损害”和“防御措施”定义范围内的索赔。由于每项索赔均有其各自特点，所以基金管理委员会将参照案件的特定情况，采取具有一定灵活性的标准对每一索赔申请进行审查。

②一般标准

索赔受理的一般标准为：任何费用/损失必须实际上已经发生；任何费用必须与认定合理合法的措施有关；索赔人的费用/损失或损害应被认定为是污染导致的；索赔涵盖的费用/损失或损害与溢油事故造成的污染必须有因果关系；索赔人只有遭受的是可以定量的经济损失才能获得赔偿；索赔人须准备适当的文件或其他证据以证明其损失或损害金额。因此，只有能实际表明损失或损害金额的索赔才可予以受理。考虑到索赔人的特殊情况，就提交有关文件的要求方面具有一定的灵活性，但这些证据应使基金管理中心能够就实际发生的损失和损害的金额形成相应的决定。

③赔偿的种类

按照国内油污基金的规定，各种应予赔偿的损害项目包括：应急救助、清除污染等预防措施的费用以及实施该预防措施造成的新的灭失或损害所应承担的费用（简称清污费用和财产损失）；对水产、旅游等海洋资源造成的损害赔偿费用；对海洋环境损害（不包括这种损害造成的利润损失）所应承担的费用，但限于实际采取或将要采取的合理恢复措施的费用；对污染损害评估的费用；其他合理费用。

第五节　船舶油污染的治理

一、石油在海洋环境中的自净过程

1. 挥发

海上溢油的三分之一到三分之二将通过挥发进入大气，这是入海石油去除的一个重要途径。石油的密度比海水小，新鲜原油的密度为 0.829～0.896，而海水的密度为 1.025。因此，石油一经入海便会在海水表面上扩展成光滑的油膜，油膜不断变薄，原油中的轻组分不断地挥发也不断增加。估计新鲜原油在 2～3 天内能挥发 30%。其中小于 C_{15} 的石油烃可以全部挥发，沸点低于 200 ℃的组分即便在水温 5.6 ℃、风速 5.2 m/s 的海况条件下，也能在 7 h 内全部挥发；C_{15}～C_{18} 的石油烃可挥发 90%，C_{19}～C_{21} 的石油烃可挥发 50%。

2. 分散与溶解

溶解过程是低分子石油烃向海水中分散的一个重要物化过程。这一溶解部分的量虽不是很多，但它会对海洋生物产生直接危害，并与石油的微生物降解及颗粒物的吸附等生物地球化学和地球化学过程密切相关。据研究，石油中芳烃类在海水中的溶解度>环烷烃类，而且烃类是以胶体形式溶解于海水中的。多数烃类的溶解度随海水盐度增加而降低，海水温度高，则石油烃的溶解度增加。石油烃溶解于海水的量通常随水深而减少，研究表明海水中的油污染可以达到水深 100 m 的地方，有的地方底层海水的含油量也可能比表层高。这可能是由于底质受扰动，其中所含石油对底层水“二次污染”的结果。此外，乳化作用是石油烃在水体中另一种重要分散。

3. 生物降解

石油烃在海水环境中的生物降解主要有两种形式，一是微生物降解石油，另一是海洋生物摄取石油烃的代谢作用。目前，已知有 28 属细菌、30 属丝状菌、12 属酵母菌，共计 70 属 200 余种微生物能降解石油。一般在气-海界面、底质-海水界面上，石油降解菌较多。微生物降解烃类的速率以正构烷烃最快，其次是支链烷经，环烷烃和芳烃最慢；含 N、O、S 等杂环化合物也可被生物降解，这一般是在厌氧条件下进行。降解的油，三分之一进入微生物体中，三分之二左右变成 CO_2 和 H_2O。最终从海洋环境中除去石油的主要净化机制是微生物降解。

4. 吸附、沉降

石油烃的吸附和在海底的沉积，对底栖生物有一定影响。石油烃吸附沉降有三种类型：一是轻组分挥发、溶解后的剩余石油组分由于密度增加而生成半固态小球状下沉；二是分散的油滴附着在海水悬浮颗粒物上而下沉；三是溶解的石油烃吸附在固体颗粒物上而下沉。这些附着油分的颗粒物的沉降速率决定了石油烃向海底迁移的速率。第一种类型一般见于海上溢油事故之后；在近岸海区，尤其是在有高浓度悬浮物的河口区，第二种类型的沉降是从水体中除去石油烃的重要途径；第三种类型更为普遍，海水中的有机物质、生物体及黏土矿物等悬浮颗粒物能大量吸附溶解的石油烃。石油烃中溶解度高的烃类不易吸附沉降，溶解度低的烃类吸附也存在选择性，一般碳分子链越长，疏水性越强，而越容易被吸附沉降。而且随着碳数的增加，吸附率呈统计线性递增。此外，最后在海面残留的油分经长时间风化作用后，会凝结成沥青球，其组成成分为 $C_{16} \sim C_{45}$ 不等。沥青球一般能长期漂浮在海面或停留在海滩上不易消失。

二、海上溢油监测

海上溢油监测对于海面溢油的应急处置起着重要的作用。目前海上溢油监测的模式主要有：卫星遥感监测、航空遥感监测、船舶遥感监测、CCTV 监视系统、固定点监测和浮标跟踪等。

1. 卫星遥感监测

卫星遥感监测以人造卫星为工作平台，利用卫星搭载的各种溢油遥感传感器接收来自地表层的信息，并对这些信息进行加工处理，从而识别水面溢油。

目前正在使用的可用于溢油监测的遥感卫星主要有：陆地资源卫星（LANDSAT），法国斯波特卫星（SPOT），欧空局环境卫星（ENVISAT），ERS-2 雷达卫星，Radarsat-1 雷达卫星，NOAA 系列卫星，美国海洋水色卫星 SeaWIFS，Quickbird，IKONOS 等卫星。在所有卫星所携带的溢油监测传感器中，合成孔径雷达是目前监测效果最好的。

卫星遥感的优点为：监测范围大、全天候、图像资料易于处理和解译。其缺点为：重复观测周期长、空间分辨率低，因此受到了一定的限制。

2. 航空遥感监测

航空监测手段包括航空遥感监测和航空观测两种方式。航空遥感监测通过航空器（目前主要是飞机）携带各种传感器，在空中可以大范围、同步、连续监测海洋溢油，是海洋环境监测的重要手段之一。它具有速度快、机动灵活、覆盖面积较大、视距范围较宽、光谱和空间分辨率高等特点。

常用的航空遥感器包括：机载侧视雷达（SLAR）、红外/紫外扫描仪（IR/UV 扫描仪）、微波辐射计（MWR）、航空摄像机、电视摄影机以及与这些仪器相匹配的具有实时图像处理功能的传感器控制系统。

航空遥感的优点为：部署灵活机动和遥感器可自由选择，特别适合指挥清除和治理工作。缺点为：相关仪器十分昂贵，而且受到天气因素和环境条件的影响，在有雾等恶劣天气下，通常不能航行。

3. 船舶遥感监测

船舶监视是指利用航海雷达和雷达反射信息处理系统实现对海面溢油遥感监视。船舶监视具有一定的机动性，能够实现雨天、雾天对海上溢油进行监视的目的，弥补了光学监视仪器的不足，能够给现场溢油应急作业人员提供信息支持。

船舶溢油监测的优点为：船舶溢油监测设备可以在夜间监测溢油。缺点为：海事工作人员很少在夜间巡航，多用于白天巡视监测以及溢油事故发生后的跟踪监测，而且受到天气因素和环境条件的影响，风浪大时无法出航。

4. CCTV 监视系统

CCTV 监视系统利用的是可见光/反射红外波段的遥感技术，国内外都有成功应用的经验，如摄像机、照相机，但利用工业电视系统进行监视海面溢油的应用在国内仍处于起步阶段。

目前，我国北方海区各港口中，秦皇岛、天津、大连和烟台建立了 CCTV 系统。其中，秦皇岛、天津、大连均在港区设立了一个监控点，烟台港设立了三个监控点，应用情况良好。其中，烟台海事局在烟台港区 CCVT 系统的一期工程建设于 2001 年，属海事系统最早的数字化电视监控系统，设三个监控摄像点，主要监视港区的客滚船和危险品码头及锚地和航道，从部局至办事处各级均可以看到现场图像，并可以操纵控制云台和摄像机，通过微波将信号传输到中央控制室，计算机对信息进行处理显示和存储。

长江海事局在沿江的重要码头也建立了 CCTV 监视系统。在发现溢油后使用 CCTV 监视可以让指挥人员更清晰地了解溢油现场的状况，便于指挥。但 CCTV 监视系统对于海上溢油的发现贡献不大，溢油信息很难通过仪器自动处理识别，通常依靠肉眼观察识别，因此该方法多用于特殊港区溢油监测。

5. 固定点监测

固定点监测是指将传感器固定在被检测水域的某一结构上进行监测。用于固定传感器的结构可能是码头或桥梁的一个固定部件，也可能是在流域上的浮标或浮筒。该监测模式所使用的传感器主要有激光荧光传感器和电磁能量吸收传感器。其特点是通过无线网络可以在线 24 h 监测。主要应用于排水口和油品作业码头等。

固定点监测的优点是：反应灵敏，可以进行全天候溢油监测，而且还可以自动报警。其缺点是：目前所使用的激光荧光传感器和电磁能量吸收传感器，监测范围太小。

6. 海洋浮标

海洋浮标是一种现代化的海洋观测设施。它具有全天候稳定可靠地收集海洋环境资料的能力，并能实现数据的自动采集、自动标示和自动发送。海洋浮标与卫星、飞机、调查船、潜水器及声波探测设备，一起组成了现代海洋环境立体监测系统。

目前，表层漂流浮标在溢油跟踪方面有较多的应用。表层漂流法是一种浮标随风、流漂移而进行跟踪的方法。在溢油事故发生后，应立即将其投放在厚油膜层中随油膜一起漂移。监测中心通过 GSM 移动通信网实时接收 GPS 浮标发出的定位信息，并应用地理信息系统实现对溢油位置和漂移速度、轨迹、方向的实时跟踪和信息显示。目前，该浮标只能用于溢油跟踪，不具备发现海上溢油的功能。

三、港口接收设施

国际海事组织主持制定的《港口提供充分接收设备指南》提出了 MARPOL 中关于设置接收船舶产生的油污水、有毒液体物质、生活污水和垃圾等设备的原则和要求。

MARPOL 附则 I Reg. 38 条规定，各缔约国政府应承担义务，保证在其装油站、修理港以及船舶需要排放残油的其他港口提供足够的接收设备和其他船舶留存的残油和油性混合物的设备，以满足船舶使用的需要，而不对船舶造成不当延误。

1. 接收设备及接收设备的容量

A. 特殊区域外的接收设备

(1) 应设置接收设备的港、站

①所有供油船装载原油的港口和装油站,而这种油船在到达前刚完成了一次不超过 72 h 或不超过 1 200 n mile 的压载航行;

②装载原油以外的散装油类的港口和装卸站,其每日平均装油量在 1 000 t 以上者;

③所有有修船厂和洗舱设施的港口;

④所有接待设有油泥舱的船舶的港口和装卸站;

⑤根据附则Ⅰ的规定,不得向水中排放残油(渣油)舱底水和其他残余物的所有港口;

⑥所有不能从油类/散货两用船排放残油的散装货的装货港口。

(2)接收设备的容量如下

①原油装油站应有充分的接收设备,以接收所有原油油船按操作排放要求不能排放的油类和油性混合物;

②装载原油以外的散装油类的港口和装油站,应有充分的接收设备,以接收装载原油以外的油船按照操作排放要求不能排放的油类和油性混合物;

③所有有修船厂和洗舱设施的港口,应有充分的接收设备,在船舶进入这些修船厂或洗舱设施前,接收船上留待处理的所有残油和油性混合物;

④接待设有油泥舱的船舶的港口和装卸站设置的所有接收设备,应足以接收可能停靠这些港口的所有船舶按照附则Ⅰ的规定留存在船上的全部残油;

⑤港口和装卸站设置的所有设备,应足以接收按照附则Ⅰ的规定不能排放的含油舱底水和其他残油;

⑥在散装货的装货港所设置的设备,应适当地考虑到兼装船的特殊问题。

B. 特殊区域内

(1)凡海岸线与任何特殊区域相邻接的各缔约国政府,应保证在该特殊区域内的所有装油站和修理港,都备有足够的接收和处理来自油船的所有污压载水和洗舱水的设备。

此外,该特殊区域以内的所有港口还应备有足够的接收一切船舶的其他残余物和油性混合物的设备。这类设备应有足够的容量,以满足船舶使用的需要,而不对船舶造成不当延误。

(2)凡在其管辖范围内的浅海航路入口可能要求排放压载水以减少船舶吃水的缔约国政府,应保证设置相应的接收设备,但可以附有条件,即需要排放污油水或污压载水的船舶可能受到一些延误。

(3)南极区域的规定

①缔约国政府对前往或来自南极区域的船舶在其港口时,承担义务保证尽可能迅速地提供足够设备以从所有船上接收残油(渣油)、污压载水、洗舱水和其他油性残余物及混合物,满足使用该设备的船舶的需要,而不对船舶造成不当延误。

②缔约国政府应保证所有悬挂其国旗的船舶在进入南极区域前,船上配置具有足够容量的一个或几个液舱用来储存船舶在该区域航行时的所有残油(渣油)、污压载水、洗舱水和其他油性残余物及混合物,并已做好在离开该区域之后将这些油性混合物排至接收设备的安排。

C. 一般要求

各缔约国政府应将按照附则Ⅰ规定设置的设备被宣称不足的一切情况通知 IMO,以便转发各有关缔约国。

2. 油水分离方法

油和水的互溶性很差，在多数情况下，油因其密度小而漂浮在水面上，但要使油水分离是一个复杂而困难的问题。油水分离的难易取决于油的物理特性（如密度、表面张力、黏度、油种等）和水的物理性质（如密度、含盐量等），还有油水界面出现的其他物质以及油和水的流动情况等。油水分离的方法较多，有物理分离法、化学分离法、生物法等。目前，船上实际应用的油水分离装置所采用的分离技术主要是物理分离法。

（1）物理分离法

物理分离法是利用油水的密度差或过滤吸附等物理现象使油水分离的方法，主要特点是不改变油的化学性质而将油水分离，主要包括重力分离法、过滤分离法、聚结分离法、气浮分离法、吸附分离法、超滤膜分离法及反渗透分离法等。

①重力分离（即沉淀法）

在重力作用下，单体油粒在静水中的上浮主要是由油和水的密度差造成的。在浮力与重力之差和阻力相等时，油粒就等速上浮。如果两者之差大于阻力，油滴则加速上浮，油滴上浮时受到的阻力与水流的流动状态有关。当水流处于层流流动状态时，油滴上浮比较容易；当水流处于紊流流动状态时，油滴上浮则比较困难，因为水流的扰动极易使油滴洄游而来不及上浮分离就被水流夹带而走。用重力分离法能否在较短时间内将油水分离，取决于油粒上浮速度，而影响上浮速度的主要因素是油粒直径及油、水的密度。另外由于水的黏滞系数，油和水的密度都随温度的变化而发生较大的改变，因此温度对上浮速度也有直接影响。重力分离法的优点是结构简单，操作方便；缺点是只能分离自由状态的油，而不能分离乳化状态的油。一般认为油粒直径小于 50 μm 就很难分离。重力分离法按其作用方式不同，还可分为机械分离、静置分离和离心分离三种。

机械分离法是利用油和水的密度差，用机械结构（如斜板、细管、波纹板等）使油污水造成旋流和碰撞，促使油粒在运动过程中聚结成较大的油粒，加速油粒上浮从而达到油水分离的目的。

静置分离是将含油污水储存在舱柜内，在单纯的重力作用下经过沉淀使油液自然上浮以达到分离的目的。为防止油污水由于输入泵的扰动而造成油粒乳化分散，要选用对油乳化分散影响小的泵。同时要保证有足够的停留时间，水流速度要慢，以便使小油粒聚结成大油粒。其缺点是需要相当大的场所，而且不易连续使用，陆上油污水处理厂用此法作为首级处理法。

离心分离法是利用高速旋转的离心力，使油、水在离心力和密度差的作用下实现分离的。它的特点是油污水在分离器中的停留时间很短，所以分离器体积较小。离心分离法可采用水旋分离法，即分离器本体固定不动，而使污水沿切线方向流入分离体内，造成旋转运动；也可采用气旋分离法，即分离器本体高速旋转，并带动体内污水一起高速旋转。

②过滤分离法

过滤分离法是让油污水通过多孔性介质滤料层，而油污水中的油粒及其他悬浮物被截留，去除油分的水通过滤层排出。这种油水分离的过程主要靠滤层阻截作用，将油粒及其他悬浮物截留在滤料表面。另外，由于具有很大表面积的滤料对油粒及其他悬浮物的物理吸附作用和对微粒的接触媒介作用，增加了油粒碰撞的机会，使小油粒更容易聚合成大油粒而被截留。

过滤法所用的滤料主要有：石英砂、卵石、煤屑、焦炭等粒状介质，由棉、麻、毛毡、各种人造纤维与金属丝织成的滤布，以及特制的陶瓷塑料制品。这些滤料的特点是滤料的化学稳定性好，不易溶于水，一般不与污染物质发生化学反应，不会产生有害或有毒的新污染物，同时还具有足够的机械强度。滤料达到饱和状态后，必须进行反冲洗，使滤料重新获得良好的过滤性能，如果强度不够，会在反冲洗时由于不断碰撞和摩擦而使滤料产生粉末，并随冲洗水一起流失掉，增加滤料的损耗；反过来，在过滤时粉末又会聚集于滤料表层，增加流动阻力，滤速增大，过滤质量恶化。

使用粒状介质做滤料时，要依据过滤要求及工艺条件选用适宜的滤料粒径的范围及在此范围内各种粒径的数量比例。在一定范围内还应尽可能选用空袭率大的滤料，即滤料的空袭体积与整个滤层体积的比值大，水力阻力损失小，滤层含污能力大，过滤效果好。用粒状介质组成的滤料层，理想的状态应是各层粒径沿水流方向逐渐减小。这样整个滤料的作用就能充分发挥出来，含污能力高，水头损失速度慢，过滤层使用时间增长。如果仅用一种滤料做成滤层，当水流方向自上而下流动时，实际难以保持粒径自上而下逐渐减少的状态。因为反冲洗时，整个滤层处于悬浮状态，而且必然有颗粒大重量大的滤料悬浮在下层，粒径小重量小的滤料悬浮在上层，反冲洗结束后，会自然形成粒径上小、下大的滤层，这样的滤层对过滤是十分不利的。因此，想要提高滤层的过滤性能，可改变水流方向或采用两种以上滤料组成多层滤料层。

任何一种滤料对污染物的过滤能力都有一定的限度，随着使用时间的增长，过滤效果会越来越差。在滤料达到饱和以后，必须进行反冲洗，使滤料重新具有良好的过滤性能。

③聚结分离法

聚结分离法是一种精细的分离方法，在微小油粒通过多孔材料的同时，让它们互相碰撞以使油粒聚合增大，从而上浮和分离。在这种分离过程中，微小油粒逐渐聚合长大，因此这种分离过程称为聚结，也叫粗粒化过程。粗粒化程度与聚结元件的材料选择以及材料充填的高度和密度有关。聚结分离法特别是用在油污水的深度处理上是很有价值的，这一方法最初是被人们用来从油中除去微量的水，后大量地被应用在水中除油。油粒聚结的过程，目前较为一致地认为是油粒在聚结材料表面被截留、成长、剥离而使微油滴转变成粗大油滴，迅速上浮而被除去。一般情况下能将油污水中 5~10 μm 的油粒全部去除，甚至更小的油粒也能去除，效果好，设备紧凑、占地面积小，一次投资低，便于分散处理且运行费用低，不产生任何废渣，不产生二次污染 。

④吸附分离法

吸附分离法并不是借油滴的聚合增大和利用密度差来进行分离的，而是用多孔性固体吸附材料做滤器，当油污水通过滤器时微小油粒被吸附在固体表面上，使油水分离 。

固体吸附材料表面的分子在其垂直方向受到内部分子的引力，但外部没有相应引力与之平衡，因此，存在吸引表面外侧其他粒子的吸引力。由固体表面分子剩余吸引力引起的吸附称为物理吸附。由于分子间的引力普遍存在，所以物理吸附没有选择性，而且可吸附多层粒子，直到完全抵消固体表面引力场为止。

吸附是一种可逆过程，被吸附的粒子由于热运动，会摆脱固体表面粒子的引力从表面脱落下来重新回到污水中，这种现象称为脱附。当吸附速度与脱附速度相等时，吸附达到平衡状态，这时单位重量吸附材料所吸附的油量称为吸附量，它是表面吸附材料吸附能力的参数，比表面积(单位重量吸附材料所具有的表面积)越大，吸附量越大。常用的吸附材料有纤维材料、硅藻土、焦炭和活性炭等。吸附材料吸附油料达到饱和时，失去油水分离效能。因此，吸附材料达到饱和之前就应更换，而吸附材料的更换和处理都比较困难，并且需要大量的新吸附材料，所以吸附分离法主要用于含油量很少的细分离。

⑤气浮法

在污油水中通入空气，使油粒黏附在气泡周围，油的比重变小而上浮，颗粒能黏附于气泡上是由于界面张力的缘故。

油粒自由上浮速度很慢，当油粒黏附到气泡上后可以大大提高上浮速度。如：粒径为10 μm 的油粒，单独上浮时（水温为常温），其上浮速度约为 0. 000 59 cm/s；若黏附到直径为80 μm 的气泡上，该气浮的上浮速度约为 0. 34 cm/s，即该油粒上浮速度提高了 500 余倍。

加压气浮法：油污水在加压情况下，将空气溶解于油污水中达饱和状态。再将污水减至常压状态，这时空气在说中的溶解度减少，溶解于水中的空气以微小气泡的形式和较高的上浮速度释放出来，气泡在上浮过程中，将悬浮油粒黏附于气泡周围而上浮至水面，从而使油水得到分离。我国油污水处理厂多采用加压气浮法。

布气气浮法：直接将压缩空气通入气浮池底的布气装置里，通过布气装置使空气形成细小的气泡，进入污水中，进而气浮。布气装置的种类较多，目前采用的主要有微孔陶瓷管、微孔塑料管等。

叶轮扩散气浮法：利用安装于池底高速运动的叶轮所产生的离心力的作用，造成负压状态，将空气吸入水中。空气进入污水中与循环水流被叶轮充分搅拌，形成细小的气泡甩出导向叶片处，经过整流板稳流后，气泡垂直上升，悬浮油粒黏附于其上，并随之漂浮于水面。

⑥超声波分离法

对油性污水发射超声波，引起油粒振动，使微小油粒互相碰撞、聚集、扩大而分离上浮。这种方法的分离性能良好，能分离用通常方法难以分离的完全乳化的油性污水；缺点是装置的价格高。

⑦加热分离法

将油性污水加热，由于油和水在温度升高时体积的变化不同以及黏度的下降，而使油滴易于上浮。

⑧反渗透法

依靠一种半透性膜起作用。在理想情况下，膜能使水透过，而溶质不能透过。处理含油污水时，给污水施加压力，半透膜使水透过而油液被截留，能使油污水的含油浓度从 500ppm 降到 10ppm。

（2）化学法

①凝聚法

凝聚是人为地在污水中加入具有凝聚能力的化学药品，使之形成一种胶质的凝聚物，它能吸收污水中微细的悬浮物及胶体微粒而上浮或沉降。影响凝聚的主要因素有：水的 pH 值、温度、水中所含的高分子化合物和溶解盐类。常用的凝聚剂有：硫酸亚铁、硫酸铁、锌、碱等。

②电解法

电解法处理含油污水的原理是：让含油污水进入设有电极的舱柜，利用电解产生的带有电荷的气泡在上浮过程中黏附油粒上浮；由于电极的作用消除了油粒的电荷并使其迁移运动，微小油珠便易于聚结而上浮分离。

(3)生物法(活性污泥处理法)

活性污泥处理法是利用活性污泥吸附分解有机物的能力以及污泥的凝聚沉降性良好的特性以净化含油污水的方法。

在污水中加入充分的氧气,并同时进行搅拌,即可生成为污泥的茶褐色的水苔状块状物。这种污泥的颜色及气味都和污水的泥不同,它有净化污水的能力,故称为活性污泥。活性污泥中,繁殖着细菌、酵母菌类,原生动物,寡毛类等许多好气性微生物。含油污水一接触活性污泥,油分便被吸附,污泥中的微生物便于油分产生氧化作用,一部分分解为二氧化碳和水,另一部分和细胞物质合成新的污泥。

用生物处理法对污水进行处理,与化学方法比较,简单可靠,管理方便,运行费用低,不会对水体造成二次污染。产生的废渣也容易处理,但微生物生长由多因子控制,环境因子的变化会影响处理效果。

3. 船用油水分离器

船用油水分离器是船舶主要的含油污水处理设备,通常设置在机舱内,负责处理船舶含油污水。

用于处理机舱舱底水的油水分离器的额定处理量,主要依据船舶在正常营运时所能产生的舱底污水量而定。影响机舱舱底水产生量的因素有很多,如船舶吨位、动力装置类型、技术状态、新船、旧船、管理水平等。我国规定了船用油水分离器设计制造生产额定处理量系列标准,一般根据船舶吨位大小估算舱底水产生量,所选用油水分离器额定处理量应大于其舱底水产生量,一般应有10%余量,此外,经处理后的排出水中含油量应符合排放标准。

船上使用的油水分离器通常应满足:经过分离的污水能满足 MARPOL 附则Ⅰ的排放标准;能自动排油;在倾斜22.5°时仍能正常工作;构造简单,体积小,重量轻,易于拆洗和检修。

常见型号有:CYF-B 型(见图 3-12)、ZYF 型(多层波纹管叠置 2 级)、YSCZ-CJ 型(预滤旋流 2 级)、GSF 型(加热环流)、SAREX 型(大型 2 级重力式)、TURBUIO 型(多层平行斜板重力式)和 FACET 型(重力+聚结分离)等油水分离器。

四、海上溢油的处理方法与设备

在利用多种污染监测技术确定海上油污染事故的污染源和种类后,应根据污染事故的规模和污染物的特性,采取有效措施进行控制和清除。水上污染物控制和清除的基本原则是:控制扩散为先,物理回收为主,化学清除为辅。

对于持久性的油类,应以控制方法为主;在可能的情况下,尽量采取回收方式进行回收。回收时可用浮油回收船、撇油器、油拖网、油拖把、吸油材料以及人工捞取等方法,对于回收的废油、含油废水和岸线清理出来的油污废弃物等,应考虑其运输、储存、处理和处置的方法。

对于非持久性的油类,采取回收方式的可能性较小。因为这种油经过一定时间,大部分会挥发掉。但为防止其向附近的敏感区扩散,可利用围油栏拦截和导向。若经预测和实际观察,溢油总的趋向是向外海扩散,应采取严格监视溢油的动向的相应措施。

1. 围油栏

(1)围油栏的定义及作用

围油栏在欧美被称为 oil boom,又称为油障(oil barrier),日本称之为油栅,是一种用于防止水域溢油扩散、缩小溢油面积、方便清除溢油及保护水域环境的设备。其作用主要体现在四

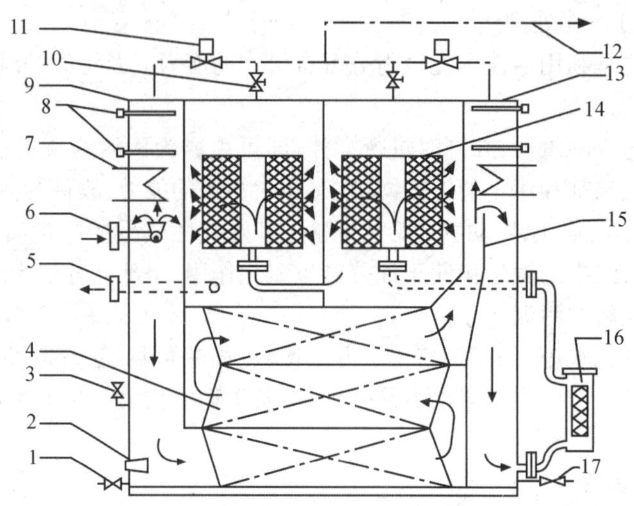

图 3-12　CYF-B 型油水分离器工作过程及构造示意图

1、17—泄放阀；2—蒸汽冲洗喷嘴；3—安全阀；4—板式聚结器；5—清洁水排出口；6—油污水进口；7—加热器；8—油位检测器；9、13—集油室；10—手动排油阀；11—自动排油阀；12—污油排出管；14—纤维聚结器；15—隔板；16—细滤器

个方面：遏制作用，遏制溢油船舶溢油的扩散；围控作用，对扩散油膜进行围控；导流作用，将油从敏感地区导向其他区域以便于回收；保护作用，保护溢油敏感区域不受污染。

（2）围油栏的结构

围油栏除特殊的外，一般主要由浮体、裙体、配重、接头等组成，如图 3-13 所示。浮体也称为浮子，主要起浮力作用，它的上半部漂浮于海面。裙体在水下形成一道屏壁，高度一般为 300～700 mm，最高可达 1 000～2 000 mm，其作用是防止油污从下面流走。配重垂于裙体之下，主要起保持平衡作用。

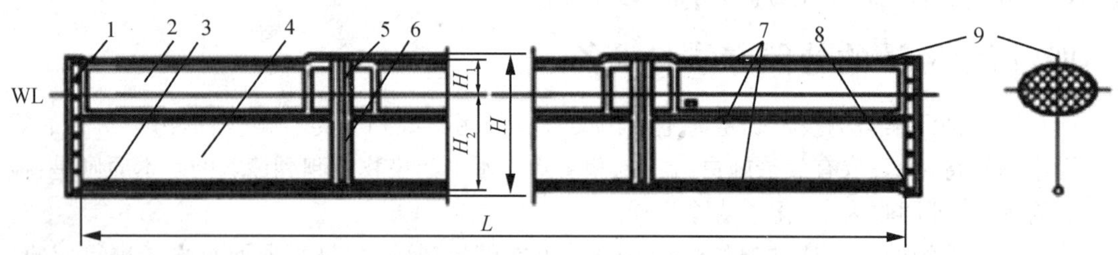

图 3-13　固体浮子式围油栏结构示意图

1—接头组件；2—浮体；3—配重；4—裙体；5—柔性隔；6—支撑杆；7—受拉构件；8—固锚座；9—鳍；H_1—干舷；H_2—吃水；H—总高；L—节长；WL—吃水线

（3）围油栏的分类

目前世界上围油栏的种类很多，分类方法也多种多样。

按包布材料可分为：橡胶围油栏、PVC 围油栏、PU 围油栏、网式围油栏和金属或其他材料制成的金属或其他围油栏。

按浮体结构可分为：固体浮子式围油栏、充气式围油栏、浮沉式围油栏等。

按使用水域环境可分为：平静水域围油栏、平静急流水域围油栏、非开阔水域型围油栏和开阔水域型围油栏。(平静水域:一般波高为 0~0.3 m 或水流速度在 0.4 m/s 以下的水域。平静急流水域:一般波高为 0~0.3 m 或水流速度在 0.4 m/s 或以上的水域。非开阔水域:波高为 0~1 m 的水域。开阔水域:波高为 0~2 m 或 2 m 以上的水域。)

按使用情况可分为:永久布放型围油栏、移动布放型围油栏和应急型围油栏。

按用途可分为:一般用途围油栏、特殊用途围油栏,如防火围油栏、吸油围油栏、堰式围油栏、岸滩式围油栏等属特殊用途围油栏。

(4)围油栏命名和型号组成

围油栏命名和型号组成由围油栏的汉语拼音字头缩写、浮体类型代号、包布材料代号、产品主要参数代号、特殊用途代号等五部分组成,如图 3-14 所示。

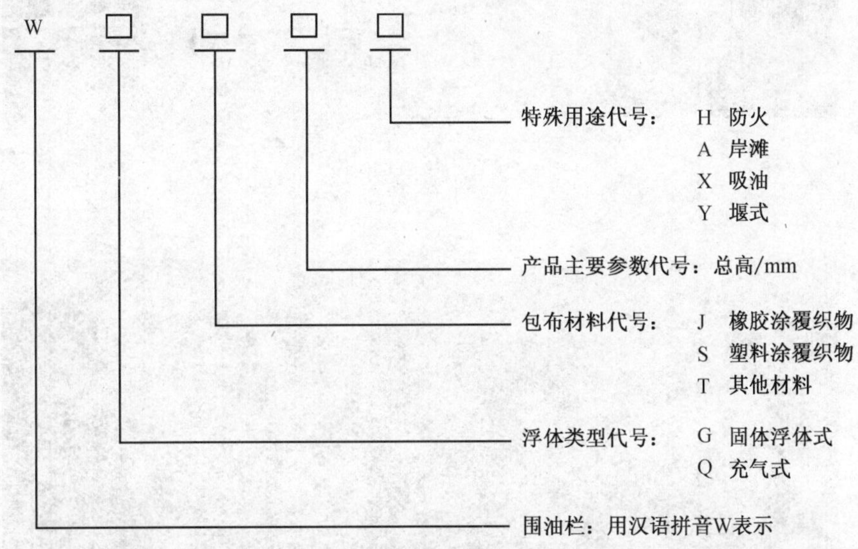

图 3-14　围油栏命名和型号组成

示例:WQJ2000Y 表示工作状态下总高 2 000 mm 的充气式橡胶堰式围油栏。

(5)围油栏的性能要求

不同水域环境条件下围油栏的一般性能要求见表 3-2。

表 3-2　不同水域环境条件下围油栏的一般性能要求

性能	平静水域	平静急流水域	非开阔水域	开阔水域
总高 H^a,mm	150~600	400~800	600~1 100	1 100 以上
最小浮重比[b]	3∶1	4∶1	4∶1	8∶1
最小总抗拉强度,N	6 800	23 000	23 000	45 000

注 a:围油栏的干舷应为总高的 1/3~1/2,在平静、非开阔水域时,干舷应取低值;在平静急流水域和开阔水域时,干舷应取高值。

注 b:表中给出的数据是通常使用围油栏的最低要求,对任何情况下围油栏的浮重比不低于 2∶1。

（6）围油栏的布防（如图 3-15 所示）

围油栏布防形式有单船布防、双船布防、三船布防、沿岸布防、河流布防和其他形式的布防。

图 3-15 围油栏布防图

围油栏的铺设方法，依据用途、溢油的情况、气象、水文条件及周围环境而定，基本方法有以下五种：

①包围法

在码头装卸过程中跑油或者溢油初期或单位时间溢出油量不多，而且风和潮流的影响较小的情况下，宜采取包围溢油源的方法。溢油有可能从围油栏漏出，可铺设两道围油栏。根据溢油回收作业的需要，应备有作业船。

②等待法

在溢油量大，围油栏不足，或风、流影响大，包围困难的情况下，顺着油的流向，可采用等待法拦油。该法是：相对于潮流或海流呈 45°~60°的角度，离溢出源一定的距离，铺设围油栏，等

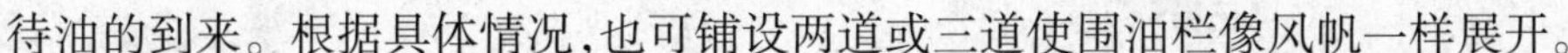

待油的到来。根据具体情况，也可铺设两道或三道使围油栏像风帆一样展开。

③闭锁法

在港域狭窄的行道中，用围油栏将水路闭锁以防止溢油扩散。在水的流速大使闭锁有困难，或者闭锁会影响船舶交通的情况下，可采用中央开口式的铺设法，也可铺设两道或三道围油栏。

④诱导法

溢油量大，风、潮流影响大，在溢油现场拦油不可能时，或者为了保护海岸和水产资源而用围油栏将溢油诱导能够进行回收作业或者污染影响小的海面上，根据情况也可设多道围油栏。

⑤移动法

在水深的海面，或者在风、潮流大而不便使用锚或溢油在海面漂流范围广的场合，可采用移动法拦油，该法需两艘作业船拖曳。

(7)围油栏的回收和储存

回收操作：要迎风逆流回收，严格操作、认真检查、做好记录。

注意事项：操作安全、定员查验、防止再污染。

清洗：目前采用人工清洗和专用设备清洗两种方法，清洗完要阴干入库。

储存保养：定期检查、维修保养、定位存放，以方便使用。

2. 撇油器

撇油器是指专门设计用来回收水面溢油、油水混合物而不改变其物理、化学特性的任何机械装置。常见的有堰式撇油器、绳式撇油器、刷式撇油器、盘式撇油器、动态斜面式撇油器、真空式撇油器，如图 3-16 所示。

3. 吸收材料

吸附材料是一种内部空隙多、密度小，能漂浮于水面的通过吸收和吸附作用捕集回收海面浮油的材料，一般作为浮油清除的辅助手段，清除厚度较小的浮油效果较好。

(1)吸附材料分类

吸附材料按其材质可分为无机材料、有机材料和人造高分子材料 3 种。

①无机材料

无机材料包括：云母、滑石、浮石、珍珠石等。价格便宜，容易获得，吸油性能差；加工成细粒状使用，便于喷洒，但回收困难，只能用细筛或细网；吸油后可焚烧处理，但无机材料本身不燃，也不能再利用。

②有机材料

有机材料通常是指天然有机材料，包括锯末、稻糠、煎渣、草席、甘草、树皮、谷壳、碎纸、玉米芯粉、棕榈纤维、天然海绵、羽毛、椰壳等，多数源于植物，适于吸附风化的原油或重质油，不适于吸附低黏度的轻质油，吸油性能比人工合成的吸附材料差。这种吸附材料价廉，但不宜保存，受潮易腐烂，使用后处理也较困难。

③人造高分子材料

人造高分子材料是专门开发的用于清污的吸附材料，主要包括纤维型和泡沫型，具有吸附效果较高、可重复使用、适应气候变化能力强、吸油后恢复性能好等特点。

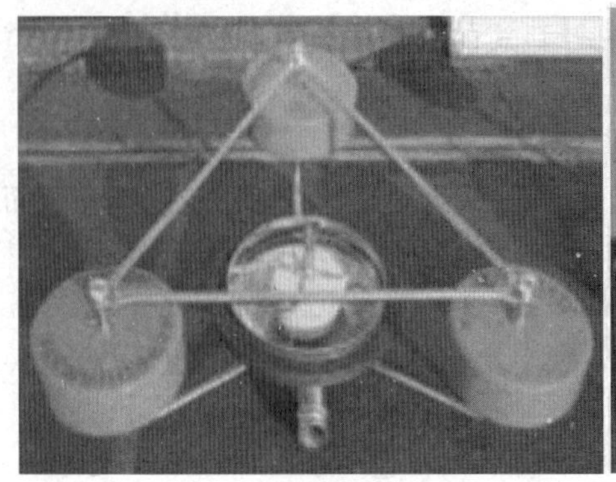

(a) 堰式撇油器　　(b) 绳式撇油器

(c) 刷式撇油器　　(d) 盘式撇油器

(e) 动态斜面式撇油器　　(f) 真空式撇油器

图 3-16　撇油器图示

(2)吸油材料的应用

吸油材料的应用场合有:油未扩散时清除围油栏以外的油;吸附较薄油层;溢油到达岸边不易处理时;对水面上的浮油进行阻拦或做记号。

在应急过程中,当围油栏将海面浮油拦住或围控,或者当油膜较薄而使用收油机效果不佳时,需要使用吸附材料清除海上浮油。吸附材料可撒布使用,亦可制成拖栏状、吸油索状等使用,直接在浮油上撒布,紧急情况下还可用于拦截水面溢油,通常待吸足油后及时回收。根据材料性质,有的可再利用,有的则在使用后焚烧处理。

(3)吸油材料处理溢油过程(图 3-17)

吸油材料的撒布量应与回收量相适应,撒出的吸油材料最好在 24 h 内回收。

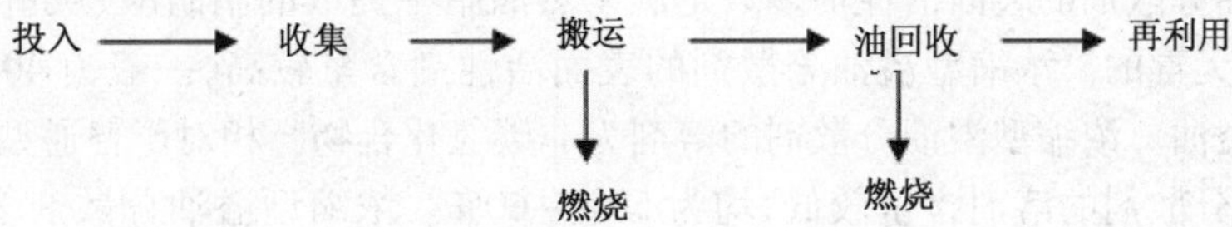

图 3-17 吸油材料处理溢油过程

(4)应用吸油材料的注意事项

不失时机地使用和回收;选择使用不同种的吸油材料;密集使用吸油材料;油未扩散前集中使用。

4. 溢油分散剂

溢油分散剂俗称“消油剂”,它是用来减少溢油与水之间的界面张力,从而使油迅速乳化分散在水中的化学试剂。目前,世界各国在处理水上溢油事故时,溢油分散剂被广泛应用。在许多不能采用机械回收或有火灾危险的紧急情况下,及时地喷洒溢油分散剂,是消除水面石油污染和防止火灾的主要措施。

(1)溢油分散剂的组成

溢油分散剂主要由主剂和溶剂组成,其次还有一定数量的稳定剂和防腐剂。主剂为非离子型表面活性剂,20 世纪 70 年代前,主剂多数为醚型主剂,因对鱼贝类水生物的毒害作用大,而且不易被生物所降解,后被以酯型主剂的溢油分散剂所代替。其乳化性能好,毒性小。溢油分散剂溶剂早期是采用以芳香烃为主的石油系碳氢化合物,由于其具有蓄积性,进入水生物体内不能被分解,后被正烷烃所代替。目前所开发的一些溢油分散剂的表面活性剂均是从植物油、糖、甜菜等天然原料中提取,溶剂为某些合成剂,其毒性都较低。

(2)分散剂的消油机理

溢油分散剂溶剂具有降低溢油黏度和表面张力的特性,能促使表面活性剂与溢油更好地接触。溢油分散剂表面活性剂分子中既有亲油基因,又有亲水基因,当表面活性剂与油混合时,它就排列在油-水界面上,在亲油基因的作用下,油-水之间的界面张力被削弱而有利于溢油乳化分散,形成微粒子。在乳化分散的微小油粒子表面又定向地分布着表面活性剂的亲水基因,可阻挡乳化油微粒子的重新集合而使油的表面积大大增加,有利于油与水的充分接触与混合,使油易于被水中的生物降解,最终被水体所净化。

(3)溢油分散剂的分类及特点

溢油分散剂可大体分为两类:普通型溢油分散剂(烃类溶剂溢油分散剂)和浓缩型溢油分散剂(非烃类溶剂溢油分散剂)。溢油分散剂国家标准(GB 18188.1—2000)也将溢油分散剂分为常规型(也称普通型)和浓缩型。

普通型溢油分散剂的表面活性剂,早期产品为醚型,毒性大;现代产品为酯型,毒性小。普通型溢油分散剂的表面活性剂含量低,一般只有 10%~20%;普通型溢油分散剂的溶剂一般采用芳香烃含量低的烃类,普通型溢油分散剂的溶剂比例一般高达 80%~90%。因而普通型溢油分散剂溶解溢油能力强,处理高黏度油及风化油的效果好,使用时应直接喷洒,该类分散剂使用前不能用水稀释。

浓缩型溢油分散剂的表面活性剂多数是从天然油脂中提取的脂肪酸、从植物中提取的梨醣醇,基本上是无毒的。浓缩型溢油分散剂的表面活性剂含量较高,一般为 40%~50%,因此能迅速地分散溢油。浓缩型溢油分散剂的溶剂为非碳氢化合物。相对于普通型溢油分散剂而言,浓缩型溢油分散剂的溶剂含量较低,均为 50%~60%。浓缩型溢油分散剂多为水溶性,分散溢油效率高,处理高黏度油效果差,使用时可直接喷洒,也可以与海水混合喷洒,但前者效果更好。

(4)溢油分散剂的适用条件

通常处理水上溢油的方法是首先使用物理回收方法,尽量将溢油回收之后,再使用溢油分散剂处理残油。

适合在开阔、水流快、温度高的水域使用。

适合处理 5 mm 以下厚度的溢油,如果溢油厚度在 5 mm 以上,不但溢油分散剂乳化分散溢油的效果不佳,而且其使用量过大。

适合于处理密度中等而且具有挥发性的原油和燃料油。轻质燃料油和轻质原油密度小,易于挥发,其风化的半衰期只有十几小时,因此溢油可以自然消散入大气中;密度大的原油和燃料油不易于挥发,其风化的半衰期长达一百多小时,对这种溢油使用溢油分散剂效果不佳。密度大的重原油和残油几乎不发挥,使用溢油分散剂处理这种油是无效的。

适合处理黏度小于 $1\ 000\times10^{-6}\ m^2/s$ 的油品,因为随着溢油黏度的增大,其处理效果降低,不能使溢油迅速地被乳化分散。

溢油分散剂属于非易燃品,化学性质稳定,对金属无腐蚀作用,运输比较安全,其应储存在岸上或船上的干燥通风、避免曝晒或雨淋的地方以便应急应用。

(5)溢油分散剂的使用

确定分散剂的使用比率既要考虑溢油的密度、黏度、倾点,又要考虑分散剂的种类和组分,还要考虑油膜的厚度及其流动状态等因素。根据经验,分散剂/油的使用比率为 1/100~1/10,视油的类型、油膜的厚度而定。因此,通常对厚油层进行回收之后,对海面的漂浮油膜使用分散剂进行处理,表面活性剂容易进入油层,使分散剂保持正常的使用比率。按照分散剂的实验和使用经验,分散剂与溢油的使用比率为:常规型的分散剂/油,1∶3~1∶1;浓缩型的分散剂/油,1∶30~1∶10;稀释型的分散剂与水的比率为 1∶10,直接用于清洗油污。

分散剂可通过船舶喷洒、空中喷洒和人工喷洒。选用何种喷洒方法,主要取决于分散剂的类型、溢油的位置、面积的大小以及喷洒分散剂的船舶或飞机的有效利用率。喷洒作业时注意如下几点:通常,喷洒次序要从油膜的较厚部分以及油膜的外部边缘开始,不要从中间或油膜较薄的地方开始,船舶应顺着风向作业,以避免分散剂被吹到甲板上;分散剂的喷洒作业应尽可能在溢油事故发生后的短时间内进行,因为如时间过长,油的风化会造成"乳化",降低分散效果。

海事部门对船舶、码头、设施使用化学消油剂作业实行严格的行政许可制。船舶、作业单位或其代理人应具备条件:

①申请使用的化学消油剂为交通部海事局认可;

②符合《溢油分散剂使用准则(GB 18188. 2—2000)》规定的使用条件;

③使用方法符合《溢油分散剂使用准则(GB 18188. 2—2000)》的规定;

④申请使用的数量与处理的溢油量适当,并提交材料:使用化学消油剂申请;拟使用化学消油剂的品种型号及使用说明材料;说明申请使用化学消油剂的使用区域和污染情况、使用方法、使用时间、计划用量、使用理由和对使用效果的预测的材料;有关专家或相关人员的评估意见(大量使用时);使用化学消油剂情况报告(经批准使用后提交)。

符合条件的,海事部门在其书面申请书中签署核准意见,在 1 个工作日(情况紧急的,应当场答复)的期限内予以许可;不符合条件的,不予许可并说明理由。

五、溢油应急

溢油应急反应的概念,从广义上讲,包含反应战略和反应行动,这两部分要素是通过溢油应急计划来体现的。从狭义上讲,溢油应急反应是指按事先制订的应急计划对突发的溢油事故采取迅速有效的控制、清除措施,以减少溢油对环境的污染危害的活动。溢油应急反应是在溢油应急计划的指导下进行的,而溢油应急计划的科学性和有效性又需要溢油应急反应的实践来检验;溢油应急反应实践又为应急计划的不断完善提供经验。溢油应急反应的概念是随着人们抗御溢油的长期实践逐步丰富发展起来的。人们对突发性溢油事故能迅速、有效地做出应急反应,控制和减少溢油污染危害,对保护海洋环境具有极其重要的作用。

我国政府和海事主管部门,历来重视溢油应急反应工作,并在立法中明确了相关规定。我国一方面积极加入 OPRC 公约和相关的国际公约,加大对溢油应急设施设备的投入,提高履约能力;另一方面加快完善相应的法律法规,建立国家溢油应急反应体系,制订污染应急计划,提高溢油应急反应能力。2017 年 11 月 05 日生效的新修订的《海环法》,明确规定了"国家根据防止海洋环境污染的需要,制订国家重大海上污染事故应急计划。沿海可能发生重大海洋环境污染事故的单位,应当依照国家的规定,制订污染事故应急计划。沿海县级以上地方人民政府及其有关部门在发生重大海上污染事故时,必须按照应急计划解除或者减轻危害。装卸油类的港口、码头、装卸站和船舶必须编制溢油污染应急计划,并配备相应的溢油污染应急设备和器材"等内容。《海环法》还规定"国家海事行政主管部门负责制定全国船舶重大海上溢油污染事故应急计划",这使海事主管部门加大溢油应急工作力度,加强对溢油应急反应的组织管理,有了法律依据。交通运输部、中国海事局在海上船舶溢油应急反应方面,多方面地开展工作,初步形成了中国船舶溢油应急反应体系,如图 3-18 所示,在海洋环境保护中开始发挥重要作用。

溢油应急反应是溢油应急计划的重要组成部分,贯穿于溢油发生后的全过程。计划对这一部分首先要明确应急反应的基本步骤,然后对实施每个步骤涉及的问题一一进行规定或描述。溢油反应的基本步骤可概括为:溢油事故报告、溢油评估、溢油报警、应急决策、溢油控制

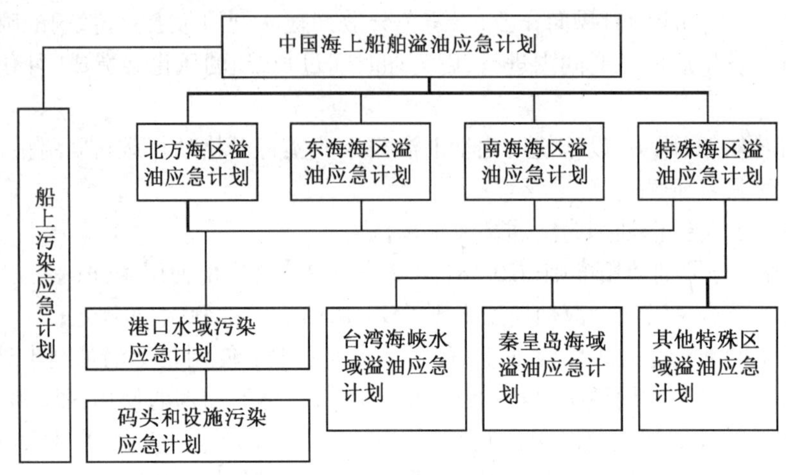

图 3-18　中国船舶溢油应急体系

与清除作业、应急管理与控制、应急反应终止以及费用回收。任何层级的应急反应都可以遵从这一步骤。

1. 溢油报告

在应急反应中涉及的污染报告来自多方面，国家级计划应规定负责污染报告单位和人员、污染报告标准格式、报告报警（通报）程序、补充报告格式，使各层级计划保持一致性。在任何层级计划中都应指定接收和发送报告的机构，并提供报告样本作为计划的一部分。负责污染报告的单位和个人包括溢油事故责任方的负责人和其他人员，如：船长、码头负责人等；海上巡逻船和飞机；溢油卫星遥感监视机构；溢油事故周围的船舶或设施；在海上或岸边发现溢油的任何单位和个人；溢油应急主管部门和相关部门的转报。

2. 溢油评估

溢油事故评估包含溢油初始评估和后期的进一步评估。首先计划应明确溢油初始评估内容，如确认溢油的类型和来源，评估溢油规模，确定事故等级；溢油发生火灾和爆炸的可能性、对人身安全和公众健康构成的威胁；可能威胁的环境敏感区和可能影响的资源；事故对政治、经济和社会的影响；控制污染和清除溢油所需的应急资源数量等。这些评估的结果为应急反应的初始应急行动决策提供依据。由于溢油事故的特点及溢油本身的特性，在应急反应过程中应对溢油事故进一步评估。因此，计划对进一步评估的信息来源、补充报告、评估手段以及可利用的先进技术、参与评估的单位和人员加以明确，并应强调在应急反应的进程中如何进行连续评估工作，为指挥者修改应急作业方案或决定何时终止应急反应提供依据。

3. 溢油报警

应急主管部门根据溢油评估的结果做出初始应急行动的决定之后应立即报警，接受报警的组织和人员至少包括：应急指挥机构、指挥成员、支持机构、应急队伍，监视监测或科研部门，可能受到污染威胁的单位和个人以及可能需要的新闻机构。应急主管部门应使他们及时得到信息，做好应急准备或参加应急反应。计划中应列明接受报警相关部门的联系方式、回复要求等内容。

4. 应急决策

应急决策是指应急指挥机构根据溢油事故评估结果，对控制和减少溢油污染、保护受威胁的资源，应采取的应急对策。这些对策至少应包括现场指挥部的设立要求；事故责任方应采取的控制和清除措施；防止进一步泄漏和发生火灾的措施，对溢油源进行警戒或交通管制、监视其扩散动态的措施；对可能受污染威胁环境敏感区的保护措施；调度应急队伍和资源数量以及相关的后勤保障方案；确定需要协调的相关主管部门支持机构的名单，明确各自应给予的支持任务；溢油监视、监测技术的应用；应急期间通信网络的构成以及信息传递程序；现场作业安全和公共卫生或健康的具体规定；可实施的应急清除作业方案。对于重大溢油事故，当地的应急力量和设备资源若不能满足应急反应需求，应确定是向上一级机构提出援助请求，还是实行区域合作。若应急反应上升到国家级，那么国家溢油领导机构应根据地方的应急需求，对调度哪些地方的应急力量和设备资源做决定，必要时，请求国际援助。

5. 应急行动计划

应急决策确定后，根据可实施的应急对策做出应急行动计划。这个计划至少应包括：控制或减少污染源外溢的技术与设备的合理运用；快速回收溢油设备的现场部署和回收作业形式；保护资源的围控形式；溢油分散剂和吸附材料何时使用、使用数量、焚烧技术和配套设备何时采用回收油和油污染物的储存、运输和处置措施的具体安排；生物降解技术应用时机。

溢油种类的差异、海况和气象情况和岸线类型的不同，在应急作业时对溢油处理技术和设备的选择带来了诸多影响。因此，在计划中将可能应付的各种溢油、各种海况和气象、各种岸线类型的清除作业可选技术和设备详细列入计划的附件。

6. 应急行动管理与控制

由于应急行动涉及了诸多因素，在整个行动过程中应加以管理和控制，以保证按照计划规定程序进行操作。因此，计划应明确宣布应急作业方案、作业计划、作业组织形式、作业要求、作业安全、卫生规定以及作业期间的联系沟通方式等；监督、收集作业情况并进行评估，以便调整作业方案和作业计划；监督、指导应急队伍的行动和作业计划的落实；检查现场安全和卫生制度的执行情况，及时纠正存在的问题，并加强对规章的培训；对作业投入的人力、器材、设备情况进行管理，并进行记录，以评价清除效率。

7. 应急反应终止

根据现场作业评估、监视监测的结果决定是否继续进行应急作业。因此，计划要对最终评估内容、标准和终止应急程序予以明确，同时提出污染损害场所恢复建议，并规定由什么形式决定，由谁宣布应急反应终止。

8. 费用汇总、取证和记录

溢油应急反应结束后，应立即对应急反应发生的费用进行汇总。这应包括应急期间所有的取证和详细的记录。计划中应明确取证的种类、取证手段、取证内容和应急反应投入的人员、资源、作业的时间、作业的项目、清除物的数量、回收地点以及处置的各种记录表格形式，以规范索赔取证的基础资料。应急反应作业记录应包括参加应急反应人员的个人记录、作业小组记录、在此基础上形成的作业队伍的记录、最终形成的应急作业的总记录。

9. 总结与评估

溢油应急反应结束后应进行总结和评估，检查在应急反应中计划的实施情况，如对应急组织的各个部门和人员分工是否合理、是否尽到了职责，计划所规定的程序是否顺畅，应急对策是否合理，应急人员和应急源是否能满足计划应急区域溢油事故的应急需求，作业安全和人员措施是否得当等进行评估，做出评估报告为修订计划或对今后实施计划提供经验。因此，计划应对总结与评估的具体细节加以明确。

第四章　防止有毒液体物质污染

第一节　防止有毒液体物质污染公约与法规体系

一、承运散装化学品的船舶和有关国际规则

为了加强对船舶散装有毒液体物质污染的管理,国际上制定了严格的公约和规则,主要有:

1. BCH 规则和 IBC 规则

BCH 规则和 IBC 规则是针对海上运输散装液体危险化学品安全而制定的国际标准,原来属于建议,现在均为强制性。按照 IMO 的“新船新办法,老船老办法”,其适用范围有所不同,其中 BCH 规则适用于 1986 年 7 月 1 日之前建造的化学品船舶(现有船舶),IBC 规则适用于 1986 年 7 月 1 日及其以后建造的化学品船舶(新建造船舶)。在监督管理中应通过核查船舶相关证书确认运输散装液体危险化学品船舶对公约的适用性,再对照 IBC 规则或 BCH 规则的相关要求对船舶实施核查。

两规则主要是从安全的角度出发,考虑到船舶所载运的危险化学品的特性,规定了运输散装液体危险化学品船舶的设计和构造标准、要求及应配备的设备,以使危险化学品对船舶、船员及海洋环境所造成的危险减至最低程度。IBC 规则第 17 章提出了规则适用品种的最低要求,第 18 章则为不适用该规则的货物清单。BCH 规则第Ⅵ章为适用规则品种的最低要求概要,第Ⅶ章为不适用该规则的化学品清单。

2. SOLAS 公约

1912 年“泰坦尼克号”失事直接导致 1914 年第一次海上人命安全会议制定了第一个关于海上人命安全多边性条约。1960 年在 IMCO 内举行了修改海上人命安全条约的协商会议,产生了《1960 年国际海上人命安全公约》(简称 SOLAS60),其中涉及危险货物运输的要求是以独立的第Ⅶ章提出的。1974 年,又一次对公约进行了大幅度的修改。SOLAS74 扩大了第Ⅶ章的适用范围。SOLAS74 以后又经过多次修订。1983 年的修正案对第Ⅶ章做了较大的改动,内容扩大到包括固体和液体散装危险品;1999 年的修正案(2001 年 1 月 1 日生效)又使 INF Code 成为其第Ⅶ章的强制性要求。到目前为止,SOLAS 第Ⅶ章包含 A、B、C 和 D 四个部分,其中 B 部分为散装运输危险液体化学品船舶的构造和设备。

3. MARPOL 附则Ⅱ

附则Ⅱ是控制散装有毒液体物质污染的规则，是专门针对化学品船舶在运输过程中，可能会造成对海洋环境污染而制定的，它反映了对排放含有有毒液体化学品污水的约束和具体规定，与附则Ⅰ关于防止油类污染的规定的区别主要在于附则Ⅰ侧重于船舶结构，附则Ⅱ则更多地侧重从管理的角度防止造成污染。

附则Ⅱ的主要内容包括有毒液体物质分类、有毒液体物质的排放规定、接收设施与卸货站设施、检验与发证要求、《货物记录簿》的记载等方面。此外，还有7个附录：附录1有毒液体物质的分类指南；附录2散装运输有毒液体物质船舶《货物记录簿》格式；附录3国际防止散装运输有毒液体物质污染证书格式；附录4《程序和布置手册》的标准格式；附录5液货船、泵及相关管路内残余物量的评定；附录6预洗程序；附录7通风程序。

MARPOL 附则Ⅱ防止化学品船污染海域的基本原则，如图4-1所示。

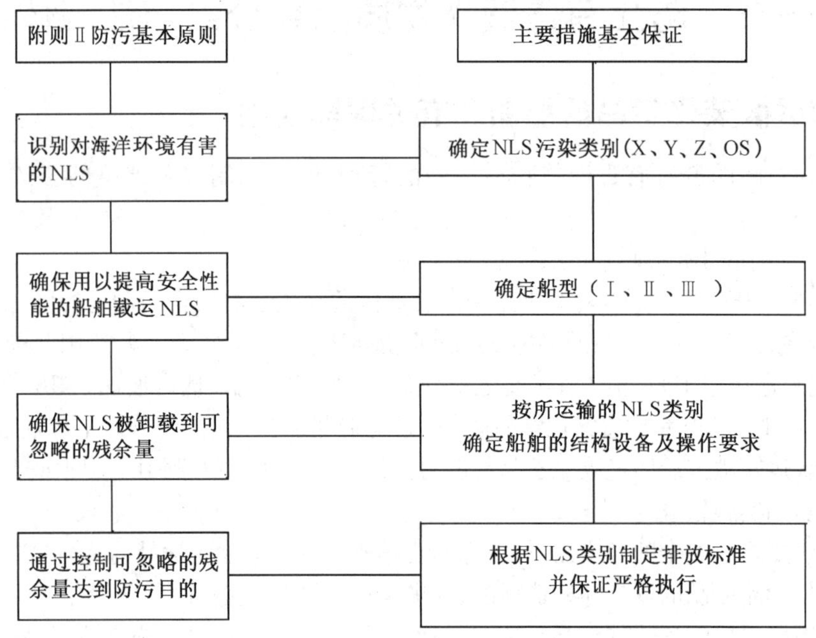

图4-1　MARPOL 附则Ⅱ防止化学品船污染海域的基本原则

二、国内有关法律法规

在我国加入的相关国际公约和规则中，除特别有保留外，均适用于我国水域和船舶；国内相关的法律法规也针对我国的情况，提出了具体的要求内容。但是，相对国际公约与规则比较完善的法律体系而言，国内法律法规关于防止有毒液体物质污染规定中，除了关于污染物排放要求外，其他要求比较简单，目前这些法律法规主要包括：《中华人民共和国海洋环境保护法》《防治船舶污染海洋环境管理条例》《船舶载运危险货物安全监督管理规定》《危险化学品安全管理条例》等。

第二节　船运散装液体化学品的分类

一、GESAMP 危害评定的基本理论

1. GESAMP（Group of Experts on the Scientific Aspects of Marine Pollution）

它是联合国系统内涉及海洋环境保护的一个咨询机构，专家组由其成员指定的与海洋环境保护相关的科学家组成。1969 年 3 月 17 日至 21 日在当时政府间海事协商组织设在英国伦敦的总部，召开了 GESAMP 第一次会议，这也宣告 GESAMP 的成立。1993 年 4 月 19 日至 23 日在伦敦召开的第二十三次会议上，海洋污染科学问题专家组改名为海洋环境保护科学问题联合专家组（The Joint Group of Experts on the Scientific Aspects of Marine Environmental Protection；以下简称 GESAMP）。GESAMP 现有 IMO，FAO，UNESCO-IOC，WMO，IAEA，UN，UNEP，UNIDO 和 UNDP9 个成员。

GESAMP 的任务是为相关组织和各国政府提供权威的、独立的、跨学科的科学建议，以支持海洋环境的保护和可持续利用。GESAMP 的主要工作包含 5 个方面：整合区域和专题评估以及科学研究的成果来支持海洋环境的全球评估；为海洋环境评估的设计和执行提供科学和技术指导；为海洋环境状况、调查、保护和/或管理有关的专题提供科学评论、分析和建议；概述联合国各机构的海洋环境监测、评估和有关活动，并就这些活动如何改进和更好地整合和协调提供咨询意见；确定与各国政府和成员组织有关的新出现的关于海洋环境退化的问题。

2. *GESAMP 危害评定基本方法*

GESAMP 工作组对海运危险化学品的分级体系主要包括水运危险化学品对水生环境的影响、人类健康的影响和海洋其他用途的影响三方面的内容。具体评定指标如表 4-1、表 4-2 和表 4-3 所示。

表 4-1　对水环境的影响

A 栏和 B 栏—水环境					
	A			B	
	生物积累和生物退化			水生生物毒性	
数字比率	A1 生物积累		A2 生物退化	B1 急性毒性	B2 慢性毒性
	LOG POW	BCF		$LC/EC/IC_{50}$(mg/l)	NOCE(mg/l)
0	<1 或>ca. 7	不可测量	R：易生物退化 NR：不易生物退化 inorg：非有机物质	>1 000	>1
1	≥1～<2	≥1～<10		>100～≤1 000	>0.1～≤1
2	≥2～<3	≥10～<100		>10～≤100	>0.01～≤0.1
3	≥3～<4	≥100～<500		>1～≤10	>0.001～≤0.01
4	≥4～<5	≥500～<4 000		>0.1～≤1	≤0.001
5	≥5～<ca. 7	≥4 000		>0.01～≤0.1	
6				≤0.01	

表 4-2 对人类健康的影响

C 栏和 D 栏—人类健康（对哺乳动物的有害危害）						
		C		D		
	急性哺乳动物毒性			刺激、腐蚀及长期健康影响		
数字比率	C1 口服毒性 LD_{50}（mg/kg）	C2 皮肤接触毒性 LD_{50}（mg/kg）	C3 吸入毒性 LC_{50}（mg/l）	D1 皮肤刺激和腐蚀	D2 眼睛刺激和腐蚀	D3 长期健康影响
0	>2 000	>2 000	>20	非刺激	非刺激	C：致癌 M：突变 R：生殖中毒 S：导致过敏 A：吸入有害物 T：目标器官系统中毒 L：肺部损害 N：神经中毒 I：免疫系统中毒
1	>300～≤2 000	>1 000～≤20 001	>10～≤20	中等刺激	中等刺激	
2	>50～≤300	>200～≤1 000	>2～≤10	刺激	刺激	
3	>5～≤50	>50～≤200	>0.5～≤2	强刺激或腐蚀 3A Corr.（≤4 hr） 3B Corr.（≤1 hr） 3C Corr.（≤3 hr）	强刺激	
4	≤5	≤50	≤0.5			

表 4-3 对海洋其他用途的影响

E 栏—对海洋其他用途的妨害			
E1 污染	E2 对野生生物及海底生态环境的影响	E3 对海岸休憩环境的妨害	
		数字比率	说明与措施
NT：非污染（经检测） T：污染检测为阳性	Fp：持续性漂浮物 F：漂浮物 S：沉淀物质	0	无妨害；无警告
		1	轻度危害；警告，不关闭休憩场所
		2	中等危害；可能要关闭休憩场所
		3	高度危害；关闭休憩场所

评价体系中水生环境影响指标主要包括化学品的生物积累和生物退化及水生生物毒性，其中，水生毒性指标分为急性水生毒性和慢性水生毒性。生物积累指标主要依据化学物质的辛醇/水分配系数和生物富集因子（BCF）进行确定。对于水生生物毒性主要依据鱼类、甲壳纲动物或藻类的短期和长期危害试验的 LC_{50}、EC_{50} 以及 NOCE 等参数进行确定。

哺乳动物毒性主要分为急性口服毒性、急性皮肤接触毒性和急性吸入毒性，其中口服毒性 LD_{50} 值，使青年白鼠口服后，在 14 天内造成 50%的死亡；对于急性皮肤接触毒性，一般的经验是没有口服毒性的化学物质通常也不具有皮肤接触毒性，同样地，具有口服毒性的物质也同时具有皮肤接触毒性。急性吸入毒性的 LC_{50} 值是使雌雄青年白鼠连续吸入 4 h 后，最可能引起这些试验动物在 14 天内死亡一半的蒸气、烟雾或粉尘的浓度；如果有 1 h 的毒性数据，可以用该数据除以 4 后视为连续吸入 4 h 的毒性数据。

刺激腐蚀对哺乳类长期健康影响指标主要包括皮肤刺激和腐蚀、眼睛刺激和腐蚀以及化学物质对人体的长期影响。对于皮肤刺激和腐蚀影响，宜采用暴露 4 h 的数据，也可采用暴露 24 h 的数据。化学物质对眼睛刺激和腐蚀影响，GESAMP 工作组专家通常依据可查证的试验数据和 GHS 的相关数据，而不是体外研究结果。化学物质对人体的长期影响主要包括致癌性、致突变性、繁殖毒性、感光性、呼吸危害、目标器官导向毒性、肺伤害、神经毒性和免疫毒性；这些影响是除口服毒性，皮肤接触毒性，吸入毒性，皮肤、眼睛刺激和腐蚀以外的其他长期影响指标。

海洋化学品船舶运输对海洋其他用途的影响主要体现在操作性污染物排放和事故泄漏排放，对于化学物质对海洋其他用途的影响的评估主要分析其对渔业、野生环境和海底生态环境以及海岸休憩环境的影响，评估结果对于船用化学物质泄漏的应急处理提供重要信息。对于海洋渔业的影响主要依据鱼类暴露在≤1 mg/L 化学物质中 24 h 后是否能检测到不良气味来判断该化学物质是否使渔业受到污染。

3. 有毒液体物质的分类

根据 GESAMP 危害性示意图反映的对物质性质的评定，将货品编入污染类别，如图 4-2 所示。

规则	A1 生物积累	A2 生物退化	B1 急性毒性	B2 慢性毒性	D3 长期健康影响	E2 对海洋野生生物及海底生态环境的影响	类别
1			≥5				X
2	≥4		4				
3		NR	4				
4	≥4	NR					
5			4				Y
6			3				
7			2				
8	≥4	NR		非 0			
9				≥1			
10						Fp、F 或 S 若非无机物	
11					CMRTNI		Z
12	任何不符合规则 1 至 11 以及 13 衡准的货品						
13	所有如下货品：A1 栏中为≤2；A2 栏中为 R；D3 栏中为空白；E2 栏中为非 Fp、F 或 S（若非有机物）；以及在 GESAMP 有害曲线图中所有其他栏中为 0 的货品						OS

图 4-2 有毒液体物质分类指南

X 类：此类有毒液体物质，如果从洗舱和排放压载水作业中排入海中，将会对海洋资源或人类健康造成严重危害，因此，有必要严禁将此类物质排入海洋环境。

Y 类：此类有毒液体物质，如果从洗舱和排放压载水作业中排入海中，将会对海洋资源或人类健康造成严重危害，或对舒适性或其他合法利用海洋造成损害，因此，有必要对排入海洋环境的此类物质的质量加以限制。

Z 类:此类有毒液体物质,如果从洗舱和排放压载水作业中排入海中,似乎对海洋资源或人类健康造成较小的危害,因此,有必要对排入海洋环境的此类物质的质量加以限制。

其他的物质:应评估作为《国际散装化学品规则》第 18 章污染类栏中所示的物质 OS 并发现这些物质并不属于 X 类、Y 类或 Z 类(其他物质),如果从洗舱和排放压载水作业中排入海中,似乎不会对海洋资源或人类健康造成危害,或不会对舒适性或其他合法利用海洋造成损害,因此,排放含有其他物质的舱底污水、压载水和其他残余物或混合物不受本附则要求的约束。

4. 临时评定

如拟散装运输的液体物质尚未进行分类,则与该作业有关的公约缔约国政府应根据有毒液体物质的分类指南为基础商定一个暂定的类别。在各有关政府之间未取得完全一致意见之前,这种物质不应装运。在达成协议后,制造或运输国政府以及缔约国政府应尽快(但不迟于 30 天)通知 IMO 并提供这种物质的细节和暂定的类别,以便每年向所有缔约国通报一次,供其参考。在所有此类物质被正式编入 IBC 规则前,IMO 应保存一份此类物质和暂定类别的记录。

二、毒液体物质污染类别与船型

IBC CODE 对散装液体化学品船(简称化学品船)规定了三种船型。1 型船用于运输对环境和安全有非常严重危险的货品的化学品船,它需要用最有效的预防措施来防止泄漏;2 型船用于运输对环境和安全有相当严重危险的货品的化学品船,它需要用有效的预防措施来防止泄漏;3 型船用于运输对环境和安全有足够严重危险的货品的化学品船,它需要用中等程度的围护来增加破损条件下的残存能力。

IBC CODE 基于 GESAMP 危险品来确定船舶类型的基本标准,如表 4-4 所示。

表 4-4　GESAMP 确定船舶类型的基本标准

规则序号	A1	A2	B1	B2	D3	E2	船舶类型
1			=5				1
2	=4	NR	4		CMRTNI		
3	=4	NR			CMRTNI		2
4			4				
5	=4		3				
6		NR	3				
7				=1			
8						Fp	
9					CMRTNI	F	
10						S	
11	=4						3
12		NR					
13			=1				
14	所有其他 Y 类物质						
15	所有其他 Z 类物质,所有“其他物质”(OS)						无

第三节 MARPOL附则Ⅱ对有毒液体物质操作和排放的控制

一、有毒液体物质的排放规定

1. 定义

有毒液体物质:《国际散装化学品规则》第17章或18章的污染类别栏中所指明的或根据临时评定列为X、Y或Z类的任何物质。

固化物质:有毒液体其物质的溶点低于15 ℃,处于卸载时溶点以上不到5 ℃的温度;或物质的溶点等于或高于15 ℃,处于卸载时溶点以上不到10 ℃的温度。

非固化物质:不是固化的有毒物质。

化学品液货船:经建造为或改建用于散装运输《国际散装化学品规则》第17章所列的任何一种液体货品的船舶。

NLS液货船:经建造为或改建用于散装运输有毒液体物质货物的船舶,包括本公约附则Ⅰ定义的核准用于散装运输全部或部分有毒液体物质货物的油船。

高黏度物质:在卸货温度下黏度等于或高于50 mPa·s的X或Y类有毒液体物质。

低黏度物质:非商黏度物质的有毒液体物质。

残余物:任何需处理的有毒液体物质。

2. MARPOL附则Ⅱ保护海洋环境的基本原则

(1)确保每一条载运有毒液体物质的船舶卸载后,残余物能够减少到“可忽略”的量,以致不危害海洋环境。

(2)当上述允许的残余物被排放到海里时,要确保立即和海水有效地混合。

(3)还要使上述排放受距陆地最近距离和最小水深的限制。

3. 例外

如属下列情况,附则Ⅱ的排放要求应不适用于有毒液体物质或含有这种物质的混合物排放入海:

(1)此排放系为保障船舶安全或救护海上人命所必须者;

(2)由于船舶或其设备损坏导致:

①如果在发生损坏或发现排放后,为防止排放或使排放减至最低限度已采取了一切合理预防措施;和

②但是,如果船东或船长是故意造成损坏,或轻率行事而又知道可能会招致损坏,则不在此例;或

(3)此排放系经主管机关批准用以对抗特定污染事故,以便使污染损害减至最低限度。

但任何这种排放,均应经拟进行排放所在地区的管辖政府批准。

4. 排放规定

(1)应禁止将X、Y或Z类物质或临时评定为此类物质的残余物或含有此类物质的压载水、洗舱水或其他混合物排放入海,除非此类排放完全符合本附则所含的适用操作要求。

(2)进行任何预洗或排放程序前,相关液货舱应根据《程序和布置手册》中所规定的程序最大限度地被排空。

(3)禁止装载未经分类、临时评定的物质,或含有此类残余物的压载水、洗舱水或其他混合物,同时禁止此类物质排放入海。

5. 排放标准

(1)如果规定允许将X、Y、Z类物质或临时评定为此类物质的残余物或含有此类物质的压载水、洗舱水或其他混合物排放入海,应符合下列排放标准:

①船舶在海上航行,如系自航船,航速至少为7 kn;如系非自航船,航速至少为4 kn;

②在水线以下通过水下排放口进行排放,不超过水下排放口的最高设计速率;和

③距最近陆地不少于12 n mile和水深不小于25 m处排放。

(2)在2007年1月1日前建造的船舶,对于Z类物质或临时评定为此类物质的残余物或含有此类物质的压载水、洗舱水或其他混合物在水线以下排放入海并无强制规定。

(3)对Z类物质,主管机关可仅对在本国主权或管辖水域内航行的悬挂其国旗的船舶免除关于距离最近陆地不小于12 n mile的要求。此外,主管机关还可对在其邻近国家主权或所辖水域内航行的悬挂其国旗的特定船舶免除同样的排放时距最近陆地不少于12 n mile的要求,条件是在该两个沿海国家制定了不会影响任何第三方的免除书面协议后。此类协议的信息应在30天内通知IMO,以便进一步通报本公约各缔约国,以供其参考和采取适当行动(如有)。

6. X类残余物的排放

(1)已被卸完X类物质货物的货舱,在船舶离开卸货港口之前,应以预洗。清洗的残余物其浓度重量处于或低于0.1%之前应被排入接收设备。其浓度指标由检查员从排入接收设备的残余物中提取样品进行分析后确定。当浓度达到要求后,应将舱内剩余的洗舱水继续排入接收设备,直至该舱排空。

(2)预洗后灌入舱内的任何水均可排放入海。

(3)如果接收方的缔约国政府确信,要测量排出物中的物质浓度而不对船舶造成不当延误不可行,该缔约国可接受相当于(1)中测量所要求浓度的替换程序,条件是:

①按主管机关批准的程序对液货舱进行预洗,并符合附则Ⅱ附录6《预洗程序》的要求;和

②对《货物记录簿》做相应记录,并由缔约国指定或授权的检查员签署。

7. Y和Z类物质残余物的排放

(1)如果Y或Z类物质未按《手册》的要求进行卸载,在船舶离开卸货港之前,应予以预洗,除非采取了使检查员满意的、从船上去除附则规定数量的货物残余物的其他措施。预洗后的洗舱水应被排放至卸货港的接收设备,或排放至有合适接收设备的另一港口,但应有书面确认该港口的接收设备足以作为该用途。

(2)关于Y类高黏度或固化物质,下列情况应适用:

①MARPOL附则Ⅱ附录6中规定的预洗程序应适用;

②预洗时产生的残余物/水混合物应被排放至接收设备,直至货舱被排空;和

③随后灌入舱内的任何水可按排放标准排放入海。

8. 南极区域的排放

南极区域,系指南纬60°以南的海域。禁止任何有毒液体物质或含有此类物质的混合物

排放入南极海域。

二、有毒液体物质操作和排放的控制

1. 预洗程序

A. 适用于 1994 年 7 月 1 日以前建造的船舶

(1)非固化物质的预洗程序

①液货舱应采用有足够高的水压力的旋转喷射水柱的方法进行冲洗,对于 X 类物质,洗舱机的运行位置应能冲洗到所有液货舱表面。对于 Y 类物质,只需使用一个位置。

②在洗舱时,利用持续泵出污液并促使其流向吸入点的方法(顺着纵倾和横倾),将舱内水的总量减至最少。如果不能满足此条件,洗舱程序应重复三次,每次冲洗完毕进行彻底扫舱。

③对黏度在 20 ℃时等于或大于 50 mPa · s 的物质,应用热水(温度至少 60 ℃)洗舱,除非该类物质的性质使得洗舱的效果不大。

④所使用的洗舱机运转循环数不少于表 4-5 的规定,洗舱机运转一个循环定义为:洗舱机处在同一方位上运转连续两次间的周期(旋转 360°)。

⑤洗舱后,洗舱机应保持继续运转足够长的时间用以冲洗管路、泵和滤器,并且应保持向岸上接受设备进行排放直至液货舱被排空。

(2)固化物质的预洗程序

①液货舱在卸货后应尽早进行洗舱。如可能,液货舱洗舱前应进行加热。

②预洗前,最好能清除舱口及人孔上的残余物。

③液货舱应采用有足够高的水压力的旋转喷射水柱的方法进行冲洗,并且应位于确保所有液货舱表面都冲洗到的位置。

④在洗舱时,利用持续泵出污液并促使其流向吸入点的方法(顺着纵倾和横倾),将舱内水的总量减至最少。如果不能满足此条件,洗舱程序应重复三次,每次冲洗完毕进行彻底扫舱。

⑤液货舱应用热水(温度至少 60 ℃)洗舱,除非该类物质的性质使得洗舱的效果不大。

⑥所使用的洗舱机运转循环数不少于表 4-5 的规定,洗舱机运转一个循环定义为:洗舱机处在同一方位上运转连续两次间的周期(旋转 360°)。

⑦洗舱后,洗舱机应保持继续运转足够长的时间用以冲洗管路、泵和滤器,并且应保持向岸上接受设备进行排放直至液货舱被排空。

表 4-5 洗舱机运转在每一位置上的循环数

物质类别	洗舱机运转循环数	
	非固化物质	固化物质
X 类	1	2
Y 类	1/2	1

B. 适用于 1994 年 7 月 1 日或以后建造的船舶,并建议适用于 1994 年 7 月 1 日以前建造的船舶

(1)无循环的非固化物质的预洗程序

①液货舱应采用有足够高的水压力的旋转喷射水柱的方法进行冲洗,对于 X 类物质,洗舱机的运行位置应能冲洗到所有液货舱表面。对于 Y 类物质,只需使用一个位置。

②在洗舱时,利用持续泵出污液并促使其流向吸入点的方法(顺着纵倾和横倾),将舱内水的总量减至最少。如果不能满足此条件,洗舱程序应重复三次,每次冲洗完毕进行彻底扫舱。

③对黏度在 20 ℃ 时等于或大于 50 mPa · s 的物质,应用热水(温度至少 60 ℃)洗舱,除非该类物质的性质使得洗舱的效果不大。

④所使用洗舱水的数量应不少于预洗最小水量。

⑤预洗后,液货舱和管路应予以彻底清扫。

(2)无循环的固化物质的预洗程序

①液货舱在卸货后应尽早进行洗舱。如可能,液货舱洗舱前应进行加热。

②预洗前,最好能清除舱口及人孔上的残余物。

③液货舱应采用有足够高的水压力的旋转喷射水柱的方法进行冲洗,并且应位于确保所有液货舱表面都冲洗到的位置。

④在洗舱时,利用持续泵出污液并促使其流向吸入点的方法,将舱内水的总量减至最少。如果不能满足此条件,洗舱程序应重复三次,每次冲洗完毕进行彻底扫舱。

⑤液货舱应用热水(温度至少 60 ℃)洗舱,除非该类物质的性质使得洗舱的效果不大。

⑥所使用洗舱水的数量应不少于预洗最小水量。

⑦预洗后,液货舱和管路应予以彻底清扫。

(3)循环利用洗舱介质的预洗程序

①可采用循环的洗舱介质的方法,用于一个以上液货舱的洗舱。在确定数量时,必须充分注意液货舱中预期的残余物数量和洗舱介质的性能,以及是否采用初步深洗或冲洗。除非提供足够数据,洗舱介质中的货物残余物的最终计算浓度应不超过基于常规扫舱量的 5%。

②循环的洗舱介质应仅用于清洗含有相同或类似的物质的液货舱。

③为能连续洗舱,应添加足够量的洗舱介质至拟冲洗的一个或多个液货舱中。

④所有液货舱表面应采用有足够高压力的旋转喷射水柱的方法进行清洗。洗舱介质的再循环可在拟冲洗的舱内进行,也可通过另一液舱,如污液舱进行。

⑤洗舱应连续进行直至累积的通过量不少于(预洗的最小水量)规定的对应相关数量。

⑥当水用作洗舱介质时,固化物质以及那些在 20 ℃时黏度等于或大于 50 mPa · s 的物质,应用热水(温度至少 60 ℃)洗舱,除非这些物质的性质使得洗舱效果不大。

⑦当结束洗舱后,洗舱介质应排放掉并对液货始进行彻底扫舱。此后,液货舱应用清洁洗舱介质进行漂洗,持续排出并排至接收设备。漂洗应至少覆盖舱底并充分冲洗管路、泵和滤器。

(4)预洗最小水量

预洗中所用的最小水量由舱内有毒液体物质的残余量、液货舱大小、货物性质、洗舱水排出物的许可浓度以及操作区域来确定。由下列公式计算最小水量:

$$Q=k(15r^{0.8}+5r^{0.7}\times V/1\,000)$$

式中:Q——要求的最小水量(m^3);

r——每液货舱的残余量(m^3)。r 值应为实际扫舱效率试验中显示的值,但对于舱容为 500 m^3 及以上的液货舱,应取不低于 0.100 m^3;对于舱容为 100 m^3 及以下的液货舱,应取不低于 0.040 m^3;对舱容为 100~500 m^3 的液货舱,在计算中允许使用 r 的最小值由线性内插值法求得。对于 X 类物质,r 值应按《手册》根据扫舱试验予以确定,注意上述给出的较低限值,或取 0.9 m^3。

V——舱容(m^3)。

K:具体有下列值的系数:

X 类,非固化低黏度物质,k=1.2; X 类,固化物质或高黏度物质,k=2.4;

Y 类,非固化低黏度物质,k=0.5; Y 类,固化物质或高黏度物质,k=1.0。

表 4-6 是当系数 k 取 1 时用公式计算所得,可作为参考。

表 4-6　k 为 1 时,最小预洗水量

液货舱残余量/m^3	舱容/m^3		
	100	500	3 000
≤0.04	1.2	2.9	5.4
0.10	2.5	2.9	5.4
0.30	5.9	6.8	12.2
0.90	14.3	16.1	27.7

(5)预洗免除

如满足下列要求,接收方政府可根据船长的要求,准予预洗免除:

①卸完货的舱拟再装载相同或另一种与前者相容的物质,而且该舱在装货前,不予清洗或压载;或

②卸完货的舱在海上既没被清洗也没被压载,可在另一港口进行预洗,但应有书面证明该港口有足够的接收设备;或

③根据附则Ⅱ附录Ⅶ,货物残余物应通过经主管机关认可的通风程序予以清除。

2. 通风程序

(1)适用货物

通风程序只适用于那些在 20 ℃时,其蒸气压力大于 5×10^3 Pa 的物质。

(2)通风程序

①管路内液货应排出,并用通风设备进一步将液体清除;

②船舶横倾和纵倾应调整到尽可能最小的程度,使舱内残余物的挥发得以加强;

③应使用能产生气流达到液货舱底部的通风设备;图 4-3 可用于评估液货舱通风至给定深度的通风设备的适用性;

④通风设备应位于最靠近液货舱汇集井或吸入点的液货舱开口处;

⑤如果实际可行,通风设备的位置应使气流方向对准液货舱汇集阱或吸入点并尽可能避免影响到液货舱构件;和

⑥通风应持续到液货舱内无可见的液体留存为止,这应通过目视检查或等效方法予以核实。

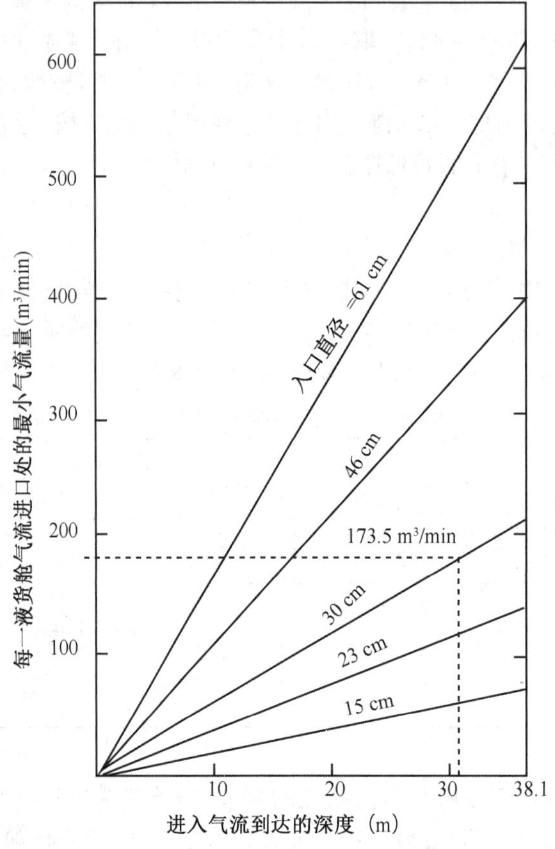

图 4-3　最小气流量与进入气流量到达深度的函数关系

(3)注意事项

①采用通风程序之前,应充分考虑到由此而引起的危险和污染问题。

②必须事先与港方取得协调。港口当局也可制定液货舱通风规则,以明确适用范围及有关安全和防污染的具体条款。

③港口当局可能会因上述情况对此种通风作法提出异议或禁止。

3. 压载和排除压载的操作要求

如船舶位于距离最近陆地不小于 12 n mile,且水深不小于 25 m 的水域中,而灌入已清洗液货舱的、含前次所载物质的量小于 1ppm 的压载水,可排放入海,而无须考虑其排放率、船速及排放口位置。这是指当按预洗程序规定进行了预洗,且对 1994 年 7 月 1 日以前建造的船舶其后又用清洗机进行完整周期清洗,或用不小于 $k=1.0$ 计算值的水量清洗后,已达到液货舱要求的清洁程度。

4. 泵吸、管路

(1)1986 年 7 月 1 日以前建造的每艘船舶均应设置泵吸和管路,以确保每一核准装运 X 或 Y 类物质的舱内及相关管路内的残余物不超过 300 L,并确保每一核准装运 Z 类物质的舱内及相关管路内的残余物不超过 900 L。

(2)1986 年 7 月 1 日以后,但在 2007 年 1 月 1 前建造的每艘船舶均应设置泵吸和管路,以确保每一核准装运 X 或 Y 类物质的舱内及相关管路内的残余物不超过 100 L,并确保每一核准装运 Z 类物质的舱内及相关管路内的残余物不超过 300 L。

(3)2007 年 1 月 1 日以后建造的每艘船舶均应设置泵吸和管路,以确保每一核准装运 X、Y 或 Z 类物质的舱内及相关管路内的残余物不超过 75 L。

(4)2007 年 1 月 1 日以前建造的、未能符合前述(1)和(2)所述为 Z 类物质设置泵吸和管路要求的非化学品液货船,均不适用数量要求。如液舱排空到最实际的程度,视为达到符合标准。

(5)船舶由于结构上和作业上的特点,液货舱无须压载并仅在修理或进坞时才要求洗舱,如果符合下列所有条件,主管机关可允许免除泵吸和管路的相关规定:

①船舶的设计、构造和设备,已由主管机关按其用途予以批准;在修理或进坞之前可能进行的洗舱所产生的任何污液排至接收设备,该设备的适应程度由主管机关确定;

②按本附则要求的证书表明:每一经核准装运有限数量的类似物质的液货舱,无须立即清洗就可装载其他货物;以及免除的说明。船舶备有一份由主管机关批准的操作手册。

5. 水试验

对于载运 X、Y 和 Z 类物质的船舶,其液货舱的泵吸能力和管路布置应能满足前文规定残余量的要求。为此进行水试验,以验证系统的性能是否符合此要求。测得的量称为“扫舱量”。每一液货舱的扫舱量应记录在船舶《手册》中。在确定了一个液货舱的扫舱量后,如果主管机关认为该液货舱的泵吸系统是类似的,并处于正确运转状态,主管机关可将确定的量值用于其他类似的液货舱。

(1)试验条件

①船舶的纵、横倾状态应有利于吸口处的排泄。水试验时,船舶的纵倾不应超过 3°,横倾不应超过 1°。

②水试验时选择的纵、横倾状态,应记录在案,并且应为水试验期间的最小有利纵、横倾状态。

③在水试验时,应设有保持液货舱卸货汇集管处的背压不低于 100 kPa 的设施(见图 4-4 和图 4-5)。

④应记录每个液货舱完成水试验所用的时间,它可能由于接下去的试验而需要进行修改。

(2)试验程序

①确保拟试验的液货舱及其相关管路已清洗干净以及能安全进入液货舱。

②将水注入液货舱达到卸货程序正常结束时所必需的深度。

③按照提出的程序对液货舱及相关管路进行排空并排放洗舱水。

④将留存在液货舱及其相关管路内的水收集在经校准的容器内进行计量。除其他因素外,留存水应从下列各点收集:液货舱吸口点及其邻近处所;液货舱底部各汇集阱区域;泵的低点泄放管;所有液货舱相关管路的最低点泄放管直到汇集管截止阀为止。

⑤根据收集到的总的水容积确定出液货舱的扫舱量。

⑥如果一组液货舱共用一个泵或管路,则公用系统的水试验残余物可按比例分配至各液货舱,只要下述操作上的限制包含在船舶的批准《手册》内:“对于依次卸货的液货舱群,泵或管路在液货舱群的所有液货舱全部卸完之前不得进行清洗。”

6. 水下排放布置

因 NLS 与油类的不同特性 ,化学品液货船排放 NLS 残余物通常是通过水下排放口进行。

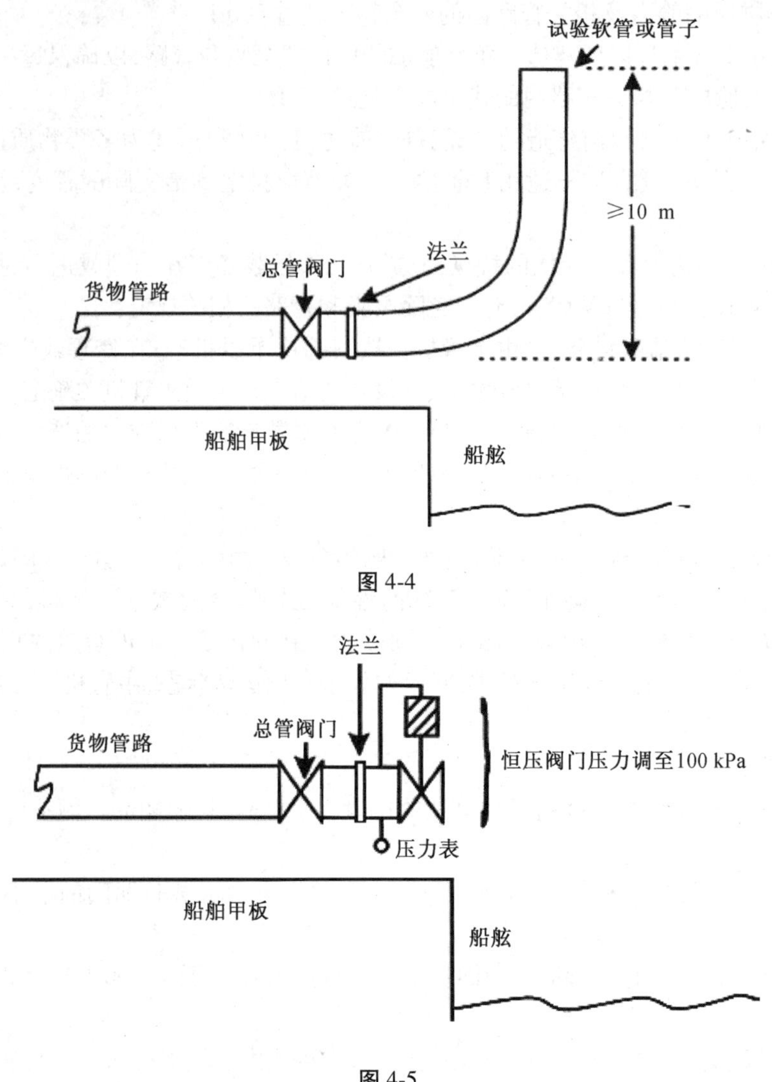

图 4-4

图 4-5

为使 NLS 的残余物与海水迅速充分混合，应该将其引入船尾迹流，进一步稀释、扩散。

水下排出口的具体要求如下：

(1)核准载运 X、Y 或 Z 类物质的船舶，应开设一个或几个水下排放口。

(2)在 2007 年 1 月 1 日以前建造的、核准载运 Z 类物质的船舶，(1)所要求的水下排放口无强制规定。

(3)水下排放口应位于液货舱区域内舭部弯曲处附近，其布置应避免在船舶吸入海水时将残余物/水混合物重新吸入。

(4)水下排出口的布置，应使排入海的残余物/水混合物不通过船舶的边界层。为此，当排放方向与船壳板成直角时，排放口的最小直径由下列公式得出：

$$d=Q_d/5L_d$$

式中：d——排放口最小直径(m)；

L_d——从艏垂线到排放口的距离(m)；

Q_d——船舶通过排放口排放残余物/水混合物所选的最高速率(m^3/h)。

当排放方向与船壳外板成一角度时,上述关系应加以修正,用垂直于船壳板的、通过的分量来替换。

7. 接收设备

(1)MARPOL 附则Ⅱ的规定

①公约各缔约国政府应承担义务,为保证船舶使用其港口、装卸站或修理港的需要而提供如下接收设备:

a. 船舶货物作业港、站应设有足够的设备,以接收船舶由于执行本附则而留待处理的含有有毒液体物质的残余物和含有该有毒物质残余物的混合物,而不对相关船舶造成不当延误;

b. 从事 NLS 船修理的船舶修理港,应设有足够设备,以接收到达该港的船舶所含有有毒液体物质的残余物和混合物。

②各缔约国政府应确定在其领土内的每一货物装卸港、站和船舶修理港为执行①所设置的设备型式,并通知本组织。

③其海岸线处于所规定的特殊区域边缘的本公约各缔约国政府应共同确定一个完成①所要求的日期,并应使有关该区域所适用的排放要求从该日期起实施,并至少提前六个月将该确定的日期通知本组织。本组织随后应立即将该日期通知所有缔约国。

④本公约各缔约国政府应承担义务,保证在其卸货站提供设施,以便利在这些卸货站卸载有毒液体物质的船舶进行液货舱的扫舱。装卸站的货物软管及管系内由船上卸出有毒液体物质时所接收的这些物藏不得泄回船上。

⑤各缔约国应将按①所要求的设备或③所要求的装置被宣称不足的一切情况通知本组织,以便转发各有关缔约国。

(2)接收 NLS 废液涉及的主要问题

①船舶提出清除 NLS 废液预先通告

从港口主管当局的观点来看,对 NLS 废液的接收必然要涉及可能包含着火灾或反应性等危及安全的损害,其中也包含着污染的危害,并会产生最终处理污染物的一系列问题,又带来不少技术和经费上的问题。港口根据"港口提供充分接收设备指南"原则,对接收设备做出恰当安排之后,如果船舶要求某港口提供接收设备,港口则要求远洋船长必须在进入该港口或码头之前的一段时间预先提出通告(如美国要求必须最迟在进入港口或码头的 24 h 之前提出通告)。

该"通告"应包括如下内容:船舶名称;欲排放的含 NLS 货物名称、类别与体积;船舶向接收设备排放 NLS 残余物所需的时间;该船是否满足扫舱要求;排放的残余物中 NLS 名称和体积的估计;欲排放的 NLS 残余物的总体积;需使用的某种清洗剂的名称和数量。

提前通告,为同意接收排放的港口或码头提供充足的时间,以便使为船舶服务的对应的接收设备操作者改变操作,适应该业务的需要。

同时,港口还需要得到有关该 NLS 特性方面的详细的、正确的信息,以决定正确的接收处理方法。

②接收设备接收能力要求

考虑某港接收设备的设置,应首先弄清需接收的进口散化品种、数量。其次估计每条散化船废水排出量及散化船抵港频度。从而计算接收设备的需求量。

估算一天散化船对接收设备的需求量，可根据港口提供充分接收设备指南、《程序和布置手册》液货舱扫舱要求（表 4-7）、清洁和处理程序 CDP（表 4-8）、流程图（图 4-6）以及要求卸于该码头的 X 类和 Y 类非固化物质、固化物质/高黏度物质的货种数及货舱数量；清洗一个平均容积船舱所需的洗舱机数量；洗舱机系统的液货流速；所要求的洗舱周期数；完成一个洗舱周期所需要的时间。

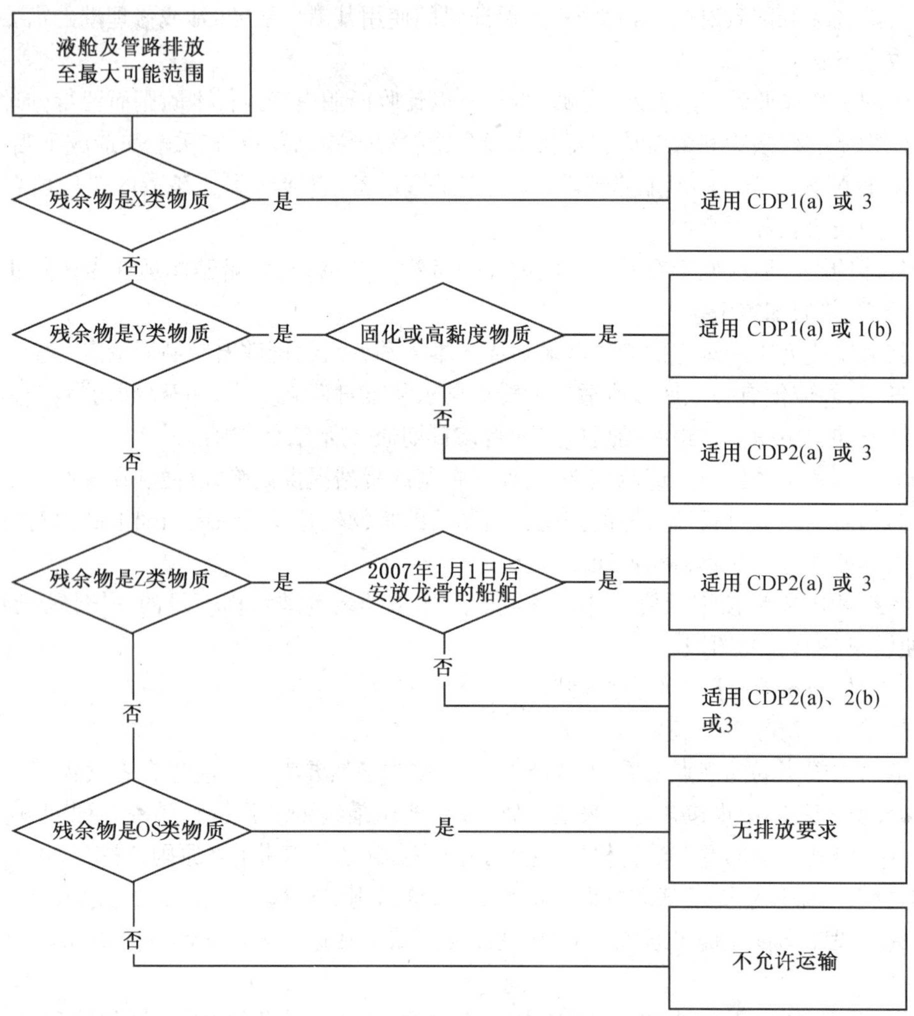

图 4-6　含有 X、Y 和 Z 类物质残余物的液货舱清洗及洗舱水/压载水的处理

表 4-7　液货舱扫舱要求

船舶详述	扫舱要求（单位：L）		
	X 类	Y 类	Z 类
新船：2007 年 1 月 1 日以后安放龙骨	75	75	75
至 2007 年 1 月 1 日的 IBC 船舶	允差 100+50	允差 100+50	允差 300+50
BCH 船舶	允差 300+50	允差 300+50	允差 900+50
其他船舶：2007 年 1 月 1 日以前安放龙骨	N/A	N/A	最大限度清空

表 4-8 清洁和处理程序(CDP)

编号	作业	程序编号				
		1(a)	1(b)	2(a)	2(b)	3
1	根据卸货和扫舱程序,最大限度地清扫货物和管路	X	X	X	X	X
2	根据预洗程序进行预洗并将残余物排至接收设备	X	X			
3	除了预洗,实施随后冲洗,遵循以下条件:对于 1994 年 7 月 1 日以前建造的船舶,要使用有一个完整循环的洗舱机;对于 1994 年 7 月 1 日以后建造的船舶,清洗水量不少于以 $k=1.0$ 计算		X			
4	实施通风程序					X
5	压载液货舱或洗舱至商业要求	X		X	X	X
6	加到液货舱的压载水		X			
7	压载水/残余物/水混合物(预洗舱水除外)的排放条件					
	a. 距陆地大于 12 n mile	X		X	X	
	b. 船速大于 7 kn	X		X	X	
	c. 水深 25 m 以上	X		X	X	
	d. 使用水下排放(不超过允许的排放率)	X		X		
8	压载水的排放条件					
	a. 距陆地大于 12 n mile		X			
	b. 水深 25 m 以上		X			
9	随后加入液货舱的任何水,可不受限制而排放入海	X	X	X	X	X

注:根据 CDP 规定的编号从顶栏开始,并按标有"X"标志的顺序完成每一个程序。

运到岸上的洗舱残余物的实际体积,根据货舱的尺寸、洗舱机的数量和完成预洗所需洗舱次数而变动。

修船港所需配备的接收能力及码头相比稍有不同,修船港必须具备可接收偶然修理的任何船舶所产生的 NLS 残余物的能力。修船港的接收设备能力取决于将在该港修理的船舶所载运的 NLS 的种类。

③确定接收设备类型

一旦确定了对接收设备的需求量,接着就应该考虑接收设备的类型。这涉及港口所处的环境条件、技术、资金等因素的影响。

在多数情况下,采用槽罐车等可移动接收设备比固定设施更为有利。因为它可以在港口任一部位接收残余物,并直接将其输入处理设施或处理场。

若建立固定接收设备,就需要进行投资,除非在处理设备附近有一部分化学品仓储场地可供使用。残余物的不同种类、不同相容性和不同处理方法要求具有不止一个储罐,同时,还应考虑到如何最终处理这些污水。

不同化学品的理化特性要求有不同的处理方法。国家在污水处理方面的立法也会影确到处理方法的选择。处理的数量会影响处理方法的可行性和经济选择，如果数量不多，污水处理应和其他工业污水处理一并考虑。在处理污水过程中，听取进口商的经验也将有所帮助。

第四节　船运有毒液体物质的监督管理

一、载运有毒液体物质船舶需要持有的防污证书与文书

1.《国际防止有毒液体物质污染证书》(NLS 证书)

根据 MARPOL 附则Ⅱ Reg. 9 的规定，对驶往本公约其他缔约国管辖的港口或装卸站的拟散装运输有毒液体物质的船舶，在按附则Ⅱ Reg. 8 的规定进行初次检验或换证检验后，应签发《国际防止散装运输有毒液体物质污染证书》。该证书应由主管机关或经其正式授权的任何个人或组织签发或签署。对于悬挂非缔约国国旗的船舶，不得签发《国际防止散装运输有毒液体物质污染证书》。在任何情况下，主管机关应对该证书负有全部责任。《国际防止散装运输有毒液体物质污染证书》应按与附则Ⅱ附录 3 所示样本相一致的格式写成，并应至少为英文、法文或西班牙文。如同时使用船舶所悬挂国旗国家的官方语言，则在有争议或分歧时，应以该国官方文字记录为准。

(1)散装运输有毒液体物质船舶的检验

①初次检验，在船舶投入营运前或首次签发 NLS 证书之前进行。检验应包括对本附则所提及的船舶结构、设备、系统、附件、布置和材料的全面检验。该检验应确保其结构、设备、系统、附件、布置和材料完全符合本附则的适用要求。

②换证检验，按主管机关规定的间隔期限进行，但不得超过 5 年。换证检验应确保其结构、设备、系统、附件、布置和材料完全符合本附则的适用要求。

③中间检验，在证书的第二个周年日之前或之后 3 个月内或第三个周年日之前或之后 3 个月内进行，并应取代其中一次年度检验。中间检验应确保设备及其相关的泵和管系完全符合本附则的适用要求，并处于良好的工作状态。该中间检验应在 NLS 证书上予以签署。

④年度检验，在证书的每个周年之前或之后 3 个月内进行，包括对结构、设备、系统、附件、布置和材料的总体检查，以确保其已按规定进行保养，并确保其继续满足船舶预定的营运要求。该年度检验应在 NLS 证书上予以签署。

⑤附加检验，在进行修理后或在任何重大修理或换新后应根据情况进行全面或部分检验。该检验应确保已有效进行了必要的修理或换新，确保这种修理或换新所用的材料和工艺在各方面均属合格，并确保该船在各方面均符合附则Ⅱ的要求。

(2)NLS 证书的有效期

《NLS 证书》的有效期由主管机关规定，但不得超过 5 年。但如果换证检验在现有证书期满之日前 3 个月内完成，则新证书应从换证检验完成之日起，至现有证书期满之日后不超过 5 年的日期内有效；如果换证检验在现有证书期满之日后完成，则新证书应从换证检验完成之日起，至现有证书期满之日后不超过 5 年的日期内有效；如果换证检验在现有证书期满之日的前 3 个月前完成，则新证书应从换证检验完成之日起不超过 5 年的日期内有效；如果换证检验已完成，而新证书在现有证书期满之日前不能签发或不能存放船上，主管机关授权的人员或组织

可在现有证书上签署,签署后的证书自期满日起不超过5个月的期限内应视为继续有效;如果证书期满时船舶不在应进行检验的港口,主管机关可延长该证书的有效期,但此项展期仅以能使该船完成其驶抵应进行检验的港口的航次为限,并且仅在正当初合理的情况下才能如此办理。证书的展期不得超过3个月。经展期的船舶在抵达应进行检验的港口后,不得因有此项展期而在未获得新证书前驶离该港口。换证检验完成后,新证书的有效期应自现有证书展期前的期满日起不得超过5年。

如果年度检验或中间检验在附则Ⅱ Reg. 8规定的期限前完成,则:证书上所示的周年日期应予以签署修正,修正后的周年日应不多于检验完成之日起3个月;附则Ⅱ Reg. 8要求的其后的年度检验或中间检验应使用新的周年日按该条规定的间隔期内完成;如进行一次或多次相应的年度检验或中间检验,以使Ⅱ Reg. 8规定的最大检验间隔期不被超过,则期满日可保持不变。

(3)NLS证书的失效

NLS证书,在下列任一情况下即应中止有效:

如果相关检验未在附则Ⅱ Reg. 8规定的期限内完成;

如果证书来按附则Ⅱ Reg. 8的规定予以签署;

船舶变更船旗国。只有当换发新证书的政府确信该船符合附则Ⅱ Reg. 8的要求时,才能签发新的证书。如果变更船旗系在缔约国之间进行,则在变更后的3个月内,前船旗国政府如收到申请,应尽快将变更船旗前该船所携证书的副本以及相关的检验报告副本(如备有)送交该船新的主管机关。

(4)需持有NLS证书的船舶

有些运载散装NLS的船舶,并不适于IBC/BCH规则,也不具备COF,这些船包括:配有深舱的干货船、液化气船、近海供应船、成品油船。对这些船,要求具备NLS证书。同时,必须备有一本"P&A手册"和CRB。

2.《国际散装运输危险化学品适装证书》(COF证书)

根据IBC规则第1.5节,经决议MSC16.(58)和MEPC40.(29)的修订的IBC规则1.5节的要求,从事国际航行的化学品船舶,经初始检验或周期检验,满足国际散装危险化学品规则的有关要求,应签发《国际散装危险化学品适装证书》(COF证书);据BCH规则第1.6节,经决议MSC16.(58)修订的BCH规则第1.6节的规定要求,每艘从事国际航行的化学品船舶,经初次检验或周期检验,满足散装危险化学品规则的有关要求的,应具有《散装危险化学品适装证书》。要求船舶持有这两种证书的目的是为了确保船舶的结构、设备、系统附件、布置和材料分别符合MARPOL和IBC/BCH规则的要求。

为了协调这两种证书的关系,MARPOL附则Ⅱ规定,拥有COF证书的散化船,承认与NLS证书具有同等效力,也就是说针对所载运货物而言,具备COF证书的船舶可以无须具备NLS证书。但是,反过来NLS不能代替COF证书。

3.《程序和布置手册》(P&A手册)

MARPOL附则Ⅱ Reg. 14规定核准装运X、Y或Z类物质的每艘船舶应备有经主管机关批准的《程序和布置手册》。该手册应有符合本附则附录4的标准格式。如果是国际航行船舶,其所使用语言既非英语、法语,也非西班牙语,则条文内容应包括其中一种语言的译文。

《程序和布置手册》的主要目的是为船舶高级船员确定实际安排和所有有关操作程序。

即为符合附则Ⅱ的要求而必须遵守的货物操作、洗舱、污水处理及液货舱压载和排放。

4.《货物记录簿》(CRB)

(1)应备有CRB的船舶

MARPOL附则Ⅱ适用的船舶，应备有一本《货物记录簿》，记录簿不论是作为船舶正式航海日志的一部分或作为其他文件，均应按附则Ⅱ附录2所规定的格式。

(2)应在CRB上记录的作业

涉及NLS和含有NLS混合物的下列作业，必须在CRB上做如下记录：

A.装货：地点；液货舱、物质的名称及类别。

B.货物的内部驳运：驳运货物的名称及类别；驳运液货船的名称及数量。

C.卸货：卸货地点；卸载的液货舱名称；液货舱卸载情况；船舶的《程序和布置手册》是否有预洗和随后处理至接收设备的要求；泵吸和/或扫舱系统故障：故障的时间和性质；故障原因、系统恢复作业的时间。

D.按照船舶的《程序和布置手册》进行强制预洗：液货舱、物质和分类的名称；清洗方法：每一液货舱洗舱机数量、洗舱时间/洗舱循环数、热/冷清洗；预洗污液驳至：卸货港接收设备(注明港口)或其他接收设备(注明港口)。

E.除强制预洗外的液货舱清洗(其他预洗作业、最后清洗、通风等)：注明时间、液货舱名称、物质的名称和分类；使用的洗舱程序、清洁剂(名称及数量)，使用的通风程序(注明所用风扇数量，通风时间)；洗舱水驳至：海中/接收设备(注明港口)/污液收集舱(注明液舱)。

F.洗舱水排放入海：

①注明液舱：清洗货舱时，是否排放洗舱水？如是这样，排放率为多少？洗舱水是否由污液收集舱排放？如是这样，注明数量及排放率。起泵及停泵时间。

②排放时的船速。

G.液货舱压载：压载的液货舱名称；开始压载的时间。

H.液货舱压载水排放：液货舱名称；压载水排至：海中/接收设备(注明港口)；排放压载水的起止时间；排放时的船速。

I.意外的或其他例外排放：发生的时间；大概数量、物质的名称及类别；排放或逸漏的环境及一般说明。

J.由授权检查员控制：注明港口；液货舱名称，排至岸上的物质名称及类别；液货舱、泵及管系是否已排空；是否已按照船舶的《程序和布置手册》进行了预洗；是否已将预洗产生的洗舱水排至岸上；是否已经排空；同意强制预洗的免除的理由、授权的检查员姓名及签字和检查员工作的组织、公司或政府机构。

K.附加作业程序及说明

(3)对CRB的有关要求

①每项记录应由负责该项作业的高级船员签字以及每填完一页还应由船长签字。对持有《国际防止散装运输有毒液体物质污染证书》或本附则COF证书的船舶，《货物记录簿》的记录应至少为英文、法文或西班牙文。若同时使用船旗国的官方文字做记录，则在遇有争议或不相一致的情况时，应以船旗国官方文字记录为准。

②《货物记录簿》应存放在随时可以取来检查的地方，除了没有配备船员的被拖船舶外，均应存放在船上。《货物记录簿》在完成最后一次记录后应保存3年。

③缔约国政府的主管当局可对适用于附则Ⅱ的任何船舶在港时上船检查《货物记录簿》,并可将该记录簿中的任何记录制成副本,也可要求船长证明该副本是该项记录的真实副本。凡经船长证明为船上《货物记录簿》中某项记录的真实副本者,将在任何法律诉讼中成为该项记录中所述事实的证据。主管当局根据本规定对《货物记录簿》的检查和制作正确无误的副本应尽速进行,而不对船舶造成不当延误。

5. 船上有毒液体物质海洋污染应急计划

(1)每艘150 GT及以上核准装载散装有毒液体物质的船舶,应备有主管机关批准的《船上有毒液体物质海洋污染应急计划》。

(2)该应急计划应以海洋环境保护委员会MEPC. 85 (44)决议通过并经MEPC. 137 (53)决议修正的《制订船上油类和/或有毒液体物质海洋污染应急计划的指南》为基础,并应以船长和高级船员的工作语言书写。该计划至少应包括:

①MARPOL第8条和议定书Ⅰ要求的由船长或其他负责人员报告有毒液体物质污染事故所遵循的程序(船舶报告制度和船舶报告要求的一般原则,包括危险品、有害物质和/或海洋污染物事故报告指南);

②在发生有毒液体物质污染事故时应与之联系的当局或人员名单;

③在事故发生后由船上人员为减少或控制排除有毒液体物质所立即采取的措施的详细说明书;

④在处理污染时与政府及地方当局协调船上行动的程序和联络点。

(3)对MARPOL附则Ⅰ第37条也适用的船舶,此计划可以与附则Ⅰ第37条所要求的《船上油污应急计划》结合使用。在此情况下,该计划的标题应为"船上海洋污染应急计划"。

二、对载运散装有毒液体物质的船舶的监督管理

1. 对证书、船舶及设备的检查

我国海事行政主管机关对到港的承运液体化学品船舶的检查分为一般检查和详细检查。一般检查主要查看载运有毒液体货物船舶需要的防污染证书、文书是否齐全、有效。即检查船舶是否持有《防止有毒液体物质污染证书》或《适装证书》,是否持有经主管部门批准的《程序和布置手册》,是否按规定持有《船上海洋污染应急计划》;船舶载运的有毒液体物质是否属于相关证书列明的货品,且装载在认可的液货舱内;并检查《货物记录簿》,核实各项操作和积载是否按规定如实记载,如果有明显理由,则可以对船舶结构及设备进行详细检查。需要注意的是,危防监督管理对证书及船舶的检查不同于一般对船舶的港口国检查和船舶安全检查,而是有所侧重地进行,检查的重点是载运有毒液体物质船舶的适装适运安全与防污染关键性证书及相关设备。

2. 对载运有毒液体物质船舶卸货、扫舱和预洗的检查

对船舶卸货、扫舱和预洗的检查,应按MARPOL附则Ⅱ附录4、附录5、附录6和附录7所列的程序,通过检查证书、设备及作业现场状况,确保船舶的X、Y或Z类有毒液体物质卸载至最大可能的限度,直至达到公约允许在海上排放的数量。需要注意船舶是否按主管部门批准的《程序和布置手册》进行货物的装卸作业,船舶是否经过有效扫舱,换装货物品种需要清除舱内残余物时采取的方法是否符合程序要求,船舶是否按规定处理船上产生的压载水和洗舱水,船舶有否在港内冲洗甲板,船舶的《货物记录簿》是否按要求记载,对发现含有有毒液体物

质污水的排放去向不明时，应进一步展开调查处理。

该部分的检查重点在于对其液货舱内货物残余和《货物记录簿》的规范记载的调查，关键是通风或洗舱是否适合，是否属于强制洗舱要求，洗舱水的去向如何，尤其是对航行沿海和内河水域的化学品船舶，看是否有可能到达法律规范要求的水域排放，否则，就应要求其出示污水接收处理证明。船舶出现问题最多的主要是虚假记录和记载不规范。检查过程中，还需留意船员在作业过程中采取的防污措施，如装卸期间是否准备足够的吸油毡、抹布，不用管系的阀门是否关闭，其管口有无用盲板加封，接管口下有无放置滴漏盘等，因为这些细节从另一个侧面也可反映出船上防止有毒液体物质管理的真实情况。

对于按照 MARPOL 附则Ⅱ的规定需要进行预洗的 X 类或 Y 类物质，港口必须具备接收处理该类物质的设备设施和处理能力。如果港口方不具备这样的能力，应不批准该类货物载运船舶进靠装卸。

3. 港口国监督

(1)监督措施

缔约国政府应指定或授权若干检查员按照《港口国监督程序》来执行监督。

如缔约国政府指定或授权的检查员验证了操作是按照本附则要求进行的，或已同意免除预洗，则该检查员应在《货物记录簿》做相应记录。

核准载运散装有毒液体物质船舶的船长应确保该船符合有毒液体物质残余物排放控制的规定，并且每当遇有涉及有毒液体物质及其残余物的作业均应填写《货物记录簿》。

装有 X 类物质的货舱，应按要求予以预洗。这些操作应在《货物记录簿》做相应记录，并由缔约国政府指定或授权的检查员签署。

如果接收方的缔约国政府确信，要测定排出物中的物质浓度而不对船舶造成不当延误不可行，该缔约国可接收替代程序，条件是检查员在《货物记录簿》内证明：液货舱、泵和管系均已排空；已按本附则的预洗程序进行了预洗；由这种预洗所产生的洗舱水已排入接收设施，且该舱也已排空。

如果预洗程序免除的条件之一得到满足，则接收方政府可应船长的申请，免除该船相应的预洗要求。

(2)关于操作要求的港口国监督

当船舶停靠在另一缔约国港口时，如有明显理由确信该船船长或船员不熟悉船上主要的防止有毒液体物质污染的程序，该船应接受该缔约国正式授权官员根据附则Ⅱ进行的有关操作要求的检查。缔约国应采取措施，确保该船在按附则Ⅱ的要求调整至正常状态前，不得开航。

对非缔约国船舶，同样运用公约的规定进行管理，以保证不给予这些船舶较为优惠的待遇。在管理中，重点检查其设备及其排放作业情况，并实施有效的监控。

第五章　船舶压载水管理

第一节　概述

一、船舶压载水及其使用

1. 定义

船舶压载水系指船舶为控制吃水、纵倾、横倾、稳性或应力而装上船的水及其中的悬浮物。

沉积物系指船舶装有压载水的舱室的压载水中沉淀物质。

压载水管理系指单一或者综合的机械、物理、化学和生物处理方法，以清除、无害处置、避免加装或者排放压载水和沉积物中的有害水生生物和病原体。

有害的水生生物和病原体系指水生生物或病原体，如果引入到海中包括河口，或者引入到淡水中，可能造成对人类健康的危害，损害生活资源和水生生命，损伤生物多样性状态或者妨碍对这些区域的其他合理使用。

船舶压载水和沉积物管理相关作业系指压载水管理系统的形式认可、压载水和沉积物检测、压载水和沉积物接收处理等有关活动。

2. 船舶压载水的使用

船舶运输了世界上超过90%的货物，据估计，每年约有120亿吨压载水通过船舶在世界范围内转移。根据船舶大小和用途的不同，每条船可以携带几百升到超过13万吨的压载水。压载水在船舶中的分布取决于船舶设计标准、尺度和强度。船舶在港口或附近加装的压载水可能包含多种生物体。当在到达港为了装货而排出压载水的时候，那些生物体也同时被排到了一个新的环境中，如图5-1所示。

二、船舶压载水的危害

压载水已经被确定为物种传播的主要载体，全球每天通过压载水转移的海洋微生物、植物和动物至少有7 000种甚至达到10 000种。它已经被确定为对世界海洋的四个最大威胁之一。其他三个分别为陆源海洋污染、对海洋生物资源的过度开发和海洋生物环境的物理改变和破坏。在过去的半个世纪里，这些入侵者在暴发的广度和破坏性上已经显示出戏剧性的增长，并且所有的迹象表明这种情况将继续发生。毫无疑问，不断发展的航运使不断增长的压载水通过船舶在全世界转移，不断提高的船速提高了水生生物存活率。一些水生生物离开它们

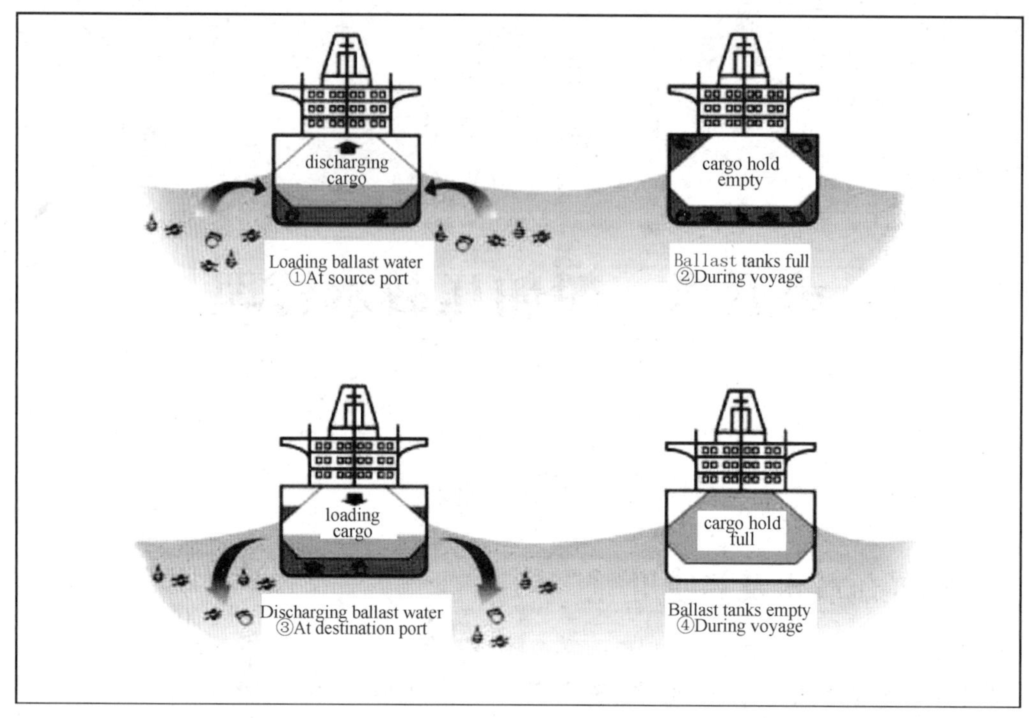

图 5-1 船舶压载舱截面和压载水操作过程

的原栖息地后能够建立新的种群，潜在地威胁当地物种并/或引起大型的生态和环境损害。这些入侵的海洋生物可以造成许多直接和间接的影响，虽然它们都是紧密联系在一起并相互影响，但主要可以归纳为三个重要方面：生态、经济和人类健康。

生态影响具体表现为：与本地物种争夺空间和食物；捕食本地物种；改变生活环境；改变环境条件（如降低水的透明度）；改变食物链和整个生态系统及取代本地物种，减少本地生物多样性，甚至会引起本地物种的灭绝等。

案例：原产于北亚的亚洲海藻（见图 5-2），被引入到南部澳大利亚、新西兰、美国西部海岸、欧洲和阿根廷。它的生长和扩散速度相当快，边生长边散布孢子。它取代了本地的藻类和海洋生物，改变了生活环境、生态系统和食物链。它可能通过空间竞争和改变生存环境来影响贸易性甲壳类动物的血统。

图 5-2 亚洲海藻

经济影响具体表现为：入侵物种的竞争，掠夺和/或取代养殖物种，和/或改变栖息地/生活环境，导致渔业减产（包括渔场消失）；入侵物种导致海滨娱乐场、观光海滩和其他海岸上宜人的场所受到影响甚至关闭（例如在海滩上的水生物沉积和海藻散发出来的难闻臭味）；引入病原体和有毒物种对人类健康的影响也造成了额外的经济影响，包括增加监控、测试、分析和处理的费用，和受影响人群的疾病和死亡导致社会生产力的降低；生态影响和生物多样性的丧失造成的经济影响及对问题做出反应的费用，包括研究和发展、监控、教育、交流、制定规则、履约、缓解管理和控制的费用。

案例：栓水母（见图 5-3）原产于北美大西洋海岸一带，它正在蔓延到黑海区域。它在黑海首次被记录是在 1982 年。现在这种水母已经大量繁殖,大量聚集并改变了整个浮游营养网。它对黑海和亚速海的浮游养殖业的影响是彻底的和破坏性的:导致在黑海的浮游鱼类如凤尾鱼,在地中海的马鲭鱼和小鲱鱼,亚速海的亚速凤尾鱼的渔业崩溃。凤尾鱼的产量降到了先前的三分之一水平,许多渔民放弃了捕鱼。这种灾难性的减产是由于浮游动物的消失、浮游鱼类的正常食物和鱼卵及幼苗被水母掠夺。

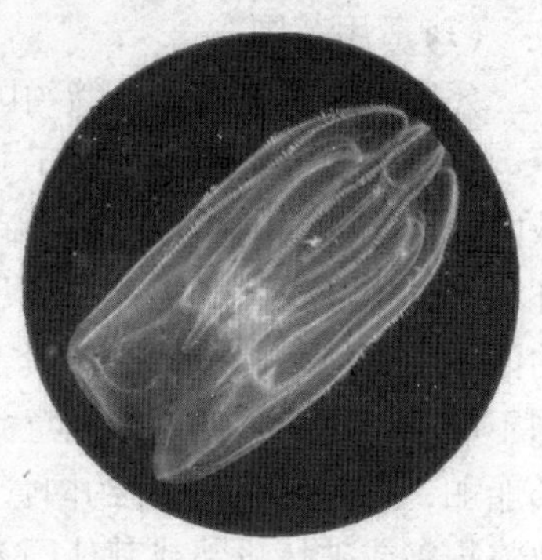

图 5-3　梐水母

对人类健康的影响:一些霍乱病看来与压载水直接有关。霍乱弧菌和其他潜在的病原体可能是沿海海水的正常组成部分,它们一般不会达到足够威胁人类健康的程度。然而,随着国际贸易的扩展和在国际港口间船舶数量的增长,船舶压载水的排放造成的微生物转移可能成为最可怕的威胁。除了细菌和病毒,压载水还可以传输一些微藻类,包括可能形成有害的藻花或"赤潮"的有毒种类。这种大规模的暴发对公共卫生的影响已经被证明,包括引起贝类中毒瘫痪,这可以引起人类严重的疾病甚至死亡。

案例:1991 年来自亚洲南部的一条货船在秘鲁海岸排空了它的舱底污物。随同废水排出的还有霍乱菌株,它们在非常温暖的海水里繁殖得很好,造成了大量的污染。流行病同时开始在三个独立的海港暴发。细菌污染了贝类,通过贝类传染了人类,并发展成了一场流行病,据报道,5 000 人因此丧生。这些来自秘鲁城市的未经消毒的水携带有霍乱菌株并被送到人们的住宅中。这种流行病在美洲南部蔓延,受传染人数超过 100 万。据说,到 1994 年有超过 1 万人因此而死亡。

第二节　船舶压载水管理

一、国际船舶压载水及沉积物控制与管理公约

1. 制定背景

1993 年 11 月,国际海事组织(IMO)大会通过了 A. 774(18)决议。该项决议以 1991 年的指导方针为基础,要求海上环境保护委员会(MEPC)和地中海航运公司(MSC)重新审阅指导方针,以制定国际适用的、具有法律约束力的条款。为了控制和管理船舶压载水,尽量减少有害水生物和病原体的迁移,1997 年 11 月国际海事组织通过了 A. 868 (20)决议,要求其成员国在解决海洋生物入侵的问题时履行新的指导方针。2004 年 2 月 13 号,经过漫长的协商谈判,国际海事组织及其成员国最终在总部伦敦的外交会议上达成共识,并通过了《国际船舶压载水及沉积物控制与管理公约》(以下简称《压载水管理公约》)。公约要求所有船舶执行压载水及沉积物管理计划,做好压载水排放记录,并在 2016 年年底之前配备 IMO 认可的压载水处理系统。

2. 公约主要内容

《压载水管理公约》包括 22 条条款和一个附则(即《控制管理船舶压载水和沉积物以防止、减少和消除有害水生物和病原体转移规则》,以下简称《规则》)。

(1)适用范围

公约适用于有权悬挂缔约国船旗的船舶以及无权悬挂缔约国船旗，但在该缔约国的管辖下运营的船舶。公约不适用于非设计和建造携带压载水的船舶：专门运营于一缔约国管辖水域内的该缔约国的船舶，除非缔约国认为该船的压载水排放将损害或破坏毗邻或其他国家的环境、公民健康、财产或资源；根据一缔约国的免除授权专门运营于其管辖的水域内的另一缔约国船舶。如果此种做法将损害或破坏毗邻或其他国家的环境、公民健康、财产或资源，缔约国不应予以授权。任何未同意此种授权的缔约国应通知有关船舶的主管机关本公约适用于此类船舶；专门运营于一缔约国管辖的水域内或公海上的船舶，除非缔约国认为该船的压载水排放将损害或破坏毗邻或其他国家的环境、公民健康、财产或资源；任何军舰、军用辅助船舶或缔约国所拥有和营运的到目前为止只用于政府非商业服务目的的其他船舶（但是，各缔约国须通过采取不妨碍其所拥有和营运此类船舶的操作性能的适当措施，保证此类船舶在合理和可行时符合本公约）；装载于封闭压载舱中的永久性压载水不排放的船舶。

(2)检验和发证

各缔约国政府应当确保悬挂其国旗或在其管辖下营运并接受检验和发证的船舶根据附则的规定进行检验和发证。依照公约第 2.3 条和附则 C 部分实施措施的缔约国无权要求另一缔约国的船舶接受额外的检验和发证，同时船舶的主管机关无义务承担另一缔约国强加的额外措施的检验和发证。核实此类措施应是实施此类措施缔约国的责任，并不得对船舶造成不当延误。

(3)船舶检查

①适用于本公约的船舶，在另一缔约国的任何港口或近岸装卸站时，应接受该缔约国正式授权官员的检查以确定其是否遵守本公约的要求。除本条②条规定以外，任何该种检查应限于：

a. 检验船上是否有有效的证书，如有效，应被接受；和

b. 检查《压载水记录簿》；和/或

c. 根据本组织即将制定的导则对船舶的压载水进行采样。但对样品进行分析需要的时间不应作为延误船舶营运、行动或离港的理由。

②如果船舶未持有有效的证书或有确凿证据表明：

a. 船舶的状况或设备实质上不符合证书资料；或

b. 船长或船员不熟悉船上压载水管理的基本程序，或未执行该程序。

则可以进行具体的检查。

③根据本条第②款规定，进行检查的缔约国应采取措施保证船舶不排放压载水，除非该种排放对环境、人类健康、财产及资源不构成有害影响。

(4)违章调查和船舶管理

①各缔约国应在违章调查和实施本公约规定方面进行合作。

②如果船舶被查出违反本公约，船旗国和/或在其港口或近岸装卸站营运的缔约国，除采取公约第 8 条的制裁或第 9 条的行动外，可以采取警告、滞留或遣散等措施。但是，在其港口或近海装卸站进行船舶操作的缔约国，应允许船舶离开港口和近岸装卸站进行压载水置换或驶往就近的修船厂或可用的接收设施，前提是上述行为不应对环境、人类健康、财产及资源构成有害影响。

③如果按公约第9.1(c)条所述采样得到的结果,或从其他港口或近岸装卸站得到可靠信息,表明船舶对环境、人类健康、财产和资源构成威胁,则船舶在其水域进行营运的缔约国应禁止上述船舶排放压载水直至上述威胁被消除。

④如果一缔约国收到另一缔约国请其进行调查的请求和有关某船正在或曾经违反本公约规定进行操作的充分证据,也可以在船舶进入其港口或近岸装卸站时对该船进行调查。这种调查的报告应送交请求调查的缔约国以及有关船舶的主管机关,以便根据本公约采取适当措施。

3. 船舶压载水和沉积物控制和管理规则

《规则》分为5个部分:A部分为总则,包括定义、适用范围、例外、免除和等效符合的具体规定;B部分为对船舶的管理和控制要求,包括压载水管理计划、《压载水记录簿》、船舶压载水管理、压载水更换、对船舶沉积物的管理、高级船员和普通船员的职责;C部分为对某些区域的特殊要求,包括附加措施、在某些区域加装压载水的警告和相关的船旗国措施以及信息交流;D部分为压载水管理标准,包括压载水更换标准、压载水处理标准、压载水管理系统的认可要求、原型压载水处理技术及海事组织对标准的审议;E部分为压载水管理的检验和发证要求,包括检验、证书签发或签注、证书的格式和证书的有效期及有效性。

(1)船舶压载水管理

2009年以前建造的、压载水容量为1 500~5 000 m^3 的船舶,在2014年之前,其压载水管理至少要满足压载水更换标准或压载水处理标准。2014年以后的船舶,应满足压载水处理标准。

2009年以前建造的、压载水容量小于1 500 m^3 或大于5 000 m^3 的船舶,在2016年之前,其压载水管理至少要满足压载水更换标准或压载水处理标准。2016年以后的船舶,应满足压载水处理标准。

2009年及以后建造的、压载水容量小于5 000 m^3 的船舶,其压载水管理应至少满足压载水处理标准。

2009年及以后,但2012年以前建造的、压载水容量大于等于5 000 m^3 的船舶,从2017年开始,其压载水管理至少能满足压载水处理标准。

2012年及以后建造的、压载水容量大于等于5 000 m^3 的船舶,其压载水管理至少应满足压载水处理标准。

(2)压载水更换

凡可能时,均应在距最近陆地至少200 n mile、水深200 m处,按IMO制定的导则实施压载更换;当船舶不能按照前述压载水更换条件时,应在尽可能远离最近陆地并在所有情况下距最近陆地至少50 n mile、水深至少为200 m处,进行此种压载水更换。

在距最近陆地的距离或水深不满足前述参数的海域中,港口国可根据IMO制定的导则,视情与毗邻的其他国家协商,指定压载水更换区。

(3)压载水管理标准

①压载水更换标准

船舶进行压载水更换应达到其所载压载水量的95%的置换量。对于通过注入法置换压载水的船舶,如能排出压载舱容积三倍的水量,应被视为满足所述的标准。如果能证明至少满足了95%的置换量,注入排出少于3倍压载舱容积的水量也可以被接受。

②压载处理标准

进行压载水管理的船舶需排放的压载水，其含有最小尺寸大于或等于 50 μm 的可检出存活生物的浓度应少于每立方米 10 个，且其含有最小尺寸大于或等于 10 μm 但小于 50 μm 的可检出存活生物的浓度应少于每毫升 10 个。指标微生物的排放不应超过规定的浓度。根据人类的健康标准，指标微生物应包括但不限于每 100 mL 少于 1 cfu 的有毒霍乱弧菌（O1 和 O139）或每克少于 1 cfu 的浮游动物（湿重）；每 100 mL 少于 250 cfu 的大肠杆菌；每 100 mL 少于 100 cfu 的肠道球菌。

二、国内船舶压载水和沉积物监督管理

1. 一般规定

中国籍船舶所属的航运公司应当将相关法律法规和公约中关于船舶压载水和沉积物管理的要求纳入安全管理体系。

船舶应当配备《国际压载水管理证书》、《压载水管理计划》和《压载水记录簿》等相关证书文书。安装压载水管理系统的船舶还应当持有《压载水管理系统型式认可证书》的副本或复印件。

《国际压载水管理证书》应当由主管机关或其授权的船舶检验机构签发。《压载水管理计划》应当符合船舶的操作实际并由主管机关或其授权的船舶检验机构签发。

《压载水记录簿》应当至少包括压载水操作的时间、经纬度和压载水操作类别等内容。船舶可采用电子记录的方式，或将《压载水记录簿》的内容合并到其他记录簿中。

鼓励港口经营人或从事港口服务的单位建设压载水接收处理设施，以应对船舶压载水管理系统故障或其他突发状况导致的无法满足公约要求的情况。鼓励修造船厂或从事港口服务的单位建设沉积物接收处理设施。

2. 船舶压载水和沉积物管理

按照公约要求需要置换压载水的船舶，应满足公约所述压载水更换海域要求。我国与相邻国家另有约定的除外。

按照公约要求需要处理压载水的船舶，应满足公约所述压载水处理标准。

（1）压载水管理计划（BWMP）

每条船都应备有并实施经主管机关批准的压载水管理计划。压载水管理计划应针对每一船舶并应至少：详述该船和涉及《压载水管理公约》要求的压载水管理的船员的安全程序；详述实施《压载水管理公约》所载的压载水管理要求和补充性压载水管理做法所应采取的行动；详述沉积物海上处理程序和岸上处理程序，包括在其水域进行压载水排放的国家主管当局协调涉及海上排放的压载水管理的程序；指定负责确保船上压载水管理计划得到正确实施的高级船员；携带本公约规定的船舶报告要求；压载水管理计划应用船舶的工作语言写成，如果使用的工作语言不是英文、法文或西班牙文，则应包括其中一种语言的译文。

船员应当熟悉其承担的压载水和沉积物管理职责，并按照《压载水管理计划》的要求管理船上压载水和沉积物。

（2）《压载水记录簿》

每一项压载水和沉积物管理作业应及时在《压载水记录簿》中做出详细的记录，每一记录均应由值班驾驶员签字，每一页填写完毕后由船长签字。《压载水记录簿》中的记录应当以船

上的工作语言填写，语言不是英文、法文或者西班牙文的，每条记录应有其中一种语言的译文。船舶应当将使用完毕的《压载水记录簿》在船上保存两年，然后在其所属公司保存三年。

船舶进行压载水置换、处理或沉积物处置应当确保船舶和人员安全，出现影响船舶和人员安全的操作情况下，船长应当视情中止压载水和沉积物操作，并将该情况和原因记录在《压载水记录簿》中。

(3)压载水报告单

船舶排放压载水应当提前 12 h 向当地海事管理机构报告，靠泊后由船舶或其代理人在办理国际航行船舶进口岸申报时向当地海事管理机构提交《压载水报告单》。报告单可书面提交或者按照海事管理机构的要求采用电子数据上传的方式提交。发现影响压载水管理能力的事故或缺陷时，船舶应当在抵达锚地或港口后立即向当地海事管理机构报告。

(4)压载水管理系统

船舶使用的压载水管理系统，其系统设置限制参数应当与其营运的水域环境相适应，船上安装的压载水管理系统应当经主管机关或其授权的船舶检验机构型式认可，使用活性物质的压载水管理系统处理后的压载水不得对环境造成二次污染。

对于拟使用港口压载水接收处理设施作为压载水管理应急处置措施的船舶，或者拟不安装压载水管理系统仅使用港口压载水接收处理设施来满足公约排放标准的船舶，应当经主管机关或其授权的船舶检验机构检验。

(5)压载水管理系统型式认可证书

压载水管理系统型式认可证书应当由主管机关或其授权的船舶检验机构签发。

使用活性物质的压载水管理系统在签发型式认可证书之前，应当取得国际海事组织的最终批准；不使用活性物质的压载水管理系统，在签发型式认可证书前，应通过安全和环境可接受性评估。

(6)压载水和沉积物管理的免除

具有以下情况之一的，船舶或其代理人可向当地分支海事管理机构要求申请免除压载水和沉积物管理：仅航行于我国与其他国家划定的压载水管理互免水域的船舶；仅在我国管辖水域和公海航行的船舶；仅使用饮用水作为压载水的船舶；无人驳船；用于搜寻、救助和船舶污染物清除的专业船舶。

申请免除压载水和沉积物管理的船舶或其代理人应当根据要求提交的材料包括：《船舶国籍证书》和《船舶登记证书》的复印件（外国籍船舶适用）；不能按照公约实施压载水和沉积物管理的说明；已采取的尽可能减少压载水和沉积物引入有害水生生物和病原体转移的措施；承诺仅在免除水域内航行的船长声明。

对于符合免除条件的船舶，直属海事管理机构应当为其签发《免除证明》并可给予最长不超过 5 年的免除期。在免除期第二年至第三年之内，直属海事管理机构应当对船舶执行免除的情况开展一次中期检查。船舶应当将免除情况记录在《压载水记录簿》中。获得免除的船舶不得混有免除水域外的压载水和沉积物。

3. 监督管理

海事管理机构对进入我国管辖水域的船舶压载水和沉积物管理情况实施监督检查，检查的内容包括证书文书、船员对压载水管理操作的熟悉程度、压载水管理系统的运行情况和压载水及沉积物的接收处置情况等。存在以下情况之一的，可按照公约和相关技术标准的要求开展压载水取样和检测：

(1)压载水和沉积物管理相关的证书文书丢失、过期或失效，压载水和沉积物管理相关的证书文书内容与实际不符的；

(2)船上未指定负责压载水和沉积物管理的高级船员，船长或指定船员不熟悉压载水和沉积物管理相关的职责或基本操作，或未执行此类操作的；

(3)未按《压载水管理计划》或操作说明使用压载水管理系统，未向海事管理机构报告影响船舶压载水和沉积物管理能力的事故或者缺陷的；

(4)未按照本办法规定排放压载水和沉积物，未向当地海事管理机构报告压载水排放，未向当地海事管理机构提交《压载水报告单》的；

(5)船舶无法提供证据，证明船上压载水和沉积物管理符合公约要求的例外或意外排放情况的；

(6)压载水管理系统的运行超出系统设置限制参数范围的；

(7)收到违反公约或本办法规定的第三方报告或者投诉的。

海事管理机构快速取样检测后发现不符合公约处理标准的，海事执法人员应当提取样本并送至具有压载水检测资质的实验室进行详细检测。实验室出具的加盖实验室印章的检测报告可作为海事管理机构行政执法的依据。

对于检测超出公约要求的船舶，允许其使用港口压载水接收处理设施对压载水进行处置。在尚不具备港口压载水接收处理能力的港口，海事管理机构应当允许船舶离开我国管辖水域，对压载水进行置换并处理后再次进入锚地或港口。

三、管理压载水和沉积物的方法

1. 预防性操作

“预防性操作”是指加装和排放压载水时船舶必须采取的措施。国际海事组织在 A.868(20)决议的第 9.1.1 条中对这个问题提供了合理指导。在可行的情况下，压载水的加装应当降至最少，或避免在下述地区和情况下加装：

被港口国定义为有害水生微生物和病原体高风险的区域；

黑夜，底栖生物可能上浮至水体中；

螺旋桨可能搅起沉积物的浅水区。

IMO 指南也提供了处理沉积物的建议：如果可行，压载舱去除沉积物的常规清理应当根据船舶压载水管理计划的规定和港口国的管理要求，在深海进行，或者在港口或干船坞有控制的布置下进行。

2. 专门反应操作

除“预防性操作”之外，还有其他方法用于船舶压载水管理，并因此将在国外港口的有害水生微生物和病原体的传播和引入威胁降至最低。这些选项分成四类：压载水无排放，是指船舶在港口国管辖水域不排放压载水；压载水置换，是指涉及航行期间船上现有压载水的泵出和“清洁”海水的替代；船上压载水处理，是指通过机械、物理和/或化学方法处理压载水，用这些方法杀死、清除或使微生物或病原体无害化；压载水隔离，是指把船舶压载水泵到岸上接收设施中，以进行后续的处理和/或清除。

(1)压载水无排放

这种方法避免了进入到当地水体的排放,并且不影响船舶的强度、稳性和吃水差。如果在专属经济区外航行,这种方法可能适用于大型客船,该船设计成返程期间或结束时在内部重新分配或更换压载水。这种方法可能适用于利用流体静力学平衡装载的油船,那些由于吃水和吃水差的限制,对于某些货物装载条件,压载水必须保留在船上并在返程中更换的情况。

(2)压载水置换

进行压载水置换的船舶应:只要可能,在距离最近陆地至少 200 n mile 和水深至少 200 m 以上的地点进行压载水置换。在船舶不能根据以上要求进行压载水置换时,此种压载水置换应尽可能远离最近陆地进行,但在任何情况下,应距离最近陆地至少 50 n mile 并至少具有 200 m 水深;当这些要求都不能满足时,港口国可指定区域让船舶进行压载水置换。

按照处理方式的不同,置换法具体可分为三类:

排空法:又称逐一置换法,是指逐一将压载舱中的压载水排空然后重新泵入洁净的深海海水。该方法更换压载水比较彻底,并且耗时较少。

溢流法:又称为注入顶出法,是指从压载舱的底部泵入清洁海水,使原来的压载水通过溢流作用从顶部排出。该方法不改变船舶的吃水差和稳性,对船舶的局部强度和总纵强度影响较小,同时也不会产生货物移位,且操作起来相对简单,对压载水管系的改造不大。

巴西稀释法:大洋海水从压载舱顶部注入、底部流出的方法。3 倍原舱容量的大洋海水可稀释置换 90%以上的原压载水。此方法相比于注入顶出法,不但可以减少寒冷的天气下甲板结冰的危险,还有利于搅起沉积物,效果更好。

(3)船上压载水处理

①机械处理法

机械处理即利用机械手段,如过滤、旋流分离等,将压载水中的生物和病原体分离,达到初步的处理效果,但是对细小的微生物和病毒分离效果较差。

过滤法:过滤法处理压载水被认为是一种对环境危害最小的处理方法。通过过滤装置滤除海水中一定体积的微生物或其他污染物。选择合适的网目,可以有效地去除不同的生物种群。

旋流分离法:利用管路中高速流动的水流产生的分离作用,将固体生物和病原体从压载水中分离出去。OPtiMar 漩流分离器安装在“豪华公主轮”表明,以每小时 200 立方米的流量运行时,可滤除 40 μm 以上微生物,实验室实验可滤除 1 μm 以上微生物。

②物理处理法

物理处理方法是指采用物理方法来达到分离、排除或灭杀海水有害生物和物质的目的,主要包括加热处理、紫外线辐射、超声波处理等。

加热法:其主要原理是利用高温杀死压载水中的有害生物。最新研究表明,40~45 ℃足以杀死或抑活压载水中的有害水生物;低温长时间比高温短时间更有效。

紫外线:被紫外线照射的细胞核核酸会产生光化学反应,从而使 DNA 丧失活性不能正常复制,生物生命活动不能进行,细胞不能进行分裂而死亡。

超声波:超声波可以产生热量、压力波的偏向,形成真空或半真空状态,从而导致浮游生物缺氧死亡。

③化学处理法

化学处理法是通过改变压载水中某些化学物质或元素的含量,从而抑制有害细菌与微生物的生长和繁殖。化学处理法的实现手段主要是通过添加特定的化学物质来改变压载水成分或通过一些催化手段快速改变压载水自身的组成成分来实现的。主要包括:氯化法、臭氧法、过氧化氢法、电解法、羟基自由法等。

氯化法:直接添加氯气或次氯酸钠,利用氯对细菌、病原体的有效杀灭作用处理压载水。氯的有效杀菌性早在工业、生活污水处理领域得到验证,氯能快速地抑制微生物蛋白质的合成,与微生物蛋白质中的氨基酸发生反应,使其分解,从而导致细胞死亡。

臭氧法:臭氧是一种强氧化性但不稳定的氧化剂,可在干燥空气中由高频电极产生,通过氧化作用达到杀灭压载水中有害水生物的目的。它能快速杀灭病毒和细菌,包括孢子。

电解法:通过电解海水生成有效氯($HClO$、ClO^-、Cl_2 等),进而灭除有害水生物。此外,电场也有较强的杀菌作用,通过电击穿造成细胞膜穿透,还会造成膜蛋白酶功能失调,从而引起细胞死亡。

羟基自由法:羟基具有极强的氧化性,通过其强氧化性和无选择性彻底杀灭有害水生物和病原体。羟基溶液能够快速有效地氧化分解各种有机物和无机物,并且处理后生成水和氧气,不存在剩余污染,环境亲和性很好。

(4)压载水隔离

这种方法包括把压载水从船上泵到专门的岸上储罐或其他接收设备中,在把压载水排放到当地港口水域中或用于其他目的前,在那里可以对它们进行后续处理。

3. 压载水中沉积物的处理

压载水中存在较高或较低数量的沉积物。沉积物的数量主要由悬浮沉积物的数量决定,该悬浮沉积物在沿海狭窄地带中更多,这可能受天气和潮汐条件的影响。沉积物中能包含一定范围的有害水生物和病原体,它们中的一些可能在沉积物中休眠冗长的周期,并且随着压载水的排放可能在新的环境中形成可繁殖的个体,从而变得有害。作为好的船舶压载水管理的一部分,船舶应定期在海上处理沉积物或在港口排放到接收设备中。

第六章　防止船舶其他物质的污染

第一节　防止船舶垃圾污染

一、船舶垃圾定义及其分类

1. 定义

根据 MARPOL 附则Ⅴ,船舶垃圾系指产生于船舶正常营运期间并需要连续或定期处理的各种食品废弃物、生活废弃物、操作废弃物、所有的塑料、货物残留物、焚烧炉灰渣、食用油、渔具和动物尸体,不包括因航行过程中的捕鱼活动和为把包括贝类在内的鱼产品安置在水产品养殖设施内以及把捕获的包括贝类在内的鱼产品从此类设施转到岸上加工的运输过程中而产生的鲜鱼及其各部分。但本公约其他附则中所规定的或列举的物质除外。

2. 船舶垃圾的分类

船舶垃圾分为 A 至 K 类,共 11 种。A 至 I 类垃圾适用于所有船舶,记录在《垃圾记录簿》第一部分中,分别为:塑料、食物废弃物、生活废弃物、食用油、焚烧炉灰渣、操作废弃物、动物尸体、渔具、电子废弃物;J 至 K 类垃圾适用于载运固体散装货物船舶,记录在《垃圾记录簿》第二部分中,包括货物残余(对海洋环境无害物质)及货物残余(对海洋环境有害物质)。

食品废弃物系指船上产生的任何变质或未变质的食料,包括水果、蔬菜、奶制品、家禽、肉类产品和食物残渣。

生活废弃物系指防污公约其他附则未规定的、在船上起居处所产生的所有类型的废弃物。生活废弃物不包括灰水。

操作废弃物系指防污公约其他附则未规定的、船舶正常保养或操作期间在船上收集的或是用以储存和装卸货物的所有固体废弃物(包括泥浆)。操作废弃物也包括货舱洗舱水和外部清洗水中所含的清洗剂和添加剂。操作废弃物不包括灰水、舱底水或船舶操作所必需的其他类似排放物。

塑料系指以一个或多个高分子质量聚合物为基本成分的固体材质,这种材质通过聚合物制造成型或加热和/或加压制作成成品。塑料的材质特性从脆硬易碎到柔软有弹性。这里所指的所有塑料系指所有含有或包括任何形式塑料的垃圾,其中包括合成缆绳、合成纤维渔网、塑料垃圾袋和塑料制品的焚烧炉灰渣。

货物残留物系指防污公约附则未规定的、货物装卸后在甲板上或舱内留下的任何货物残余，包括装卸过量或溢出物，不管其是在潮湿还是干燥的状态下，或是夹杂在洗涤水中，但不包括清洗后甲板上残留的货物粉尘或船舶外表面的灰尘。

焚烧炉灰系指用于垃圾焚烧的船用焚烧炉所产生的灰和渣。

食用油系指任何用于或准备用于食物烹制或烹调的可食用油品或动物油脂，但不包括使用这些油进行烹制的食物本身。

渔具系指任何以捕捉、控制以便随后捕捉或收获海洋或淡水生物为目的而布设于水面、水中或海底的实物设备或其任何部分或部件组合。

动物尸体系指任何作为货物被船舶载运并在航行中死亡或被实施安乐死的动物尸体。

电子废弃物系指船舶正常操作和生活区域的电气和电子设备，包括所有零配件、半成品和耗材，丢弃时属于设备的一部分，存在可能对人体健康和/或环境造成危害的物质。

二、船舶垃圾的排放控制

1. 特殊区域

就本附则而言，特殊区域为地中海区域、波罗的海区域、黑海区域、红海区域、“海湾区域”、北海区域、南极区域以及包括墨西哥湾和加勒比海的大加勒比海区域。

2. 船舶垃圾的海上处理规定

A. 禁止垃圾排放入海的一般规定

除了下述 B、C、D、E 中的规定外，禁止所有的垃圾排放入海。

除了 E 规定的情况外，所有的塑料，包括但不限于合成绳索、合成渔网、塑料垃圾袋和来自塑料产品的焚烧炉灰渣，禁止排放入海。

除了 E 规定的情况外，禁止将食用油排放入海。

B. 特殊区域外

（1）在特殊区域外仅允许船舶航行途中排放下列垃圾入海，且应尽可能远离最近陆地，但在任何情况下：

①距最近陆地不少于 3 n mile 排放经粉碎机和研磨机处理的食品废弃物，该粉碎的或磨碎的食品废弃物应能通过筛眼不大于 25 mm 的滤筛。

②距最近陆地不少于 12 n mile 将未经过上述（1）处理的食品废弃物排放入海。

③距最近陆地不少于 12 n mile 将不能用常规的卸货方法回收的货物残余物排放入海。根据本组织制定的导则，该货物残余物不应含有任何对海洋环境有害的物质。

④对于动物的尸体，应根据本组织制定的导则尽可能远离最近陆地排放入海。

（2）可将货舱内、甲板上和外表面含有清洁剂或添加剂的洗涤水排放入海，但根据本组织制定的导则，这些物质必须是对海洋环境无害的。

（3）如果垃圾混有或沾染其他禁止排放或有不同排放要求的物质，则适用其中较严格的要求。

C. 特殊区域内

（1）在特殊区域内仅允许船舶在航行途中排放下列垃圾：

①食品废弃物应尽可能远离最近陆地，任何情况下距最近陆地或最近冰架不小于 12 n mile。食品废弃应粉碎或磨碎，且应能通过不大于 25 mm 的滤筛。食品废弃物不应沾染其他任何种类的垃圾。禁止在南极区域排放外来的禽类产品，包括家禽和家禽的组织，除非已

做了消毒处理。

②不能用常规的卸货方法回收的货物残余物，满足下列条件后才允许排放：

a. 根据本组织制定的导则，在货舱清洗水中的货物残余物、清洁剂或添加剂不含有被分类为有害海洋环境的物质；

b. 出发港和下一个目的港都位于特殊区域之内，且船舶在两港之间的航行不经过特殊区域之外；

c. 根据本组织制定的导则，在这些港口没有足够的接收设施；以及

d. 已满足本款上述条件，含有残余物的货舱清洗水应尽可能远离最近陆地或最近冰架、任何情况下距最近陆地或最近冰架不小于 12 n mile。

(2) 在甲板上和外表面的清洗水中含有清洁剂和添加物，可以将清洗水排放入海，但仅当根据本组织制定的导则认定这些物质对环境无害时方可排放。

(3) 除本条 a 款外，下列规定适用于南极区域：

①各缔约国政府承诺确保根据船舶使用的需要，为自其港口出发前往南极区域或来自南极区域抵达其港口的船舶提供足够的接收设施以接收来自所有船舶的所有垃圾，从而避免造成船舶的不当延误。

②各缔约国应确保悬挂本国国旗的船舶在进入南极区域之前，船上有足够的容器容纳在该区域作业时产生的所有垃圾并已签订协议在离开该区域后将这些垃圾排入接收设施。

(4) 当垃圾混有或沾染禁止排放或有不同排放要求的物质时，应适用其中较为严格的排放要求。

D. 从固定或浮动式平台排放垃圾的特殊要求

(1) 位于距最近陆地超过 12 n mile 的固定或浮动平台和停靠这种平台或与其相距在 500 m 以内的一切其他船舶，可允许将食品废弃物排放入海，但前提是该废弃物已通过粉碎机或磨碎机。这种经粉碎或磨碎的食品废弃物应能通过筛眼不大于 25 mm 的滤筛。

(2) 除上述(1)的规定外，禁止任何垃圾从固定或浮动式平台以及该平台周围或 500 m 以内的所有其他船舶排放入海。

E. 例外

上述 A、B、C、D 不适用于：

(1) 船上垃圾排放系为保障船舶及船上人员安全或救护海上人命所必需者；或

(2) 垃圾的意外落失系由于船舶或其设备遭到损坏的缘故，但在发生损坏前后已采取了一切合理的预防措施最大限度地减少意外的落失；或

(3) 来自船舶的渔网意外落失，但为防止这种落失已采取了一切合理的预防措施；或

(4) 来自船舶的渔网的落失系为保护海洋环境或者船舶或船上人员安全的缘故。

航行途中的例外：

如将食品废弃物留置在船上很明显会对船上人员产生即刻紧迫的健康风险，则 B、C 中对于航行途中的要求不应适用于这些食品废弃物的排放。

3. 接收设备

(1) 各缔约国政府，应保证在各港口和装卸站，按照到港船舶的需要设置垃圾接收设备，使不致造成船舶的不当延误。

(2) 各缔约国政府，应将按本条设置的设备被宣称不足的一切事例通知本组织，以便转告

各有关缔约国。

三、船舶垃圾管理

1. 垃圾管理计划

100 GT 及以上和经核定可载运 15 人或以上的船舶以及固定式或浮动式平台,应备有一份船员须遵循的垃圾管理计划。该计划应就垃圾最少化,收集、储存、加工和处理(包括船上设备使用),提供书面的程序,还应指定实施计划负责人。该计划基于国际海事组织制定的指南并用船员的工作语言书写。

2. 告示牌

总长 12 m 或以上的船舶和固定式或浮动式平台均应张贴告示牌以使船员和乘客知晓船舶垃圾的相关排放要求。告示牌应以船员的工作语言书写;对航行于其他缔约国政府管辖范围的港口或近海装卸站的船舶,告示牌还应以英文、法文或西班牙文书写。

3.《垃圾记录簿》

航行于另一缔约国管辖范围的港口或近海装卸站的 400 GT 及以上的船舶和经批准核准载运 15 人或以上的船舶,以及固定式或浮动式平台,应持有一份《垃圾记录簿》。每次排放作业或一次完成的焚烧,应由值班驾驶员立即记录在《垃圾记录簿》中,并签署排放或焚烧的日期。《垃圾记录簿》每填写完一页都应由船长签字。船舶《垃圾记录簿》每项记录的内容都应用船舶船旗国的官方语言,也可用英文或法文书写。但在有争议或矛盾的情况下,记录应以船舶船旗国的官方语言为准;每次排放或焚烧船舶垃圾的记录应包括日期、时间、船位、被焚烧或排放的垃圾种类和估算量。《垃圾记录簿》应妥善保存在船上,并应放置在合理时间内可随时检查记录簿的地方。记录簿在最后一项内容填写完毕后应保存两年。如果发生例外的排放、泄漏或意外丢失的情况,《垃圾记录簿》中应记载造成船舶垃圾丢失的情况和原因。

主管机关对下列船舶免除《垃圾记录簿》的要求:经核定载运 15 人或以上、航行时间在 1 h 或以下的船舶;固定式或浮动式平台。

缔约国政府的主管机关可对适用本规定的在其港口或近海码头停靠的船舶登船检查《垃圾记录簿》,也可以复制《垃圾记录簿》中任何一项记录,并可以要求船长证明该复制件的真实性;经过船长证明的复制件可以在司法诉讼中作为原记录的证据。主管机关对《垃圾记录簿》的检查和记录进行复制应尽可能迅速完成,不应使船舶遭到不应有的延误。

第二节　防止海运包装有害物质污染

一、有害物质的定义

有害物质系指在《国际海运危险货物(IMDG)规则》中被确定为海洋污染物的物质或符合本附则附录中标准的物质。

就本附则而言,由下列任一标准确认的物质属于有害物质,见表 6-1. a ~ 表 6-1. d。

表 6-1. a 急性(短期)水生生物有害性

急性1	96 h LC_{50}(对鱼类)	≤1 mg/L 和/或
	48 h EC_{50}(对甲壳类)	≤1 mg/L 和/或
	72 或 96 h ErC_{50}(对藻类或其他的水生植物)	≤1 mg/L

长期水生生物有害性:

表 6-1. b 有足够的慢性毒性数据可用的非快速降解物质

慢性1	慢性 NOEC 或 EC_x(对鱼类)	≤0. 1 mg/L 和/或
	慢性 NOEC 或 EC_x(对甲壳类)	≤0. 1 mg/L 和/或
	慢性 NOEC 或 EC_x(对藻类或其他的水生植物)	≤0. 1 mg/L
慢性2	慢性 NOEC 或 EC_x(对鱼类)	≤1 mg/L 和/或
	慢性 NOEC 或 EC_x(对甲壳类)	≤1 mg/L 和/或
	慢性 NOEC 或 EC_x(对藻类或其他的水生植物)	≤1 mg/L

表 6-1. c 有足够的慢性毒性数据可用的快速降解物质

慢性1	慢性 NOEC 或 EC_x(对鱼类)	≤0. 01 mg/L 和/或
	慢性 NOEC 或 EC_x(对甲壳类)	≤0. 01 mg/L 和/或
	慢性 NOEC 或 EC_x(对藻类或其他的水生植物)	≤0. 01 mg/L
慢性2	慢性 NOEC 或 EC_x(对鱼类)	≤0. 1 mg/L 和/或
	慢性 NOEC 或 EC_x(对甲壳类)	≤0. 1 mg/L 和/或
	慢性 NOEC 或 EC_x(对藻类或其他的水生植物)	≤0. 1 mg/L

表 6-1. d 没有足够的慢性毒性数据的物质

慢性1	96 h LC_{50}(对鱼类)	≤1 mg/L 和/或
	48 h EC_{50}(对甲壳类)	≤1 mg/L 和/或
	72 或 96 h ErC_{50}(对藻类或其他的水生植物)	≤1 mg/L
	且该物质不会迅速降解和/或实验确定 BCF≥500(或无疏浚,log K_{ow} ≥4)	
慢性2	96 h LC_{50}(对鱼类)	>1 mg/L 但≤10 mg/L 和/或
	48 h EC_{50}(对甲壳类)	>1 mg/L 但≤10 mg/L 和/或
	72 或 96 h ErC_{50}(对藻类或其他的水生植物)	>1 mg/L 但≤10 mg/L
	且该物质不会迅速降解和/或实验确定 BCF≥500(或无疏浚,log K_{ow} ≥4)	

二、MARPOL 附则Ⅲ的有关要求

1. 包装

根据其所装的特殊物质,包件须能使其对海洋环境的危害减至最低限度。

2. 标记和标志

(1)盛装有害物质的包件,应根据 IMDG 规则的相关规定加上永久的标记或标志,以表明该物质为海洋污染物。

(2)盛装有害物质的包件上粘贴的标志或标记的方法应根据 IMDG 规则的相关规定。

3. 单证

(1)有关装载有害物质的运输信息应符合 IMDG 规则的相关规定,而且应向港口国主管机关指定的人员或组织提供。

(2)每艘装运有害物质的船舶,应按 IMDG 规则备有一份特别清单、舱单或积载图,列明船上所装的有害物质及其位置。离港前应备有一份上述单证的副本,以便向港口国机关指定的人员或组织出示。

4. 积载

有害物质须正确地积载和系固,以便对海洋环境的危害减至最低限度,且不致损害船舶和船上人员的安全。

5. 限量

由于充分的科学和技术原因,可能禁止装运某些有害物质或对其载运数量加以限制。在限制数量时,应充分考虑船舶的大小、结构和设备,同时还应考虑这些物质的包装和性质。

6. 例外

(1)禁止将以包装形式装运的有害物质抛弃入海,但为保障船舶安全或救护海上人命所必需者除外。

(2)在遵守本公约规定的情况下,应根据有害物质的物理、化学和生物学的特性,对溢漏的有害物质冲洗出船外采取适当的控制措施,但对这种措施的执行,不得损害船舶及船上人员的安全。

7. 对操作性要求的港口国监督

当一艘船舶停靠在另一缔约国港口时,如有明显证据证明船长或船员不熟悉基本的船上防止有害物质污染程序,缔约国将采取行动,包括进行进一步检查,以及如果有必要,应采取措施确保该船已按本附则的要求调整至正常状态,才准其开航。

第三节　防止船舶生活污水污染

一、船舶生活污水的污染及其危害

1. 定义

生活污水系指任何形式的厕所、小便池以及厕所排水孔的排出物和其他废弃物;医务室(药房、病房等)的面盆、洗澡盆和这些处所排水孔的排出物;装有活的动物的处所的排出物;或混有上述排出物的其他废水。

集污舱系指用于收集和储存生活污水的舱柜。

2. 生活污水的成分及其危害

船舶排放的未经处理的生活污水主要的污染成分:

(1)有机物

废弃的有机物质的生物分解作用,使水中溶解氧含量枯竭,缺氧会造成鱼类和大多数水生生物窒息,有时还会产生恶臭、发生赤潮。

(2)悬浮固体

悬浮团体沉降后造成污泥堆积,影响底栖生物的生长,而且由于分解,大量耗氧,引起难闻的气味和环境景观的破坏。

(3)微生物和病毒

某些微生物和细菌是有利于自然界能量和物质的循环的。但是病原体和致病细菌、病毒是造成疾病的潜在来源。污水中含有大量的细菌、病毒,能引起人类患伤寒、副伤寒疟疾、痢疾、胃肠炎,甚至霍乱,造成流行病的蔓延。

3. 生活污水的污染评价

(1)五日生化需氧量(BOD_5)

五日生化需氧量,即在 20 ℃,而又没有空气和光线的条件下,水中所含有机物在五日期间的生化需氧量(mg/L)。

(2)化学需氧量(COD)

用化学氧化剂氧化水中有机污染物所需之氧量,即污水中有机污染物全部氧化时所需要的氧量(mg/L)。

(3)固体悬浮物(SS)

浮游在水面或处于悬浮状态的固体物质数量(mg/L)。

(4)大肠杆菌指数

每升水中所含大肠杆菌的数量。

除了上述指标外,还有用总有机碳、总需氧量、总菌群数来评价污水。

二、MARPOL 附则Ⅳ对生活污水的排放规定

1. 适用范围

本附则规定适用于 400 GT 及以上的新船;少于 400 GT 但经核定许可载运 15 人以上的新船;本附则生效之日的 5 年以后的 400 GT 及以上的现有船舶;本附则生效之日的 5 年以后的少于 400 GT 但经核定许可载运 15 人以上的现有船舶。

2. 排放的例外情况

从船上排放生活污水,系为保障船舶及船上人员安全或救护海上人命所必需者;排放生活污水系由于船舶或其设备遭到损坏,且在发生损坏以前和以后,为防止排放或使排放减至最低限度,已采取了一切合理的预防措施。

3. 生活污水系统

凡符合附则Ⅳ各项规定的每艘船舶,均应配备下列之一的生活污水系统:

(1)生活污水处理装置。该装置应经主管机关形式认可,并考虑到本组织制定的标准和试验方法;或

(2)经主管机关认可的生活污水粉碎和消毒系统。该系统应配备令主管机关满意的各项设施,用于船舶在离最近陆地不到 3 n mile 时临时储存生活污水;或

(3)集污舱。该集污舱的容量应参照船舶营运情况、船上人数和其他相关因素,能存放全部生活污水,并使主管机关满意。集污舱的构造应使主管机关满意,并应设有能指示其集存数量的目视装置。

4. 标准排放接头

为了使接收设备的管路能与船上的排放管路相连接，两条管路均应装有符合下表标准的排放接头，见表 6-2。

表 6-2 排放接头法兰的标准尺寸

规格	尺寸
外径	210 mm
内径	按照管子的外径
螺栓圈直径	170 mm
法兰槽口	直径 18 mm 的孔 4 个，等距离分布在上述直径的螺栓圈上，开槽口至法兰外沿，槽口宽 18 mm
法兰厚度	160 mm
螺栓和螺帽：数量，直径	4 个，每个直径 16 mm，长度适当
法兰应设计为能接受最大内径不大于 100 mm 的管子，以钢或其他等效材料制成，表面平整，连同一个适当的垫圈，应能承受 600 kPa 的工作压力。对于型深 5 m 或小于 5 m 的船舶，排放管的内径可为 38 mm	

5. 生活污水排放

A. 非客船船舶在所有区域的生活污水排放和客船在特殊区域外的生活污水排放

(1)除例外的规定外，应禁止将生活污水排放入海，但下列情况除外：

a. 船舶在距最近陆地 3 n mile 以外，使用主管机关批准的设备，排放已经打碎和消毒的生活污水，或在距最近陆地 12 n mile 以外排放未经打碎或消毒的生活污水。但不论哪种情况，不得将集污舱中储存的生活污水顷刻排光，而应于船舶以不少于 4 kn 的航速在途中航行时，以中等速率进行排放；排放率应经主管机关根据海协组织制定的标准予以批准；或

b. 船舶所设经批准的生活污水处理装置正在运转，该装置已经主管机关验证符合本附则操作性要求，且排出物在其周围的水中不应产生可见的漂浮固体，也不应使水变色。

(2)上述(1)的规定不适用于在某一国家所辖水域内营运的船舶，也不适用于来自其他国家的访问船舶，这些船舶在该水域内按照该国可能施行的较宽要求排放生活污水。

B. 客船在特殊区域内的生活污水排放

除本附则规定的例外情况外，禁止下列客船将生活污水排放入海：

(1)对新客船，除特殊区域内对客船的接收设施足以满足客船的需要外，应在 2016 年 1 月 1 日或以后；以及

(2)对现有船，除特殊区域内对客船的接收设施足以满足客船的需要外，应在 2018 年 1 月 1 日或以后，除非满足以下条件：

船舶经认可的生活污水处理装置正在运行，该装置已经主管机关验证符合本附则的操作性要求，且排出物在其周围的水中不应产生可见的漂浮固体，也不应使水变色。

C. 一般要求

如生活污水与 73/78 防污公约其他附则要求的废弃物或废水混在一起，则除应符合本附则的要求外，还应符合其他附则的要求。

三、防止船舶生活污水污染的监督管理

1. 国际航行船舶

《MARPOL 公约》附则 IV 已于 2003 年 9 月 27 日在国际生效，我国加入时间为 2006 年 11 月 2 日，生效日期为 2007 年 2 月 2 日。因此，我国国际航行的船舶应取得《国际防止生活污水污染证书》，并配备相应的船舶生活污水处理设施。

2. 国内航行船舶

根据《船舶水污染物排放控制标准》(GB 3552—2018)，自 2018 年 7 月 1 日起，400 GT 及以上的船舶，以及 400 GT 以下且经核定许可载运 15 人及以上的船舶，在不同水域船舶生活污水的排放控制的要求如下：

(1) 在内河和距最近陆地 3 n mile 以内(含)的海域，船舶生活污水应采取下列方式之一进行处理，不得直接排入环境水体：

a. 利用船载收集装置收集，排入接收设施；

b. 利用船载生活污水处理装置处理，达到(3)规定的要求后在航行中排放。

(2) 在距最近陆地 3 n mile 以外海域，船舶生活污水污染物排放控制按表 6-3 执行。

表 6-3 距最近陆地 3 n mile 以外海域船舶生活污水排放控制要求

水域	排放控制要求
3 n mile<与最近陆地间距离≤12 n mile	同时满足下列条件： 使用设备打碎固形物和消毒后排放；船速不低于 4 kn，且生活污水排放速率不超过相应船速下的最大允许排放速率
与最近陆地间距离>12 n mile	船速不低于 4 kn，且生活污水排放速率不超过相应船速下的最大允许排放速率

(3) 在内河和距最近陆地 3 n mile 以内(含)的海域，根据船舶类别和安装(含更换)生活污水处理装置的时间，利用船载生活污水处理装置处理的船舶生活污水分别执行相应的污染物排放限制，见表 6-4。

表 6-4 根据生活污水处理装置安装时间不同确定的污染物排放限制要求

序号	污染物项目	2012.1.1 以前安装(限制)	2012.1.1 以后安装(限制)	2021.1.1 以后安装(限制)
1	五日生化需氧量(BOD_5)/(mg/L)	50	25	20
2	悬浮物(SS)/(mg/L)	150	35	20
3	耐热大肠杆菌群数/(个/L)	2 500	1 000	1 000
4	化学需氧量(COD_{cr})/(mg/L)		125	60
5	pH 值(无量纲)		6~8.5	6~8.5
6	总氯(总余氯)/(mg/L)		<0.5	<0.5
7	总氮/(mg/L)			20
8	氨氮/(mg/L)			15
9	总磷/(mg/L)			1

第四节　防止船舶大气污染

一、大气污染

1. 定义

大气污染：根据国际标准化组织（ISO）做出的定义，大气污染系指由于人类活动和自然过程引起某些物质进入大气中，呈现出足够的浓度，达到足够的时间，并因此而危害了人体健康舒适感或环境。

排放控制区系指需要对船舶排放采取特殊强制措施，以防止、减少和控制 NO_x、SO_x 或颗粒物质或所有三类物质的排放造成大气污染，以及伴随而来对人类健康和环境的不利影响的区域。排放控制区域须包括 MARPOL 附则Ⅵ第 13 和第 14 条所列或所划定的区域。

船上焚烧系指在船上焚烧该船正常营运中产生的废物或其他物质。

渣油系指来自燃油或润滑油分离器的油渣、来自主机或辅机的废弃润滑油，或来自舱底污水分离器、油过滤设备或滴油盘的废油。

2. 船舶对大气的污染

（1）散货船在港口码头作业过程中产生粉尘和石油及化学品蒸气，从而对港口附近局部区域大气环境产生明显不利的影响；

（2）船用燃料的燃烧以及焚烧炉的焚烧等产生的氮氧化物、硫氧化物及其他空气污染物带来大气污染；

（3）船舶使用的制冷剂、灭火剂、洗涤剂、发泡剂（隔热材料）等，由于技术性或事故性泄漏会对大气造成污染；

（4）船运有毒有害气体的泄漏扩散造成大气污染。

二、MARPOL 附则Ⅵ对船舶大气污染的排放控制

1. 消耗臭氧物质

①在下列情况下，须禁止使用含氢化氮氟烃以外的消耗臭氧物质的装置：

a. 2005 年 5 月 19 日或以后建造的船舶上；或

b. 对于 2005 年 5 月 19 日以前建造的船舶，设备交付船上的合同日期为 2005 年 5 月 19 日或以后；或若无交付合同日期，设备交付船上的实际日期为 2005 年 5 月 19 日或以后。

②在下列情况下，须禁止使用含氢化氮氟烃的装置：

a. 2020 年 1 月 1 日或以后建造的船舶上；或

b. 对于 2020 年 1 月 1 日以前建造的船舶，设备交付船上的合同日期为 2020 年 1 月 1 日或以后；或若无交付合同日期，设备交付船上的实际日期为 2020 年 1 月 1 日或以后。

③《消耗臭氧物质记录簿》

备有《国际防止大气污染证书》的设有含消耗臭氧物质的可重新充注系统的每艘船舶应保存一份《消耗臭氧物质记录簿》。经主管机关批准，该记录簿可以是现有航海日志或电子记录系统的一部分。

《消耗臭氧物质记录簿》中的物质应按其质量单位(kg)记录,且在任何情况下都应及时记录下列内容:

a. 含消耗臭氧物质的设备的全部或部分重新充注;

b. 含消耗臭氧物质的设备的修理或维护;

c. 消耗臭氧物质向大气的排放:故意排放以及非故意排放;

d. 消耗臭氧物质向陆基接收设施的排放以及向船舶供应消耗臭氧物质。

2. 氮氧化物(NO_x)

①适用范围

每一台安装在2000年1月1日或以后建造的船舶上、输出功率超过130 kW的柴油机;以及每一台2000年1月1日或以后经过重大改装的、输出功率超过130 kW的柴油机。

②不适用范围

应急柴油机、安装在救生艇上或只在应急情况下使用的任何设备或装置上的发动机;以及安装在只航行于其船旗国主权或管辖范围的水域内的船上的发动机,但这种发动机应受到由该主管机关制定的控制替代方法的控制。

③NO_x排放控制区:北美区域、美国加勒比海区域;附则Ⅰ定义的波罗的海排放控制区和附则Ⅴ定义的北海排放控制区。

④NO_x排放控制:

第Ⅰ级

除例外情况外,2000年1月1日或以后至2011年1月1日以前建造的船舶上安装的船用柴油发动机,除非其氮氧化物排放量(按NO_2的加权排放总量计算)在下列限值内,其中n为发动机额定转速(每分钟曲轴转速),否则须禁止使用:

a. 当n小于130 r/min时,17.0 g/(kW·h);

b. 当n等于或大于130 r/min但小于2 000 r/min时,$45 \cdot n^{(-0.2)}$ g/(kW·h);

c. 当n等于或大于2 000 r/min时,9.8 g/(kW·h)。

第Ⅱ级

除例外情况外,2011年1月1日或以后建造的船上安装的船用柴油发动机,除非其氮氧化物排放量(按NO_2的加权排放总量计算)在下列限值内,其中n为发动机额定转速(每分钟曲轴转速),否则须禁止使用:

a. 当n小于130 r/min时,14.4 g/(kW·h);

b. 当n等于或大于130 r/min但小于2 000 r/min时,$44 \cdot n^{(-0.23)}$ g/(kW·h);

c. 当n等于或大于2 000 r/min时,7.7 g/(kW·h)。

第Ⅲ级

除例外情况外,2016年1月1日或以后建造的船上安装的船用柴油发动机,除非其氮氧化物排放量(按NO_2的加权排放总量计算)在下列限值内,其中n为发动机额定转速(每分钟曲轴转速),否则须禁止使用:

a. 当n小于130 r/min时,3.4 g/(kW·h);

b. 当n等于或大于130 r/min但小于2 000 r/min时,$9 \cdot n^{(-0.2)}$ g/(kW·h);

c. 当n等于或大于2 000 r/min时,2.0 g/(kW·h)。

2016年1月1日或以后建造的船舶在北美排放控制区或美国加勒比海排放控制区营运;

2021 年 1 月 1 日或以后建造在波罗的海排放控制区或北海排放控制区营运，应符合第Ⅲ级标准，在排放控制区域外航行时，应符合第Ⅱ级标准。

3. 硫氧化物（SO_x）

①一般要求

船上使用的任何燃油，其含硫量不得超过 0.5% m/m。

②排放控制区域

当前硫氧化物的排放控制区域有：附则Ⅰ定义的波罗的海区域和附则Ⅴ定义的北海；本附则附录Ⅶ规定的坐标所描述的北美区域以及美国加勒比海区域。

③船舶在排放控制区域内营运时，船上所用燃油的含硫量不得超过 0.1% m/m。

④使用不同的燃油以符合排放控制区域硫氧化物排放的规定，以及进入或离开排放控制区的船舶，须携有一份书面程序表明燃油转换如何完成，在其进入排放控制区之前规定足够的时间对燃油供给系统进行全面冲洗，以去除超过排放控制区域规定的适用含硫量的所有燃油。燃油转换作业在进入排放控制区以前完成时或离开该区域后开始时的日期、时间及船位和届时各燃油舱中低硫燃油的容量须记录在主管机关规定的日志中。

4. 挥发性有机化合物（VOCS）

对液货船挥发性有机化合物排放进行控制的缔约国须向本组织提交一份通知书。该通知书须包括所需控制的液货船的尺度、需要蒸气释放控制系统的货物种类以及该控制的生效日期等信息。该通知书须至少在生效日期之前 6 个月提交。

所有指定液货船挥发性有机化合物释放控制港口或装卸站的缔约国，须保证在其指定的港口和装卸站配备经该缔约国根据本组织制定的蒸气排放控制系统安全标准 5 认可的蒸气排放控制系统，并确保该系统的操作安全及能防止造成船舶的不当延误。

所适用的液货船须配备主管机关虑及本组织制定的蒸气排放收集系统安全标准而认可的蒸气排放收集系统，并须在装载有关货物时使用该系统。安装了蒸气排放控制系统的港口或装卸站可以在生效日期之后的 3 年内接纳没有安装蒸气收集系统的液货船。

载运原油的液货船应在船上备有并实施经主管机关认可的 VOC 管理计划。该计划至少应：为装载、海上航行和卸货时将 VOC 排放降到最低提供书面程序；考虑到原油洗舱产生的额外 VOC；指定负责实施该计划的人员。

对气体船而言，仅在其装载和容留系统的类型能使非甲烷挥发性有机化合物安全保存于船上或安全回输到岸上时，方适用。

5. 船上焚烧

①船上焚烧只允许在船上的焚烧炉中进行（在船舶正常操作过程中产生的污泥和油渣的船上焚烧也可以在主、副机或锅炉内进行，但不能在码头、港口和河口内进行）；

②禁止在船上焚烧下列物质：

MARPOL 附则Ⅰ、Ⅱ和Ⅲ中的货物残余物以及有关的被污染的包装材料；多氯联苯（PCBs）；所含重金属超过限量的附则Ⅴ定义的垃圾；含有卤素化合物的精炼石油产品；不是在船上产生的污泥和油渣；废气滤清系统的残余物。

禁止在船上焚烧聚氯乙烯，但在已获发“国际海事组织形式认可证书”的船上焚烧炉内焚烧除外。

③2000 年 1 月 1 日或以后建造的船舶上的焚烧炉，或 2000 年 1 月 1 日或以后在船上安装

的焚烧炉，须具有一份制造厂的操作手册。该手册须随焚烧炉存放，并须说明如何在附则Ⅵ附录Ⅳ第2段所述的限值内操作焚烧炉。负责操作的人员须经培训并应能执行制造厂的操作手册中规定的要求。操作中要求始终监测燃烧烟道烟气出口的温度，在温度低于850 ℃的最低允许温度时，废物不应填入船上的连续进料焚烧炉。对于分炉填烧的焚烧炉，该装置应设计成在5 min后燃烧室的温度达到600 ℃且随后稳定在不低于850 ℃的温度上。

6. 接收设备

各缔约国保证提供充分的设施以满足：船舶使用其修理港时接收从船上卸下的消耗臭氧物质以及含有这些物质的设备之需要；船舶使用其港口、装卸站或修理港时接收废气滤清系统产生的废气清除残余物之需要，而不对船舶造成不当延误；在拆船厂中接收从船上卸下的消耗臭氧物质和含有这些物质的设备之需要。各缔约国须将不具备规定的设施或被指称设施不足的一切情况通知本组织，以便转发给本组织各会员国。

7. 燃油的供应和质量

①燃油供应

各缔约国须采取一切合理措施促进符合本附则规定的燃油供应，并将其能提供合格燃油的港口和装卸站通知IMO。如缔约国发现船舶不符合本附则规定的合格燃油的标准，该缔约国主管当局有权要求船舶：提交为试图达到符合标准而采取行动的记录，如船舶提供了规定的信息，缔约国须考虑所有相关情况和提供的证据，以确定须采取的适当行动，包括不采取控制措施；提供其根据航次计划试图购买合格燃油的证据，以及如无法按计划购得，已努力寻找该燃油的替代来源，并且虽已为获得合格燃油做出最大努力，仍无法购得该燃油的证据；不应要求船舶为符合标准而偏离其拟定航程或不当延误航期；未能购得合格燃油的船舶须通知其主管机关和相关目的港的主管当局；如船舶已提供无法购得合格燃油的证据，缔约国须通知IMO组织。

②燃油质量

以燃烧为目的的供应并用于公约适用的船上的燃油应满足：燃油须为石油精炼产生的烃的混合物，但并不排除加入少量用于改善某些方面性能的添加剂；燃油须不含无机酸；燃油不得含有任何危害船舶安全或对机械性能有不利影响、对人员有害或总体上增加空气污染的附加物质或化学废物；通过石油精炼之外的方法得到的用于燃烧的燃油不得超过附则规定的含硫量、不得导致氮氧化物的排放超过附则规定标准、不得含有任何危害船舶安全或对机械性能有不利影响、对人员有害或总体上增加空气污染的附加物质或化学废物。

三、船舶能效规则

1. 适用范围

适用于400 GT以上的所有船舶。不适用于仅航行于船旗国享有主权或管辖水域内的船舶。

2. 要求的能效设计指数（Required EEDI）

对于每艘新船；经过重大改建的新船；以及经过重大改建、改建范围之大足以使主管机关视其为新船和现有船舶，属于散货船或兼用船之一，Attained EEDI（达到的能效设计指数）应如下：Attained EEDI ≤ Required EEDI = $(1-X)$ × 基准值/100

其中 X 为表6-5所规定的相对于EEDI基准线的Required EEDI折减系数。

表 6-5　相对于 EEDI 基准线的 Required EEDI 折减系数(百分比)

船舶类型	尺度	0 阶段 2013. 1. 1—2014. 12. 31	1 阶段 2015. 1. 1—2019. 12. 31	2 阶段 2020. 1. 1—2024. 12. 31	3 阶段 2025. 1. 1 及以后
散货船	20 000 DWT 及以上	0	10	20	30
	10 000~20 000 DWT	n/a	0~10[a]	0~20[a]	0~30[a]
气体运输船	20 000 DWT 及以上	0	10	20	30
	2 000~10 000 DWT	n/a	0~10[a]	0~20[a]	0~30[a]
液货船	20 000 DWT 及以上	0	10	20	30
	4 000~20 000 DWT	n/a	0~10[a]	0~20[a]	0~30[a]
集装箱船	15 000 DWT 及以上	0	10	20	30
	10 000~15 000 DWT	n/a	0~10[a]	0~20[a]	0~30[a]
杂货船	15 000 DWT 及以上	0	10	20	30
	3 000~15 000 DWT	n/a	0~10[a]	0~20[a]	0~30[a]
冷藏货船	5 000 DWT 及以上	0	10	20	30
	3 000~5 000 DWT	n/a	0~10[a]	0~20[a]	0~30[a]
兼用船	20 000 DWT 及以上	0	10	20	30
	4 000~20 000 DWT	n/a	0~10[a]	0~20[a]	0~30[a]
LNG 船	10 000 DWT 及以上	n/a	10*	20	30
滚装货船	2 000 DWT 及以上	n/a	5*	20	30
	1 000~2 000 DWT	n/a	0~5**	0~20[a]	0~30[a]
滚装货船(车辆运输)	10 000 DWT 及以上	n/a	5*	15	30
滚装客船	1 000 DWT 及以上	n/a	5*	20	30
	250~1 000 DWT	n/a	0~5**	0~20[a]	0~30[a]
非常规推进的邮轮	85 000 GT 及以上	n/a	5*	20	30
	25 000~85 000 GT	n/a	0~5**	0~20[a]	0~30[a]

注:a 表示折减系数,根据船舶吨位在这两个值之间取线性插值。小的折减系数用于小吨位的船舶。n/a 指不适用。

* 对此类船舶,1 阶段于 2015 年 9 月 1 日开始。

** 折减系数适用于 2019 年 9 月 1 日或以后交付的船舶。

基准值按下列方法计算:

基准值 $=a\times b^{-c}$

式中 a、b 和 c 分别为表 6-6 所列参数。

表 6-6 用于确定不同船型基准值的参数

船型	a	b	c
散货船	961.79	船舶载重吨	0.477
气体运输船	1 120.00	船舶载重吨	0.456
液货船	1 218.80	船舶载重吨	0.488
集装箱船	174.22	船舶载重吨	0.201
杂货船	107.48	船舶载重吨	0.216
冷藏货船	227.01	船舶载重吨	0.244
兼用船	1 219.00	船舶载重吨	0.488
滚装货船（车辆运输船）	如 DWT/GT<0.3 时，$(DWT/GT)^{0.7}\times 780.36$；DWT/GT≥0.3 时，1 812.63	船舶载重吨	0.471
滚装货船	1 405.15	船舶载重吨	0.498
	1 686.17*	船舶载重吨（当船舶载重吨≤17 000*） 17 000（当船舶载重吨> 17 000*）	
滚装客船	752.16	船舶载重吨	0.381
	902.59	船舶载重吨（当船舶载重吨≤10 000*） 10 000（当船舶载重吨> 17 000*）	
LNG 船	2 253.7	船舶载重吨	0.474
非常规推进的邮轮	170.84	船舶总吨	0.214

注：* 2 阶段及以后开始使用。

3. 船舶能效管理计划（SEEMP）

每艘船舶应在船上持有一份具体的《船舶能效管理计划》（SEEMP），该计划可以作为船舶安全管理系统（SMS）的一部分。

4. 收集和报告船舶燃油消耗数据

从 2019 年起，5 000 GT 及以上的船舶，须按照《船舶能效管理计划》中的方法，在该日历年和每下一日历年或日历年中相应月份收集本附则附录Ⅸ中规定的数据。

四、监督管理

1. 国际防止大气污染证书

MARPOL 附则Ⅵ规定：驶往其他缔约国管辖范围的港口或近海装卸站的所有 400 GT 及以上船舶和驶往 1997 年议定书缔约国主管或管辖海域的平台和钻井平台，应备有一份主管机关签发的《国际防止大气污染证书》。

经中国海事局授权，中国船级社自 2006 年 8 月 23 日起，代表中国政府按 MARPOL 公约附则Ⅵ的规定，对 400 GT 及以上国际航行船舶和所有固定式及移动式钻井平台、其他平台和船用发动机执行法定检验，并签发《国际防止大气污染证书》。400 GT 以下的国际航行船舶，也将参照上述相应规定进行相关检验，并签发《防止大气污染证书》或办理证书的换发工作。

凡批准 MARPOL 附则Ⅵ的所有缔约国所属船舶均须按公约要求及时申请检验并取得《国

际防止大气污染证书》，以证明其满足了 MARPOL 附则Ⅵ的要求。但根据港口国监督的“不予优惠待遇”（No Favorable Treatment），对未接受该附则的船旗国船舶来说，他们在航行到 MARPOL 附则Ⅵ缔约国的港口时，也将接受港口国检查。

2. 燃油交付单

适用于 MARPOL 附则Ⅵ的船舶，须以燃油交付单的方式对交付并作为船上燃烧用的燃油的细节加以记录，该交付单须至少包含本附则附录Ⅴ中规定的资料。

燃油交付单须存放于船上在任何合理的时间随时可供检查之处，并须在燃油交付船上保存 3 年。

缔约国主管当局可检查停靠本国港口或近海装卸站的本附则所适用的任何船舶的燃油交付单，并可将每份交付单制成副本，并可要求船长或船舶负责人员证明该副本是该燃油交付单的真实副本。主管当局还可咨询出具该交付单的港口，核实每份交付单的内容。主管当局根据本项规定检查燃油交付单及制作正确无误的副本须尽速进行，而不对船舶造成不当延误。

燃油交付单应按本组织制定的导则附有一份所供燃油的代表性样品。该样品应由供应商代表和船长或负责加油作业的官员在完成加油作业后铅封并签字，并应由船方保存直到燃油被基本消耗掉，但无论如何其保存期自加油日期算起应不少于 12 个月。

3.《船舶大气污染物排放控制区实施方案》

2018 年 11 月 30 日，交通运输部交海发〔2018〕168 号印发船舶大气污染物排放控制区实施方案的通知。该方案确定了船舶硫氧化物、氮氧化物、颗粒物和挥发性有机物等大气污染物的排放控制区范围和控制要求。

（1）排放控制区范围

方案所指排放控制区包括沿海控制区和内河控制区。沿海控制区范围为表 6-7 所列 60 个点依次连线以内海域，内河控制区范围为长江干线（云南水富至江苏浏河口）、西江 干线（广西南宁至广东肇庆段）的通航水域。

表 6-7 沿海控制区海域边界控制点位坐标

序号	经度	纬度	序号	经度	纬度
1	124°10′06.00″	39°49′41.00″	31	112°50′52.80″	21°22′25.68″
2	122°57′14.40″	37°22′11.64″	32	112°29′20.40″	21°17′12.48″
3	122°57′00.00″	37°21′29.16″	33	111°27′00.00″	19°51′57.96″
4	122°48′18.00″	36°53′51.36″	34	111°23′42.00″	19°46′54.84″
5	122°45′14.40″	36°48′25.20″	35	110°38′56.40″	18°31′10.56″
6	122°40′58.80″	36°44′41.28″	36	110°37′40.80″	18°30′24.12″
7	122°24′36.00″	36°35′08.88″	37	110°15′07.20″	18°16′00.84″
8	121°03′03.60″	35°44′44.16″	38	110°09′25.20″	18°12′45.36″
9	120°12′57.60″	34°59′27.60″	39	109°45′32.40″	17°59′03.12″
10	121°32′24.00″	33°28′46.20″	40	109°43′04.80″	17°59′03.48″
11	121°51′14.40″	33°06′19.08″	41	109°34′26.40″	17°57′18.36″
12	122°26′42.00″	31°32′08.52″	42	109°03′39.60″	18°03′10.80″

（续表）

序号	经度	纬度	序号	经度	纬度
13	123°23′31.20″	30°49′15.96″	43	108°50′42.00″	18°08′58.56″
14	123°24′36.00″	30°45′51.84″	44	108°33′07.20″	18°21′07.92″
15	123°09′28.80″	30°05′43.44″	45	108°31′40.80″	18°22′30.00″
16	122°28′26.40″	28°47′31.56″	46	108°31′08.40″	18°23′10.32″
17	122°07′30.00″	28°18′58.32″	47	108°28′44.40″	18°25′34.68″
18	122°06′03.60″	28°17′01.68″	48	108°24′46.80″	18°49′13.44″
19	121°19′12.00″	27°21′30.96″	49	108°23′20.40″	19°12′47.16″
20	120°42′28.80″	26°17′32.64″	50	108°22′45″	20°24′05″
21	120°36′10.80″	26°04′01.92″	51	108°12′31″	21°12′35″
22	120°06′54.60″	25°18′37.08″	52	108°08′05″	21°16′32″
23	119°37′26.40″	24°49′31.80″	53	108°05′43.7″	21°27′08.2″
24	118°23′16.80″	24°00′54.00″	54	108°05′38.8″	21°27′23.1″
25	117°50′31.20″	23°23′16.44″	55	108°05′39.9″	21°27′28.2″
26	117°22′26.40″	23°03′05.40″	56	108°05′51.5″	21°27′39.5″
27	117°19′51.60″	23°01′32.88″	57	108°05′57.7″	21°27′50.1″
28	116°34′55.20″	22°45′05.04″	58	108°06′01.6″	21°28′01.7″
29	115°13′01.20″	22°08′03.12″	59	108°06′04.3″	21°28′12.5″
30	114°02′09.60″	21°37′02.64″	60	北仑河主航道中心线向海侧终点	

(2)控制要求

①硫氧化物和颗粒物排放控制要求

2019 年 1 月 1 日起，海船进入排放控制区，应使用硫含量不大于 0.5% m/m 的船用燃油，大型内河船和江海直达船舶应使用符合新修订的船用燃料油国家标准要求的燃油；其他内河船应使用符合国家标准的柴油。2020 年 1 月 1 日起，海船进入内河控制区，应使用硫含量不大于 0.1% m/m 的船用燃油。

2020 年 3 月 1 日起，未使用硫氧化物和颗粒物污染控制装置等替代措施的船舶，进入排放控制区只能装载和使用按照本方案规定应当使用的船用燃油。

2022 年 1 月 1 日起，海船进入沿海控制区海南水域，应使用含硫量不大于 0.1% m/m 的船用燃油。

适时评估船舶使用含硫量不大于 0.1% m/m 的船用燃油的可行性，确定是否要求自 2025 年 1 月 1 日起，海船进入沿海控制区使用含硫量不大于 0.1% m/m 的船用燃油。

②氮氧化物排放控制要求

2000 年 1 月 1 日及以后建造（以铺设龙骨日期为准，下同）或进行船用柴油发动机重大改装的国际航行船舶，所使用的单台船用柴油发动机输出功率超过 130 kW 的，应满足《国际防止船舶造成污染公约》第一阶段氮氧化物排放限值要求。

2011 年 1 月 1 日及以后建造或进行船用柴油发动机重大改装的国际航行船舶，所使用的单台船用柴油发动机输出功率超过 130 kW 的,应满足《国际防止船舶造成污染公约》第二阶段氮氧化物排放限值要求。

2015 年 3 月 1 日及以后建造或进行船用柴油发动机重大改装的中国籍国内航行船舶,所使用的单台船用柴油发动机输出功率超过 130 kW 的,应满足《国际防止船舶造成污染公约》第二阶段氮氧化物排放限值要求。

2022 年 1 月 1 日及以后建造或进行船用柴油发动机重大改装的、进入沿海控制区海南水域和内河控制区的中国籍国内航行船舶,所使用的单缸排量大于或等于 30 L 的船用柴油发动机应满足《国际防止船舶造成污染公约》第三阶段氮氧化物排放限值要求。

适时评估船舶执行《国际防止船舶造成污染公约》第三阶段氮氧化物排放限值要求的可行性,确定是否要求 2025 年 1 月 1 日及以后建造或进行船用柴油发动机重大改装的中国籍国内航行船舶,所使用的单缸排量大于或等于 30 L 的船用柴油发动机满足《国际防止船舶造成污染公约》第三阶段氮氧化物排放限值要求。

(3)船舶靠港使用岸电要求

2019 年 1 月 1 日及以后建造的中国籍公务船、内河船舶(液货船除外)和江海直达船舶应具备船舶岸电系统船载装置,2020 年 1 月 1 日及以后建造的中国籍国内沿海航行集装箱船、邮轮、客滚船、3 千总吨及以上的客船和 5 万吨级及以上的干散货船应具备船舶岸电系统船载装置。

2019 年 7 月 1 日起,具有船舶岸电系统船载装置的现有船舶(液货船除外),在沿海控制区内具备岸电供应能力的泊位停泊超过 3 h,或者在内河控制区内具备岸电供应能力的泊位停泊超过 2 h,且不使用其他等效替代措施的(包括使用清洁能源、新能源、船载蓄电装置或关闭辅机等,下同),应使用岸电。2021 年 1 月 1 日起,邮轮在排放控制区内具备岸电供应能力的泊位停泊超过 3 h,且不使用其他等效替代措施的,应使用岸电。

2022 年 1 月 1 日起,使用的单台船用柴油发动机输出功率超过 130 kW、且不满足《国际防止船舶造成污染公约》第二阶段氮氧化物排放限值要求的中国籍公务船、内河船舶(液货船除外),以及中国籍国内沿海航行集装箱船、客滚船、3 000 GT 及以上的客船和 5 万吨级及以上的干散货船,应加装船舶岸电系统船载装置;并在沿海控制区内具备岸电供应能力的泊位停泊超过 3 h,或者在内河控制区内具备岸电供应能力的泊位停泊超过 2 h,且不使用其他等效替代措施时,应使用岸电。

第五节　防止船舶其他物质污染

一、控制船舶有害防污底系统污染

1. 防污底系统的定义

防污底系统系指用于船舶以控制和防止不利生物附着的涂层、油漆、表面处理、表面或装置。

2. TBT 的危害

急性致死作用:TBT 是人为引入海洋的毒性最大的物质之一,一般说来,10^{-1} ~ 10 μg/L

(纳克/升)的浓度即可导致海洋生物急性中毒。试验表明,1 μg/L TBT 可导致虾的死亡率上升;0.1 μg/L TBT 作用 12 天能使巨蛎幼体全部死亡;对鲤鱼的急性毒性试验(48 h LC_{50})是 3.03 μg/L;对日本沼虾(48 h LC_{50})是 2.22 μg/L。

慢性致毒作用:水体中 TBT 的浓度为 10^{-3} ~ 10^{-1} μg/L,导致海洋生物慢性中毒。慢性中毒的表现有:肾中毒、肝胆中毒、繁殖成活率低、代谢异常、大脑水肿、生长速度降低和抵抗力降低等。

致畸作用:TBT 是一种内分泌搅乱物质,它通过改变生物体内某些激素水平,使受污生物的生理功能紊乱,继而发生癌变、畸变或遗传突变。比如,通过扰乱钙的代谢,造成牡蛎贝壳畸形;通过显著抑制将睾酮转化为雌二醇的芳香化酶的活性,使海螺体内睾酮等雄性激素的水平显著上升,最终诱导海螺产生性畸变。性畸变的结果是生物无法繁殖,最终导致种群数量下降或灭绝,破坏海洋的生态平衡。

3. 控制船舶有害防污底系统国际公约(简称 AFS 公约)

2001 年 10 月 5 日,国际海事组织控制有害防污底系统外交大会通过《控制船舶有害防污底系统国际公约》及其相关决议。AFS 公约通过后,澳大利亚、比利时等 8 个国家签字接受,其后,一些国家陆续加入。2007 年 5 月 31 日,巴拿马批准加入 AFS 公约,这时加入该公约的国家达到了 25 个,且合计商船吨位亦超过了世界商船总吨位的 25%,AFS 公约达到了生效条件。同年 9 月 17 日,IMO 组织通过了 AFS. 1/Cirе. 14 通函并宣布 AFS 公约达到了规定的生效条件,该公约于 2008 年 9 月 17 日正式生效。我国于 2011 年 3 月 3 日向 IMO 递交了加入 AFS 公约的加入书,三个月后,即 2011 年 6 月 7 日,AFS 公约正式对我国大陆地区和澳门特别行政区(不包括香港特别行政区)生效。公约规定:

自 2003 年 1 月 1 日起,所有船舶(不包括固定式平台、浮动式平台、浮动式储存装置 FSUs、储存和卸货装置 FPSOs)不得施涂或重涂含有 TBT 的防锈漆;

到 2008 年 1 月 1 日,现有船舶已涂有含 TBT 漆的,或将有害防锈漆一次清除;或在原含 TBT 的防污漆上,涂封闭漆形成封闭层,然后再涂无 TBT 的防锈漆。

要求≥400 GT 国际航线船舶(不包括浮式平台、FSUs、FPSOs)在投入营运前,或第一次签发《国际防污底系统证书》前,应进行初次检验,及在改变或替换船舶防污底系统时进行检验。

对于船长≥24 m,但< 400 GT 的船舶,要求携带一份由船东或船东代理签署的《防污底系统声明》,该声明要附有适当的证明凭据,如油漆收据或合同单。

4. AFS 检查

(1)检查依据

AFS 公约第 11 条——船舶检查和违章调查规定了港口国监督检查官(PSCO)对船舶防污底系统实施检查和违章调查的权利,检查中如发现船舶有违反 AFS 公约的嫌疑,则可取样对防污底系统进行化验分析;如果确信船舶违反了公约,实施检查的海事管理机构可以采取措施对船舶予以警告、滞留、驱逐出港或阻止船舶挂靠其港口。同时 AFS 公约第 12 条——违章亦规定了港口国对违章船舶调查和处理的权利。

(2)检查程序和方法

《船舶防污底系统检查指南》规定了对船舶防污底系统实施检查的程序和方法,PSCO 首先是实施初始检查,仅限于《国际防污底系统证书》(AFS 证书)/符合证明的检查,如无明显依据,对船舶防污底系统的检查结束;如检查中发现明显依据,需开展更详细的检查,如进一步检查相关的文件资料、核实船舶防污底系统符合性、取样化验分析等。经更详细的检查,如船舶无不符合情况,则检查结束;如有不符合 AFS 公约的情况,则可视情对船舶实施警告、滞留、驱除出港或禁止进港等措施。

初始检查仅限于对船舶防污底系统相关证书和文书的检查。AFS 公约附则 4 规定 400 GT 及以上的国际航行船舶应持有 AFS 证书;对于船长大于 24 m 但小于 400 GT 的船舶,需携带一份由船舶所有人或其代理签署的防污底系统声明,该声明需辅以适当的单证(例如油漆收据或承包商的发票)。对于非 AFS 公约缔约国的船舶,AFS 公约第 3(3)条规定不给予这些船舶较为优惠的待遇。此时船舶应持有 AFS 符合声明,以表明其 AFS 系统符合公约的要求。

AFS 证书分为三部分,分别为国际防污底系统证书、防污底系统记录和记录的签署,其中,第一和第二部分是船舶必须持有的;当船舶改变或重新施涂了防污底系统时,需对防污底系统改变的情况进行签署,并附于 AFS 证书之后。AFS 证书中船舶信息需填写完整;对于船龄较新的船舶,其防污底漆中通常不含 TBT,即不受 AFS 公约附则 I 控制,对于此类船舶的检查较为简单,因为防污底漆经过多年的发展,目前已处于比较成熟的阶段,油漆中所含活性物质的成分是符合 AFS 公约要求的,此时只需核实 AFS 证书的有效性和完整性即可;而对于一些老船,由于以前涂有含 TBT 的防污底漆,通常采取除去含 TBT 的防污底漆或使用封闭漆进行封闭的方式。上述两种情况都是检查的重点,PSCO 应核实含 TBT 油漆的除去或封闭情况。

防污底系统记录中记录了防污底系统的类型、施涂日期、施涂单位及地点、防污底系统生产商的名称和防污底系统的名称、颜色、活性成分及其化学文摘社登记号(CAS 登记号);此外,船舶如施涂了封闭漆,还需登记封闭漆的类型、名称、颜色和施涂日期。防污底漆和封闭漆的技术参数应与其材料安全数据单(Material Safety Data Sheets,MSDSs)所记录的参数一致。

AFS 证书只有发证日期,无失效日期,亦不需进行年度检验、中间检验或换新检验,但在船舶改变或更换了防污底系统时,应在证书的记录中签署,否则 AFS 证书失效。此外,当船舶改挂另一国国旗时,AFS 证书亦失效。此时,只有船舶新的缔约国确认该船已全部符合 AFS 公约时才能签发新证书,该缔约国可以根据新的检验签发 AFS 证书,也可以根据船舶以前的船旗国所签发的有效证书签发新证书。对于非缔约国船舶持有的防污底系统符合声明或船长大于 24 m 但小于 400 GT 的船舶持有的防污底系统声明,检查与 AFS 证书大致相同,此处不再赘述。

初始检查时,如发现船舶存在不符合公约的明显依据,即非缔约国船舶未持有证明其满足 AFS 公约要求的相关文书;缔约国船舶未持有有效的 AFS 证书或证书内容不完整;船舶施涂防污底漆时间与其进坞时间不符;船壳水线下部分有明显不同于 AFS 证书中登记的防污底系统类型的喷漆,则可开展更详细的检查。

二、防止拆船污染

1. 有关防止拆船污染的公约、指南和国内法规

(1)国际立法

①《控制危险废物越境转移及其处置巴塞尔公约》

2002 年 12 月《巴塞尔公约》第六届缔约国会议通过了《船舶全部和部分拆解无害管理技术准则》,此技术准则是根据《巴塞尔公约》第 4 条第 2 款(a)、(b)和(c)项的规定,包括了

“(a)《巴塞尔公约》范围内与船舶拆解相关的危险废物和物质清单;(b)关于妥当清除危险废物和物质的规定;以无害环境方式收集、分类和处置废物(包括再循环)。”此《技术准则》主要是为了那些希望设立拆船工业的国际提供指导,尽力做到对环境污染最小化下,提出相关的拆船程序的相关信息和建议,比如包括建立环境管理制度等。但是此《技术准则》并没有强制力,只属于建议性质。

②《拆船活动的安全和保健:亚洲国家及土耳其的准则》

国际劳工组织在2003年颁布了《拆船活动的安全和保健:亚洲国家及土耳其的准则》(简称《准则》),以用来补充IMO以及根据《巴塞尔公约》相关问题的补充。此准则是涵盖拆船方面最全面的职业健康与安全问题的指南。《准则》主要是为了促进对拆船工人的保护,尽力消减相关的疾病、工伤的出现;并加强对工作地点的职业安全和健康问题的管理。但是,此准则在法律上并没有约束力。

③《IMO拆船导则》

IMO在2003年12月,于第23届大会上通过了《IMO拆船导则》。《IMO拆船导则》主要通过船舶的设计营运以及拆解之前规范化,来保障船舶拆解过程的安全和降低环境风险。在鉴别有害物质上,对新船的建造、拆船的准备活动以及与其他组织的关系,《lMO拆船导则》做出了相关的规定。

④《2009年香港国际安全与无害环境拆船公约》

2009年5月11日到15日在香港召开的外交大会,通过了《2009年香港国际安全与无害环境拆船公约》。该公约的附则《安全与无害环境拆船规则》共4章25条及7个附录:第1章总则;第2章对船舶的要求;第3章对拆船设施的要求;第4章报告要求;附录1有害材料的控制;附录2有害材料清单最少应列项目;附录3《国际有害材料清单证书》格式;附录4《国际船舶拆解准备就绪证书》格式;附录5《拆船设施批准》的格式;附录6《计划拆船开工报告》格式和附录7《拆船完工声明》格式。

(2)国内立法

目前,中国专门针对拆船的法律有:行政法规《防止拆船污染环境管理条例》,它于1988年由国务院颁布;部门规章《海关总署转发财政部、国家税务总局<关于拆船业进口废船有关税收问题的通知>的通知》,1988年生效;《物质部拆船安全生产与环境保护工作的规定》,1990年生效;《中华人民共和国交通部拆解船舶监督管理规则》,1990年1月1日开始执行;地方性政府规章如《天津市防止拆船污染环境管理实施办法》,2010年11月8日修正;地方规范文件《安徽省商务厅、省发改委、省国防工办、省财政厅、省环保厅、省交通运输厅、省农委、合肥海关关于转发<商务部、发展改革委、工业和信息化部、财政部、环境保护部、交通运输部、农业部、海关总署关于规范发展拆船业的若干意见>的通知》;行业规定篇《绿色拆船通用规范》,于2005年由发改委发布。

另外,八部委于2009年12月30日联合发布了《商务部、发展改革委、工业和信息化部、财政部环境保护部、交通运输部、农业部、海关总署关于规范发展拆船业的若干意见》,特别指出要发展绿色拆船,其中很多的规定与《香港公约》相契合,但是此《若干意见》更多的只是指导性的、原则性的意见。

此外,与拆船间接相关的法律法规有:《船舶工业调整和振兴规划》、《中华人民共和国海洋环境保护法》、《中华人民共和国进出动植物检疫法》、《中华人民共和国清洁生产促进法》、

《中华人民共和国循环经济法》以及《中华人民共和国固体废物污染环境防治法》。

2. 拆船过程中可能产生的污染物

可能存在与交付给拆船厂船舶上的潜在有害和污染物质：污油的货物残余物；干舱残余物；燃油、柴油、汽油、润滑油、滑脂和防粘剂；液压油；废油；防冻液；煤油和石油溶剂；锅炉和给水处理化学剂；锅炉和给水试剂；除离子再生化学剂；蒸发器剂量和除垢酸；生活用水处理化学剂；油漆和生锈稳定剂；溶剂和稀释剂；制冷剂（R12 或 R22）；卤素；二氧化碳；乙块、丙烷和丁烷；房间清除剂；铅酸蓄电池组；电池液；PCBs（多氯联苯）和/或 PCTs（多氯联三苯）和/或 PBBs（多溴联苯），浓度达到 50 mg/kg 或以上；放射性材料，即液位指示器；汞；其他药剂；杀虫喷剂；其他化学剂，如酒精、甲基化酒精、环氧树脂等；MARPOL 中所涉及的塑料制品；未处理和已处理的生活污水；全氟碳；船舶底部锡底防污涂层；船舶结构铅底漆涂层和石棉等。

三、防止噪声污染

1. 船舶噪声来源

船舶噪声主要系指机舱和甲板上的各种机器声和信号声，它不仅对港区造成污染，更对船上人员的生活和健康造成严重的危害。机舱噪声级的大小和其他舱室噪声级的大小，受下列诸因素的影响：

（1）柴油发动机是高速机、中速机，还是低速机；

（2）船舶吨位的大小、马力大小和船舶长度；

（3）船舶总体布置和动力装置的布置是否合理；

（4）船舶噪声控制技术采用得如何，以及其施工质量的好坏；

（5）柴油发动机等各动力设备的设计和加工质量；

（6）船舶的设计与建造质量和工艺水平。

2. 船舶噪声的危害

由于在港口、锚地和通航密集的江河流域、运河等特殊水域中会大量集结营运船舶，船舶噪声会直接影响到周围的环境，当噪声超过一定的标准值时，会使长期身在其中的人发生头昏、耳鸣或产生烦躁情绪等病状，严重者还会导致耳聋或引发其他疾病。

船舶的超标准噪声的存在会给周围的他人产生影响，也给作业人员带来极大的健康损害。在我国的长江流域一带的运河水域，由于长期存在挂桨机船舶，这种简单安装柴油机的简易船在营运中机器的排气产生出极大的声响，当这些船舶沿着运河穿越城镇时，沿岸的居民都深受影响，不能专心学习和工作，甚至无法休息和睡眠，这是典型的环境噪声污染损害。另外据统计，船舶上的工作人员中，长期任职的轮机人员的听力就远不如驾驶人员，这就说明了噪声污染损害在船舶本身也是十分严重的。

3. 船舶噪声标准

（1）DNV 船舶舱室噪声标准（见表 6-8）

表 6-8 DNV 船舶舱室噪声标准（dB）

区域	舒适度 1 级	舒适度 2 级	舒适度 3 级
驾驶室	60	60	65
报务室	55	55	60
船员住舱	50	55	60
船员公共场所	55	60	65
医务室	55	55	60
办公室	60	60	65
机舱控制室	70	70	75
甲板休闲场所	70	70	75

（2）IMO 船上噪声等级规则

国际海事组织（IMO）海上安全委员会（MSC）通过最近几次会议的讨论，最终在第 91 次会议上正式通过《船上噪声等级规则》修订草案，如表 6-9 所示，该修订草案于 2014 年 7 月 1 日起正式生效。与原有规则相比，该草案主要针对船员工作和生活区域做了比较大的修改，其中规定 1 万吨以上船舶的住舱和医务室的噪声限值从 60 dB 下调至 55 dB，办公室、餐厅、娱乐室和健身房的噪声限值从 65 dB 下调至 60 dB，其他工作区的噪声限值从 90 dB 下调至 85 dB。不仅如此，海上人命安全公约（SOLAS）将引用《船上噪声等级规则》的全部规定，也就是说，该草案涉及的全部内容将成为强制性标准，船舶噪声值的测量将由船舶入级的船级社或认可的机构进行。

表 6-9 船上噪声等级规则

舱室与空间	A468	DE53/10（欧盟）	DE56 1 600~10 000 GT	DE56 10 000 GT 以上
工作区				
机舱	110	105	110	110
集控间	75	70	75	75
机修间	85	80	85	85
其他工作区	90	85	85	85
驾驶区				
驾驶室	65	65	65	65
监听站	70	70	70	70
无线电室	60	65	60	60
雷达室	65	65	65	65
起居区				
住舱和医务室	60	55/60	60	55
餐厅	65	60	65	60
娱乐和健身房	65	65	65	60

（续表）

舱室与空间	A468	DE53/10(欧盟)	DE56 1 600~10 000 GT	DE56 10 000 GT 以上
露天娱乐健身区	75	70	75	75
办公室	65	65	65	60
服务区				
厨房	75	70	75	75
备餐室及食品储藏室	75		75	75
无人区				
未指定空间	90		90	90

(3)我国的相关规定

我国于 1986 年同时发布和实施了《海洋船舶噪声级规定》和《内河船舶噪声级规定》两项强制性国家标准。其中 GB 5979—1986《海洋船舶噪声级规定》一直未进行修订，GB 5980—2009《内河船舶噪声级规定》已被修订两次。GB 5980—2009 强制性国家标准于 2009 年 3 月 9 日发布，2009 年 11 月 1 日实施，是 GB 5980—2002 的代替标准。

①《海洋船舶噪声级规定》

各舱室噪声级的最大限制值，应满足表 6-10 的规定。

表 6-10　海洋船舶舱室噪声限制值

部位			限制值 LPA
机舱区	有人值班机舱主机操纵处		90 *
	有控制室的或无人的机舱		110 *
	机舱控制室		75
	工作间		85
驾驶区	驾驶台		65
	桥楼两翼		70
	海图室		65
	报务室		60
起居区	卧室		60
	医务室、病房		60
	办公室、休息室、接待室等舱室		65
	厨房	机械设备和专用风机不工作	70
		机械设备和专用风机正常工作	80

* 机舱内任一测点的噪声级不得大于 110 dB。

船长(指两柱间长)小于 70 m 的船舶，如某些舱室不能满足表 6-11 的要求时，仅对机舱区的工作间及起居区各场所，允许放宽 5 dB。

船员进入噪声级大于 90 dB 的场所时，应采取耳保护措施。凡噪声级大于 90 dB 的舱室，

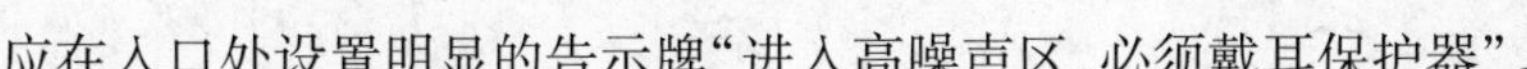
应在入口处设置明显的告示牌“进入高噪声区,必须戴耳保护器”。

②《内河船舶噪声级规定》

本标准规定的内河船舶舱室噪声级最大限制值适用于货船、液货船、集装箱船、客船、推(拖)船、滚装船、高速船及自航工程船等内河营运船舶,其他船舶参照执行。

各舱室噪声级的最大限制值,应满足表 6-11 的规定。

表 6-11　内河船舶舱室噪声限制值

部位		噪声最大限制值			
		Ⅰ	Ⅱ	Ⅲ	内河高速船
机舱区	有人值班机舱主机操纵处	90	90	90	
	有控制室的或无人的机舱	110	110	110	
	机舱控制室	75	75		
	工作间	85	85	85	
驾驶台	驾驶室	65	65	69	70
	报务室	65	65		
起居区	卧室	60	65	70	
	医务室	60	65		
	办公室、休息室、座席客舱	65	70	75	78/75
	厨房	80	80	85	

4. 防止噪声污染监督管理

有关管理部门对于船舶交通密度大且市民居住比较集中的内河河段,规划和要求在河的两岸种植绿化林带,可以达到降噪的效果。有关资料表明,高度高过视线 4.5 m 以上的稠密树林,其深入 30 m 可降噪 5 dB,深入 60 m 可降噪 10 dB,树林的最大降噪值可达 10 dB。

交通管理部门开展专项整治工作,合理安排船舶交通流制,实施交通管制,对影响人休息的环境,并在内河航行安装小型高速柴油机、噪声大的船舶,采取在每天的某个时间段和河段限制船舶航行,或要求这类小型船舶改道航行的措施,以达到减少噪声污染目的。

作为主管机关,在船舶噪声污染防治的监督管理上,还应从源头上入手,严把准入关,通过立法,限制小型高速柴油机、噪声大的船舶投入营运,淘汰不符合国家环境噪声排放标准的简易挂桨机船舶;加强对船舶的设备检验,确保船舶机器设备能按国家相关的技术标准出厂、安装和使用,确保船舶动力装置等的噪声符合国家标准。海事主管部门在日常监管中主要应强化船员培训和做好对船员的实操性检查,以确保船员适任水平和确认船员的实际操作能力符合相关标准。

参考文献

[1]蔡厚平,杨海燕.船舶防污染技术.哈尔滨工程大学出版社,2019.

[2]汪守东,程金香,徐红磊.船舶和港口污染防空技术与政策研究.人民交通出版社股份有限公司,2019.

[3]唐付波,徐治,杨兴忠.船舶压载水处理装置装船类型原理及 PSC 检查分析.中国海事,2017,(04):43-44.

[4]陈海山,周富强.从 FSC 安全检查谈国内航行船舶防污底系统问题.中国海事,2017,(08):36-37.

[5]王珊,刘瑀,王海霞,等.船舶压载水带来的生物入侵及其解决途径.中国水产,2011,(09):24-26.

[6]余陈.有毒液体物质货物残余物和洗舱产物排放的控制管理.珠江水运,2019,(24):105-106.

[7]齐文征.船舶防污染和应急设备 PSC 检查.世界海运,2012,(05):44-45.

[8]臧公涛.船舶防污染操作管理.航海技术,2019,5(03):98-100.

[9]刘康炜,杨文玉.海上溢油监测技术研究进展.安全、健康和环境.2012,(07):1-3.

[10]朱林超,王东光,顾佳鹏.海上溢油污染事故应急处置.中国水运(下半月),2019,(07):137-138.

[11]蒙天易,王晓青.内河溢油应急处理能力研究.污染防治技术,2019,(01):2-5.

[12]潘红磊,王祖纲.国外海上溢油应急反应与治理技术分析.中国安全生产科学技术,2010,(S1):65-67.

[13]汪强,刘晓佳,闫长健.海上溢油事故应急响应初期应急物资调度.上海海事大学学报,2019,(04):27-32.

[14]杨毅,陈志莉,侯立安,等.遥感技术在突发海上溢油污染预测中的运用研究.污染防治技术,2013,(01):7-10.

[15]李颖,张照亿,刘瑀,等.重大海上溢油事故应急处置辅助决策方法.大连海事大学学报,2019,(02):108-112.

[16]杨少波.内河船舶防止油类污染系统的监管.水运管理,2020,(Z1):33-35.

[17]潘峰.船舶防油污现状研究及展望.船舶工程,2013,(S1):1-4.

[18]郑富勇.船舶防污染管理面临的形势与对策浅析.中国水运(下半月),2019,(12):34-36.

[19]陈力威. 内河船舶生活污水处理装置的安装和检验. 工程技术研究,2019,(20):149-150.

[20]李克强. 内河散装危险化学品船洗舱水排放管理对策探讨. 中国水运,2019,(03):48-49.

[21]李雯雯,胡正良. 中国船舶油污损害赔偿基金制度的不足与完善. 中国海商法研究,2018,(03):33-40.

[22]孙玉杰,夏大荣. AFS 公约之 PSC 检查. 中国水运(下半月),2011,(11):74-76.